抜粋ラーマクリシュナの福音

日本ヴェーダーンタ協会

私はとるにたらない人間だ。しかし海のほとりに住んでいて、水差に二、三杯の海の水を持っている。客がくるとその水でもてなす。彼の御言葉以外、私に何を話すことができよう。

M

シュリー・ラーマクリシュナ

シュリー・サーラダー・デーヴィー

スワーミー・ヴィヴェーカーナンダ

マヘンドラナート・グプタ（M）

ダックシネシュワル寺院

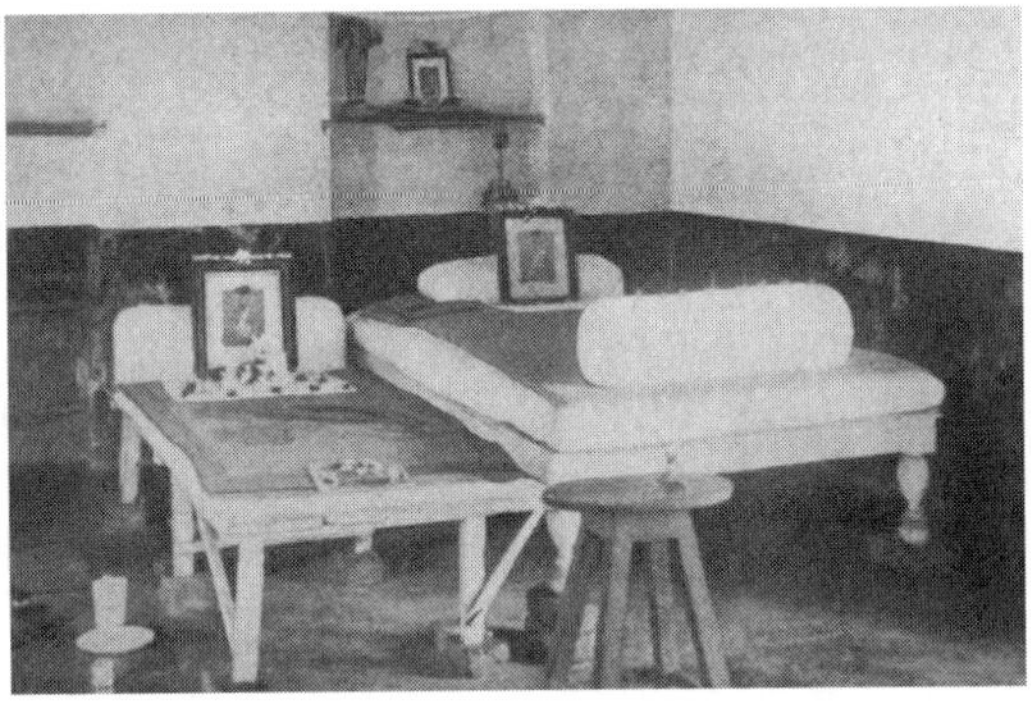

シュリー・ラーマクリシュナの部屋

改訂第二版の刊行にあたって

これは、一九七八年七月にマドラス（現チェンナイ）のシュリー・ラーマクリシュナ・マト出版部から出された、「The Condensed Gospel of Sri Ramakrishna」（第七版）の全訳である。

初版は一九八〇年に出版された。協会はその後一九八七年、スワーミー・ニキラーナンダ訳「ラーマクリシュナの福音」"The Gospel of Sri Ramakrishna"の全訳を出版したが本書はまたそれなりの価値があると思われるので、一九九五年出版の改訂第一版の売り切れを機会に、再度編集し、改訂第二版を出すことにした。

原書の記録者マヘンドラナート・グプタ（筆名、M）みずからの英文による原書が一九〇七年に出版され、六回も版を重ねた後に一時姿を消し、数一〇年を経てふたたび世に出た経緯は、あとに「一九七八年版の序」に述べてある。

また原書初版発行の一〇年前、一八九七年に、二度にわたって本書の内容の一部が小冊子の形で発表されたとき、当時欧米から帰ったばかりのスワーミー・ヴィヴェーカーナンダと、シュリー・ラーマクリシュナの霊的伴侶シュリー・サーラダー・デーヴィー（ホーリー・マザー）とが著者にあてて送った手紙が原書の冒頭にのせてあるので、それらを次の頁にご紹介する。

二〇一三年二月

日本ヴェーダーンタ協会

Mにあてたスワーミー・ヴィヴェーカーナンダの手紙

（第一の小冊子に対して）

ラワルピンディのラーラー・ハンスラージ方

一八九七年一〇月某日

親愛なるMさん、

お見事です。まさになすべきことをなさいました。

このたびのご出版に対して、あつく、あつく、お礼を申し上げます。ただ、これは小冊子の形では十分ではないのではないか、と思います。心配ご無用。十分であろうとなかろうと、とにかく日の目を見させるがよろしい。あなたは数々のお恵みをお受けになるでしょう。同時にもっと多くの呪いをお受けになるでしょう——しかし「それが世のならい」です。

いまがまさに、その時期です。

あなたのヴィヴェーカーナンダ

（第二の小冊子に対して）

デラ・ダンにて

一八九七年一一月二四日

わが親愛なるMさん、

あなたの第二の小冊子に対して、あつく、あつく、あつく、あつく、あつく、あつくお礼を申し上げます。実にお見事です。扱いが実に独創的です。いまだかつて、偉大な教師の生涯が、あなたがここでなさっておいでのように筆者の心によって曇らされることなく公衆の前に表現されたことはありません。

言葉もまた、あらゆる賛辞もおよばぬほど、実に新鮮で、実にまとを得ていて、しかも同時に実に単純で素朴です。

私がこれをどんなに楽しんだか、言葉ではあらわしようがありません。読んでいるうちに、本当にうっとりとしてしまうのです。ふしぎではありませんか。私たちの師すなわち主は独創的なお方でした。私たちの一人一人もかならず、独創的でなければなりません。私にはいま、仲間の誰もがいままでに彼の伝記を書くことを試みなかったわけがわかります。それは、この偉大な仕事は、あなたのために残されていたのです。彼はあきらかに、あなたとともにいらっしゃいます。

すべての愛とナマスカルをこめて

ヴィヴェーカーナンダ

（追伸）ソクラテスの対話はことごとくプラトンです――あなたは完全に隠れていらっしゃる。おまけに、ドラマティックな部分がこのうえもなく美しい。ここでも西洋でも――誰も彼もがこれは好みます。

Mにあてたホーリー・マザーの手紙

ジャイランバティにて

一三〇四年アシャド二一日（一八九七年七月四日）

愛する子供よ、

あなたが彼からうかがったことに真理でないものはありません。そのことについて憶する必要はありません、かつて、それらの御言葉をあなたの管理におまかせになったのは彼でした。そして、いま、時代の要求に応じてそれらを世に出そうとしておいでになるのも彼です。これらの御言葉が世に出なければ、人はその意識をめざめさせることができないでしょう。あなたが記録しておいでの彼の御言葉のすべて――その一つ一つが真理です。いつか、あなたがそれを私に読んで聞かせてくださったとき、私は、まるで話していらっしゃるのは彼であるかのように感じました。（注＝著者がシュリー・サーラダー・デーヴィーに読んで聞かせたのはベンガル語の記録であった、と推察される）

「抜粋ラーマクリシュナの福音」（THE CONDENSED GOSPEL）

一九七八年版の序

「福音」文献の歴史

「シュリー・ラーマクリシュナの福音」の、著者Mみずからの手になる抜粋英語版が、約三六年間の眠りの後にふたたび世に現れることになった。一九四二年に、Mによるベンガル語の「シュリー・ラーマクリシュナ・カタームリタ」の英語全訳がスワーミー・ニキラーナンダの手でなされ、「（邦題）ラーマクリシュナの福音」"THE GOSPEL OF SRI RAMAKRISHNA"という標題のもとに刊行されたとき、それまで英文読者たちの間に大師の教えをひろめる唯一の信頼すべき作品だったこの貴重な書物は影をひそめた。しかし今でも、この古い刊行物に目を通す機会に恵まれた大師の数多の信者たちは、このMみずからの英語版に深い感動を覚えるのだ。スワーミー・ニキラーナンダの翻訳とは異なり、それは原書の逐語訳ではなく、Mみずからが言語にこだわらず、くわしい説明もくわえて自分の思うところを直接英語で表現したものだからである。そのためにインド国内および海外、双方の英文読者たちからつねに、この書物の重版への熱心な要望が寄せられていたのである。……「抜粋ラーマクリシュナの福音」"THE CONDENSED GOSPEL OF SRI RAMAKRISHNA"というこの書物は、その固有の霊的魅力と、過去をいきいきとよみがえらせて読者を深く感動させる力との他に、「福音文献」の発展の中での歴史的重要性を持つものである。マスター・マハーシャヤ（注＝敬称）と呼ばれたM（注＝へりくだってこのように自称した）、マヘンドラナート・グプタは、言わば大師の言葉を記録し後世に伝えるべく、神からつかわされた存在であった。師の直弟子、第二代ラーマクリシュナ僧院長スワーミー・シヴァーナンダはこう言った、「興味深いお話がはじまると必ず、師はご自分の言葉への彼の注意をうながされた。当時われわれには、師がなぜそんなことをなさるのかわからなかった。いまになって、師のこの行為が重要な意味を持つものであったことを知るのだ。マスター・マハーシャヤは、師の言葉を広く世界に伝える使命をあたえられた人だったのである」と。

Mにこのような任務をあたえながらも、人々に知られ、もてはやされることを避けた師は、同時にこの弟子に、ケシャブがしたように彼について新聞などに書くことを厳しく戒めた。それゆえこの貴重な記録は、一八九七年まで誰にも知られることも読まれることもなかった。この長い年月の間、日記はMとともにあったのだ——彼がそれを読み、想像の翼に乗って師のいらした頃の法悦の日々に帰り、様々の経験をふたたび味わうために、存在したのである。

この日記のある重要な部分が印刷され、「ラーマクリシュナの福音」という題名の二冊のパンフレットとしてはじめて世に現れたのは、一八八六年のシュリー・ラーマクリシュナの死去から十余年の後、一八九七年の一〇月と一一月とであった。それはすべての英語を知る人々が注目するよう、現代の世界語である英語で出されたのだった。スワーミー・ヴィヴェーカーナンダが著者に、本書にも紹介してある短い、しかし記憶すべき二通の手紙を送ったのは、これらのパンフレットを賞賛してであった。おそらく、人類の福利のために日記の全部を書物の形で公開するよう、彼を促したのも、あの偉大なスワーミーだったのであろう。このようにして人類は今日、この比類のない聖典、「ラーマクリシュナの福音」を持つのである。

それは五巻にわけ収められて、一九〇二年、一九〇五年、一九〇七年、一九一〇年および一九三二年に出版された。スワーミー・ヴィヴェーカーナンダは一九〇二年に亡くなったのだから、たぶんベンガル語の福音は見なかったのだろう。スワーミージーの生涯中に、彼がそれを見たと言っている言葉は見いだせない。それゆえ、スワーミージーの惜しみない賞賛と賛成とを引きだした英文の最初の二冊は、「福音」文献を歴史的に見る場合に非常な重要性を持つものである。しかしながら、一八九七年に出た最初の二冊のパンフレットは今日いくら探しても見いだすことができない。けれどもMがその内容を、一九〇七年にはじめて出版された本書の中に組み入れた、ということは推測しても誤りではないであろう。

本書は、厳密には、英訳と言うよりはむしろ、日記にもとづいてM自身が英語で記述した、と言うべきであろう。一九〇七年の初版はマドラスのブラフモヴァーディン社（注＝一八九五年、アメリカ滞在中のスワーミー・ヴィヴェーカーナンダがマドラスの弟子たちにすすめて開かせた出版社）から出版され、著者みずからが改訂して聖書風の表現をすてた第二版が、一九一一年にマドラスのラーマクリシュナ僧院出版部から出された。同出版部によってその後数回版が重ねられ、一九四二年スワーミー・ニキラーナンダによる全訳が出るまで流布していたのである。それは人類によって忘れさられるにはあまりに貴重な内容をふくんでいるので、このたび「福音」の抜粋版として再び世に出ることになったのだ。本文中のある箇所（第二章を参照せよ）は、「私の悟りはヴェーダやヴェーダーンタを超えたものである」というシュリー・ラーマクリシュナの言葉の解釈を助ける、教義上非常に重要なものである。

われわれは、この短い本文の中で本書に述べられている偉大な教えの展望を試みようなどとはしない。しかし、読者の、特に西洋の読者たちの誤解を防ぐために、師がたびたびもちい、ここに「女と金」と訳してある一つの表現については、説明をしておく必要があると思う。サンスクリットからでている「カーミニ・カーンチャナ」という言葉が「女と金」と訳されているのだが、これはたいそう不完全な訳であって、それはむしろ、「色欲と金銭」と訳さるべきものである。しかし「福音」文献の中で今は「女と金」が定着した慣用語となっているから、もうそれを改めることは不可能である。しかしながら、もし批判的な読者がこの表現を、女ぎらいのそれと解するなら、すべての女性を母なる神の現れと見た大師への誤解となるであろう。サンスクリットは一つの観念に対してかすかに意味のちがう数々の同義語を持つすばらしい言葉であって、「カーミニ」という語は実は、「女性」ではなく、「性的な傾向のいちじるしい、扇情的な女性」を意味するのだ。それゆえ本書の中で師が「女と金」を悪く言っている場合には常に、それは霊性の進歩の最大の妨げである「色欲と金銭欲」を戒めているのだ、と理解されなければならない。

著者について

これほどの書物の読者たちは当然、その著者の生涯と人格についてもっと知りたいと思われるであろうが、紙面を考慮するとわれわれは、英語全訳の中に収めてある「福音の記録者マヘンドラナート・グプタ」という標題の一文を読んでくださるよう、彼らにお願いする以外のことはできないのである。ここでは、彼はその著書と同様、ユニークな人物であった、と言えば足りるであろう。東西両様の芸術と科学の学識ゆたかな教授でありながら、大家族の中での不幸な生活に耐えかねて、ある夜自殺をしようと家を出た。しかし、翌早朝、われわれが普通偶然とよぶ神のはからいが、知らぬ間に彼をダックシネシュワルの寺院の境内に、そしてわれらの大師の聖なる御前に、導いたのである。そのあとに続くひととき――人類の霊性の歴史の中で実に重要な――のことは、読者はこの偉大な聖典の最初の数ページの中に見いだされるであろう。まことに、死ぬために家を出た人が、肉体の死を見ないで、霊的上昇の一途をたどることになったのである。彼は今や、自分の人生に与えられた使命を、この地上の滞在の真の目的を、見いだした。科学と芸術の学者であり、大学の学生たちの教師であるマヘンドラナートは、いまはラーマクリシュナの福音の記録者となり、匿名の、人類の霊性の教師となったのである。古代の偉大なヴィヤーサが、シュリー・クリシュナの生涯と教えの記録をはじめたときに彼の霊性の教師としての働きが頂点に達したのとまったく同じである。

生涯の最後の二七年間、彼は教授の職を退き、彼の設立したモルトン・インスティチューション（学校）の三階の一室――彼が文字通り現代のナイミサラニヤ（注＝賢者たちの住んでいたある森。賢者サウティが彼らにマハーバーラタを聞かせたことで有名）にかえた一室――でまぎれもない賢者の生活を送った。そこには、彼を取り巻く真摯な神の愛人たちに向かってリシのような風貌から発せられる神の言葉が一日中、ときには夜も、響いていたのである。またそれ以外のときにも、おそらくしばしば真夜中に、彼は自分に仕える信者であり弟子である人を呼んで言うのだった、「この夜更けに大師の御言葉を聞こうではないか。あのお方がプラーナヴァ（オーム）の真理をお説きになるから」と。そして、このような信仰ぶかい筆録者にむかって、彼は自分の日記と深い瞑想の助けを借りて、その途方もない記憶の底をかきたて、師とともに暮らした恵まれた日々をふたたび心によみがえらせながら、そのときに彼が聞いたことを、その話の背景をなす前後の情景の細かい、目に見るような描写とともに口述し、筆記をさせるのだった。このようにして人類は、史上はじめて、神の化身が語ったことにごく近い記録を得たのである。

ここでわれわれは、スワーミー・ヴィヴェーカーナンダの手紙の中の、「あなたは数多の祝福を、そしてもっともっと多くの呪いをお受けになるでしょう――それが世のならいです」という短い言葉に読者の注意を促さなければならない。スワーミーのこの言葉は当たっていた。この偉大な仕事は、さまざまの方面からの、さまざまの立場からする、敵意にみちた批判を受けたのである。ある者たちは、純粋な非二元論への狂信的な傾向をおびて、また人格神の概念と彼への帰依に対する高慢な軽蔑と恩人ぶった態度とをもって、「福音」をMの日曜報告にすぎないとけなし、大師はMには示さなかった数々の偉大な、もっと高い教えを説いた、と主張している。しかしながら彼らは決して、これらの主張――すなわちスワーミー・ヴィヴェーカーナンダやホーリー・マザーの証明をいつわりであるとする主張——を支持する拠りどころを示すことはしないのである。

しかし、「福音」が一〇年余にわたって説かれた師の教えのすべてを含んでいるものでないことは、また個々の弟子たちに対して、特に彼らの修行実践のために、あたえられた指示のすべてを記録しているものでないことは当然である。けれどもこのことによって、スワーミー・ヴィヴェーカーナンダやホーリー・マザーによって証明された、師の人類への教えとして「福音」の持つ代表者的性格が問われるはずのものではない。

この他に、特にキリスト教宣教師たちの中に、この書物の内容はすべて、まったく無学な田舎者であったシュリー・ラーマクリシュナの上にうまくおしつけれたMの思想である、としてそれをけなそうとする人々がいる。このような批評家たちは、もしMのような学識と能力を持つ現代人であり、身近な、そして鋭い観察者であり、しかも信仰ぶかい弟子であった人の記録した会話が退けられるなら、彼ら自身の聖典——偉大な人々の言葉と信じられてはいるが、彼らの存命中に記録されたものではないし、それらを正しく保存することのできる知的霊的能力をそなえていたことのあきらかな人物によって証明されたものでもない、バイブルやコーランやトリピタカ（大蔵経）をはじめとする諸聖典——の確実性は、同じ論拠によって完全に破壊されるであろう、ということを忘れているのだ。それらの大方は、後代の弟子たちによって伝えられた言い伝えであり、ある場合には、祖師の死後一〇〇年以上たった後に完成しているのである。したがって非常に信用のおけないものであって、もしこの世に神人の教えそのものに非常に近い聖典があるなら、それはMの記録であり、Mの記録のみであろう。
五巻のベンガル語の「福音」は、一巻また一巻とMによって出版され、ついに、一九三二年六月三日、パラハリニ・カーリーの祭礼の日の前夜の深更、彼は最後の巻の校正を終わった。彼はこれで、この世における彼の使命を終わったのである。そして見よ！その夜、持病の神経痛の痛みがにわかに激しくなり、一九三二年六月四日の晩、「おお師よ！おお母よ！私を抱き取ってください！」という祈りをとなえつつ肉体を去った。

一九七八年一月一日
マドラス・ラーマクリシュナ僧院にて
スワーミー・タパシヤーナンダ

目次

はしがき

シュリー・ラーマクリシュナ――彼の生涯の短いスケッチ――

シュリー・ラーマクリシュナは一八三六年二月一八日水曜日『すなわちシャカ（注＝インド暦の一つ）一七五七年、ファルグーン月の一〇日』白月（注＝陰暦の月はじめの二週間）第二日、ベンガル州フーグリ地方のカマルプクルという村に生まれた。カマルプクルはアランバーグ地区の西約一三キロ、バルドワンの南約四二キロのところにある。生家は、貧しいが非常に尊敬されているブラーミンの家庭であった。

シュリー・ラーマクリシュナの父クディラーム・チャタージーは深い信仰者であった。母チャンドラマニ・デーヴィーは、親切心の権化、しかも人を偽ることをまったく知らない人であった。一家は、かつてはカマルプクルから五キロ離れたデレという村に住んでいた。ところが土地の有力者、この村の地主が、法廷に出て自分に有利な証言をしてくれ、とクディラームに頼んだ。彼は教養あるブラーミンとしての不屈の精神をもってこれをことわった。この男が、彼が住みにくくなるようなことをしたので、彼は家族をつれてデレを去り、カマルプクルに落ちついたのである。

シュリー・ラーマクリシュナは子供のときにはガダーダルと呼ばれた。彼は村の小学校で若干の読み書き算数の授業をうけた。彼がよくお話しになったことであるが、あの有名な数学者スバンカルが書いた、ベンガル地方で広く読まれている算数の書物も、彼の頭脳は混乱におとしいれることしかできなかったそうである。

村の小学校を出ると、少年は家で遊んでいることは許されなかった。彼の次の務めは、家の祭神ログヴィルの日々の祭祀をおこなうことだった。毎日、彼は主の御名をとなえ、祭服をまとって花を集めた。身を浄めて日々の祈り（ガーヤトリ）をおこない、最高実在すなわち唯一不可分の神を瞑想した後にログヴィルを礼拝した。ログヴィルはラーマとも呼ばれ、最高実在の化身の一人、有名な叙事詩ラーマーヤナの主人公である。彼は実に見事にうたうことができた。芝居（ヤットラー）の中で一度きいた歌は、始めから終わりまでくり返すことができた。少年のときから、常に機嫌が良かった。男、女、子供たち、誰も彼もが彼を愛した。

カマルプクルの隣人ラーハー家の提供する宿泊所に、修行者たちが常にやってきた。当時ガダーダルと呼ばれていたシュリー・ラーマクリシュナは、常にこれらの修行者たちの仲間に入り、弟子のように、献身的に彼らに奉仕するのだった。

ヒンドゥの習慣として、ブラーミンの学者たちがよく聖典の中からさまざまの神の化身たちの生涯や教えをのべた箇所を朗読し、土地の言葉でこれらのできごとをうたったり語ったりした。シュリー・ラーマクリシュナは夢中になってそれらに聴き入った。

このようにして彼は、ラーマーヤナ、マハーバーラタ、およびバーガヴァタムをマスターした――これらはヒンドゥ民族が神の化身たちと崇めるラーマとクリシュナの物語をふくむ、叙事詩である。

一一歳のとき、シュリー・ラーマクリシュナはある日、カマルプクルの近くのアヌル村に向かってとうもろこし畑の中を歩いていた。彼が後に弟子たちにお話しになったところによると、彼は突然、栄光のヴィジョンを見て意識を失った。人々は発作による気絶だと言った。しかしそれは実は、神のヴィジョンによって起こったあの静寂なムード、サマーディと呼ばれる超越意識の状態だったのである。

父の死後、一七、八歳のとき、シュリー・ラーマクリシュナは兄とともにカルカッタに出た。兄弟は仕事を求めて出てきたのである。彼らは幾日間かをナタイル・バガンですごし、それから宿を、ジャマプクルのゴヴィンダ・チャタージーの家に移した。シュリー・ラーマクリシュナはゴヴィンダに雇われ、彼のもとで司祭の助手として働いた。この資格で彼はミトラ家をはじめとするジャマプクルの相当な家々と知りあい、彼らは、自分たちの家の祭神の日々の祀りを彼にゆだねた。

ベンガル暦一二六二年の夏、西暦一八五五年五月三一日木曜日、満月の日、ジャイシュタ月の一八日に、カルカッタから約六キロ離れたダックシネシュワルという村に、富みかつ信仰ぶかいベンガルの一婦人ラーニ・ラーシュマニが有名な寺を建立した。シュリー・ラーマクリシュナの長兄、パンディット・ラームクマールがその寺の神職の長に任じられた。

シュリー・ラーマクリシュナは兄に会うためにしばしば寺に行った。数日のうちに彼自身助手として雇われた。次兄ラーメシュワルもまたときどき神職として働いた。この次兄はラームラルおよびシヴァラームという二人の息子と、ラクシュミ・デーヴィーという一人の娘とを残した。

数日のうちに、シュリー・ラーマクリシュナの様子に変化が起こった。彼は母なる神（カーリー、すなわち永遠の主なる神シヴァの配偶者）の像の前に何時間もすわりつづけているのが見いだされた。あきらかに、彼の心はこの世の事物から引き離されてしまっていた。それは、世俗の人々は求めることをしないある対象を探し求めていたのだ。

身内の人々は彼の結婚を取り決めた。結婚が彼の心を理想世界からふり向かせることを期待したのである。彼の花嫁シュリー・シュリー・サラダマニ・デーヴィーは、カマルプクルから約六キロしか離れていない一村ジャイランバティの、ラームチャンドラ・ムコーパッダイの娘であった。結婚のとき（一八五九年）彼女の夫は二三歳だったが、彼女はわずかに六歳だった。

結婚の後、シュリー・ラーマクリシュナはダックシネシュワルの寺に帰った。これは、彼の神の如き生涯の転機だった。数日の内に、母なる神を礼拝中、彼は神の姿のふしぎなヴィジョンを見た。夕拝の間に、神像の前で灯明や聖水や花などをゆり動かすのが彼の役目の一つだった。ところが、神の思いに満たされているものだから、儀式をはじめてもしばしば、それを終わらせることを忘れるのだった！　実に、寺院の人々が彼を促してその奇妙なふるまいに気づかせるまで、彼はやめなかった。またある場合には、母なる神を礼拝するためにすわるのだが、いつまでたってもそれをやめないのが見いだされた。

もっと奇妙なことには、宇宙の母に献げるはずの花を、彼は自分の頭の上にのせるのだった！

まもなく寺院の当局は、シュリー・ラーマクリシュナは現在の心境ではもう神職の務めを行うことはできないと見て取った。本当に、彼は正常の心の状態ではない人のような様子で動きまわったのである。しかし、ラーニ・ラシュマニの女婿モトゥルはこれを異なった目で見た。彼を、人類救済のために神からつかわされた予言者、と呼んだ。母なる神の日々の祭祀については、モトゥルはこれを他の神職に命じて行なわせた。

このようにして、シュリー・ラーマクリシュナは神職としての仕事はつづけられないことになった。家住者としての務めも、行なうことはできなかった。

結婚は名ばかりのものだった。彼は夜も昼も、「母よ、おお！母よ」と言っていた。今や彼は丸太か石のよう、または木でできた像のようだった。ときに気の狂った者のような振る舞いが見られるかと思うと、またときには子供のようにふるまった。世俗的な心の人々からは身を隠した！主を愛さない人々を好まなかったし、神の話以外の言葉は耳に入らなかったのである！絶え間なく、「母よ、おお、私の母なる神よ！」と叫んでいた。

寺院の境内には宿泊所があった。世をすてた修行者たちがよく、客として来ていた。修行者トタプリは客としてそこに一一カ月滞在した。シュリー・ラーマクリシュナにヴェーダーンタ哲学を説明したのは彼であった。説明中に彼は、この弟子が普通の人ではないことを知った。しばしば神聖な法悦の状態（サマーディ）に入り、その中で彼の個我は姿を消して神、すなわち普遍のエゴと一つになるのである！

同様に世を放棄したブラーミンの一婦人が、トタプリより少し前に客として寺にきた。シュリー・ラーマクリシュナを助けてタントラという聖典が命じる修行をおこなわせたのは彼女であった。彼女は彼をナディヤの神人チャイタニヤの生まれ変わりと見て、彼の前で、その生涯と教えを述べた聖典チャイタムリタを読んで聞かせた。

当時のヴィシュヌ派の信者たちの中で有名なパンディットであったヴァイシュナヴ・チャランは、しばしばシュリー・ラーマクリシュナをおとずれた。あるとき、彼はカルカッタのコルートラに、ある宗教集会（チャイタニヤ・サバ）を見るべく彼をつれて行った。そのとき神意識の境地にあった彼が、そこにいる人々とすべてが礼拝する神の化身チャイタニヤのために設けられている椅子にすわったので、彼らはちょっとショックをうけた。ヴァイシュナヴァチャランは、この宗教集会の会長だったのである。

バイシュナバチャランはあるとき、ラーシュマニの女婿で寺の支配人であったモトゥルに、「この若者の狂気は普通の狂気ではない。彼は主を求めて狂っているのですよ！」と言った。バイシュナバチャランもブラーミンの婦人もともに、シュリー・ラーマクリシュナは「偉大な思い」——神の思いに満たされているのだと知った。チャイタニヤのように、彼は常に、宗教意識の三つの状態のどれかを経験していた。純粋に内観的な、すなわち外界をまったく意識しない超越意識の状態、外界の知覚が完全には失われていない半意識の状態、および、主の聖き御名をとなえることのできるような意識の状態である。常に「母よ、おお！母よ！」と言いながら、彼は絶え間なく母なる神に話しかけていた。彼は彼女に教えを乞うのであった。しばしば、「母よ、私は聖典を知りませんし、それらに精通しているパンディットたちとのつきあいもありません。私がきくのは、あなたの御言葉だけです。どうぞ私に教えてください」と言った。

母というこの甘美な名で、シュリー・ラーマクリシュナは、最高実在、すべての思いと時間と空間とを超えた絶対なる神を指していた。母なる神はあるとき彼に言った、「お前と私とは一つである。この世におけるお前の生涯の目的を、私への深い愛（バクティ）とせよ。人類の福利のためにこの世でしばらくの時をすごせ。そうすれば大勢の信者が集まってくるであろう。そこでお前は、この世界には俗心の人々ばかりではなく、心浄く、世俗の欲望にしばられないで彼らの母なる神、私だけを愛する人々もいる、ということを知るであろう」と。

夕方、神の礼拝（アーラートリカ、アーラティ）の頃にシュリー・ラーマクリシュナはクティ（寺院の境内のバンガロー、持ち主一家やその客がきたときに宿泊した）のテラスに立ち、鈴やシンバルやドラムの響きのまっただ中で、「神を愛する者たちよ、早くこい、おお、私はどんなにお前たちちに会いたいことか！私の身内よ、早くきてくれ、そうでないと、私の生命はこの体を去ってしまうぞ！」と叫ぶのだった。

ケシャブ・センは一八七五年頃にはじめてシュリー・ラーマクリシュナに会った。ケシャブはそのとき、弟子たちとともにダックシネシュワルの寺から約五キロ離れたベルガリヤにある一庭園に滞在していた。シュリー・ラーマクリシュナは甥のリドイをつれていた。

普通キャプテンと呼ばれているヴィシュワナート・ウパディヤーヤはこの頃にシュリー・ラーマクリシュナを訪れた。彼はカルカッタ駐在のネパール政府代表だった。マヒマチャランもその後まもなく彼に会った。

彼の弟子たち、つまり彼と非常に親しく交わった人々の中のある者たちは、一八七九年から一八八二年までの間に、はじめて彼に会っている。彼はその頃にはすでに「主を求める狂気」の状態はすぎていた。彼は優しく喜びにみち、まるで子供のようだった。ただ、大方は強烈な神意識の状態（サマーディ）にあった。この境地から下りてくると、いつも彼の理想の世界を動きまわっていた。まさに、彼は五歳の子供のようにふるまった――いつも「お母さん！　おお、お母さん」と言いながら！

一八七九年の終わり頃に、ラームとマノモハンがきた。次にケダルとスレンドラがきた。チュニ、ラトゥ、ニティヤゴパール、タラクもやはりそのころにきた。一八八一年の終わりから一八八二年のはじめにかけて、ナレンドラ（ヴィヴェーカーナンダ）、ラカール、バヴァナート、バブラーム、バララーム、ニランジャン、M、ヨギンがきた。一八八三年、一八八四年には次の弟子たちがきて師にお目にかかった。キショリ、アダル、ニタイ、シンティのゴパール、ゴパール（若い方の）、ベルガリヤのタラク、シャラト。シャシ、スボドゥ、サンニヤル、ガンガダル、カーリー、ギリシュ、デヴェンドラ、サラダ、カリパダ（ゴーシュ）、ウペンドラ、ドゥイジャ、ハリ、ナレンドラ（若い方の）、パルトゥ（プラマターー）、プルナ、ナラヤン、テジ・チャンドラ、ハリパダ、ハラモハン、ジョイネシュワル、キロデ、ハジュラ、クリシュナナーガルのヨギンとキショリ、マニンドラ（コカ）、ブパディ、アクショイ、ナヴァゴパール、ベルガリヤのゴヴィンダ、アシュ、ギリンドラ、アトゥル、ドゥルガチャラン、スレシュ、プランクリシュナ、ナバイ・チャイタニヤ、ハリプラサンナ、マヘンドラ（ムケルジー）、プレオ（ムケルジー）、ザ・セイント・マンマタ、ビノデ、トゥルシ、ダクシャ、ハリシュ（ムスタフィ）、バシャク、カタク・タクール、バリーのシャシ・ブラマチャリ、ニティヤゴパール・ゴスワーミ、コンナガルのベピン、ディレン、ラカール（ハルダル）およびその他。

次の人々もやはり、師にお目にかかった——指導的な人々である。パンディット・イシュワル・チャンドラ・ヴィディヤシャーゴル、パンディット・シャシャダル、ドクター・ラジェンドラ、ドクター・サルカル、ドクタ・バドゥリ、バンキム（チャタジー）、合衆国のミスター・クック、ミスター・ウィリアムス、ミスター・ミッシル、ミカエル・マドゥスダン（詩人）クリシュナ・ダス・パル、パンディット・ディナバンドゥ、パンディット・シヤマパーダ、ドクター・ラーム・ナーラーヤン、ドクター・ドゥルガチャラン、ニルカンタ、ベナレスの偉大な聖者トライランガ・スワーミー。ブリンダーバンのガンガマーターも、師がモトゥルとともに聖地に行かれたときにお目にかかり、彼をラーダー、神への愛の化身、と見て、別れたがらなかった。

直弟子たちがくるようになる前に、他の有名な信仰者たちがよく寺院をおとずれた。こうして彼はアリアダハの年老いた尊敬すべきブラーミン、クリシュナキショレ、イギリス式の教育を受けた金持ちのカルカッタ市民、シャンブーマリク、フーグリの近く、インデシュの宮廷パンディットであり、ナディアの大学の一つで論理学（ニヤーヤ）を研究したナラヤン・シャストリ、アチャラーナンダ、チャンドラ、バルドワンの前のマハーラージャの宮廷パンディット、パドマロチャン、アーリヤーサマージの創立者ダヤーナンダ、およびその他大勢。カマルプクル、シホレ、ジャンバザール等の信仰深い人々が師をよくおとずれたことは言うまでもない。

ブラフモ・サマージの指導者たちはよく弟子たちをつれて師をおとずれた。年長の会員の中ではケシャブ・セン、ビジョイ、カーリー・ボース、プラタープ、シヴァナート、アムリタ、トライロキヤ、クリシュナ・

ビハリ、マニラル、ウメシュ、若い会員たちの中ではヒラーナンダ、バワニ、ナンダラル・ビノイ、プラマーター、モヒットその他がしばしば、師にお目にかかっていた。師もまたよく、彼らの所においでになった。モトゥルの存命中、師はアディ・ブラフモ・サマージの指導者デヴェンドラ・タゴールにおあいになった。そして、一度あのサマージを礼拝中におたずねになった。ケシャブの教会をも、ケシャブが礼拝をつかさどっているときにおたずねになった。ブラフモ・サマージはいくつにも別れたが、師はその一つであるサダラン・ブラフモ・サマージの教会にも行かれた。

シュリー・ラーマクリシュナはしばしば、ケシャブをその自宅にもおたずねになり、彼と、また彼の信者たちとあうことをお楽しみになった。ケシャブもまた、ときにはひとりで、ときには信者たちと、たびたびダックシネシュワルの寺院を訪れた。このようなときには長いこと神について話され、聞き手は彼の口をもれる叡知の言葉にわれを忘れてききいった。霊感を受けた預言者のように、彼は語られた。そして実にしばしば、神的忘我の状態に入られた！　身体は不動となり、呼吸はとまり、目はうごかない！　感覚意識はすべて失われ、彼はかわりに神意識にみたされなさるのだった。

バルドワンの近くのカルナで、彼はヴィシュヌ派の聖者、バガヴァンダス・バーバージーにおあいになった。バーバージーは師の類のない法悦状態を見て言った、「まことに、あなたは神の化身でいらっしゃる。チャイタニヤのために設けられた席に、おすわりになるに十分ふさわしいお方だ」と。

「神は見ることができる」という事実を教えることの他に、彼の大きな目的は、すべての宗教の間の調和を指摘することであった。彼は一方ではヒンドゥの各宗派が掲げる理想を、また他方ではイスラームの理想とキリスト教のそれとを自ら悟った。人気を離れたところでアラーの名をとなえ、イエス・キリストを瞑想した。ヴィジョンの中で栄光にみちたイエスを見た。自室には、仏陀を含むヒンドゥの神々や女神たちの画像ばかりでなく、イエスが溺れかけたペテロを救い、嵐を静めているところが描かれている。この絵はいまでも彼の部屋にかかっている。イギリス人やアメリカ人の男女がその部屋の床にすわり、神を、そしてシュリー・ラーマクリシュナを瞑想しているのが見られるであろう。

ある日、彼は母なる神に言った、「母よ、私は、あなたのキリスト教信者たちがあなたに向かってどのように祈るのか、知りたいと思います。どうぞ私を、彼らが礼拝に集まる場所につれて入ってください」と。数日後に、彼はカルカッタのあるキリスト教会の入り口に立って中をのぞき、そこでおこなわれている礼拝を見まもっているのが見いだされた。寺に帰ってくると彼は弟子たちに言った、「私は教会に行ったけれど中には入らなかった。寺院の支配人が私が異教の教会に入ったという理由で聖堂に入って母を礼拝することを拒むといけないから」

シュリー・ラーマクリシュナは女性の中にも信者を持っていた。彼はゴパールのお母さん（幼児クリシュナへの深い信仰のゆえに彼のヴィジョンとともに暮らしたのでこの名を得た）を「マー」（母）という甘美な名で呼んで彼女を喜ばせた。彼はすべての女性を母なる神の化身と見てこれを礼拝した。ただ、彼は男たちに、彼らが女性を母なる神の化身と悟るまで、また彼らが神への純粋な愛を持つことを学ぶまで女性には近づくことを戒めた。実に、彼はこの規則を、相手がその純粋さと信仰ぶかさとによって人に知られている女性である場合にもゆるめなかった。母なる神に向かって、彼はあるときこう言った、「おお母よ、もし私の心に少しでも不純な色欲の思いが起こりましたら、私はナイフでのどを切りましょう！」と。

彼の信者の数は多い。ある人々は知られており、ある人々は知られていない。すべての名を挙げることは不可能だ。この福音の中に、大勢の人の名が見いだされるであろう。この他に、少年時代に彼を訪れた人々として次の名を挙げておこう。ラーマクリシュタ、プットー、トゥルシ、シャシ、ベピン、ナジェンドラ、ウペンドラ、スレンドラ（グプタ）、スレン、シャンティ等々。大勢の娘たちも彼に会った。彼らは全部、いまは彼の献身的な信者である。

今日彼の信者となった人、またなりつつある人の数も多い。マドラス（チェンナイ）、スリランカ、セントラル・プロヴィンセス（ウッタル・プラデッシュ）、クマウン、ネパール、ボンベイ（ムンバイ）、ラジプタン、パンジャブ、日本、すべてに、彼の足跡をたどろうと熱望する男女がいる。いや、彼の弟子たちという家族は、今日アジアだけでなくアメリカとヨーロッパにも散在しており、ことに合衆国とイギリスといちじるしい。

ダックシネシュワルのカーリー寺院

――短いスケッチ――

(一) 寺院で教えを説く師

日曜日である。信者たちは仕事が休みだから、大勢がシュリー・ラーマクリシュナに会おうと寺にやってきた。彼の扉はあらゆる人に向かって開かれている。師は、相手の主義、人種、宗派または年齢には関係なく、誰とでも自由にお話しになる。修行者たち――それは初心者であれ、霊性の最高境地に達した人々であれ――、正統派のヒンドゥ教徒、キリスト教徒およびブラフモ・サマージの会員たち、神を本源の神力として礼拝するヒンドゥ教徒(シャクティ派)も、彼を維持者として拝する同教徒(ヴィシュヌ派)、男も女も、すべてが同じように、師に会いにやってくる。幸いなるかな、おお、ラーニ・ラシュマニ、この見事な寺院が建立されたのは、あなたの信仰の徳によるものです! 私たちがこの、人の中の王にお目にかかって彼を礼拝することができるのも、あなたのおかげなのです、この、神の聖き御像に――主を愛する者たちすべてにとって何と喜ばしいことには、大理石や土の像とはちがってお動きになる御像に――。

(二) ポーチ(玄関)と父なる神の一二の聖堂

寺院はカルカッタの北約六キロ、聖なる河ガンガーのほとりにある。舟で行くと、寺院の入り口に通じる

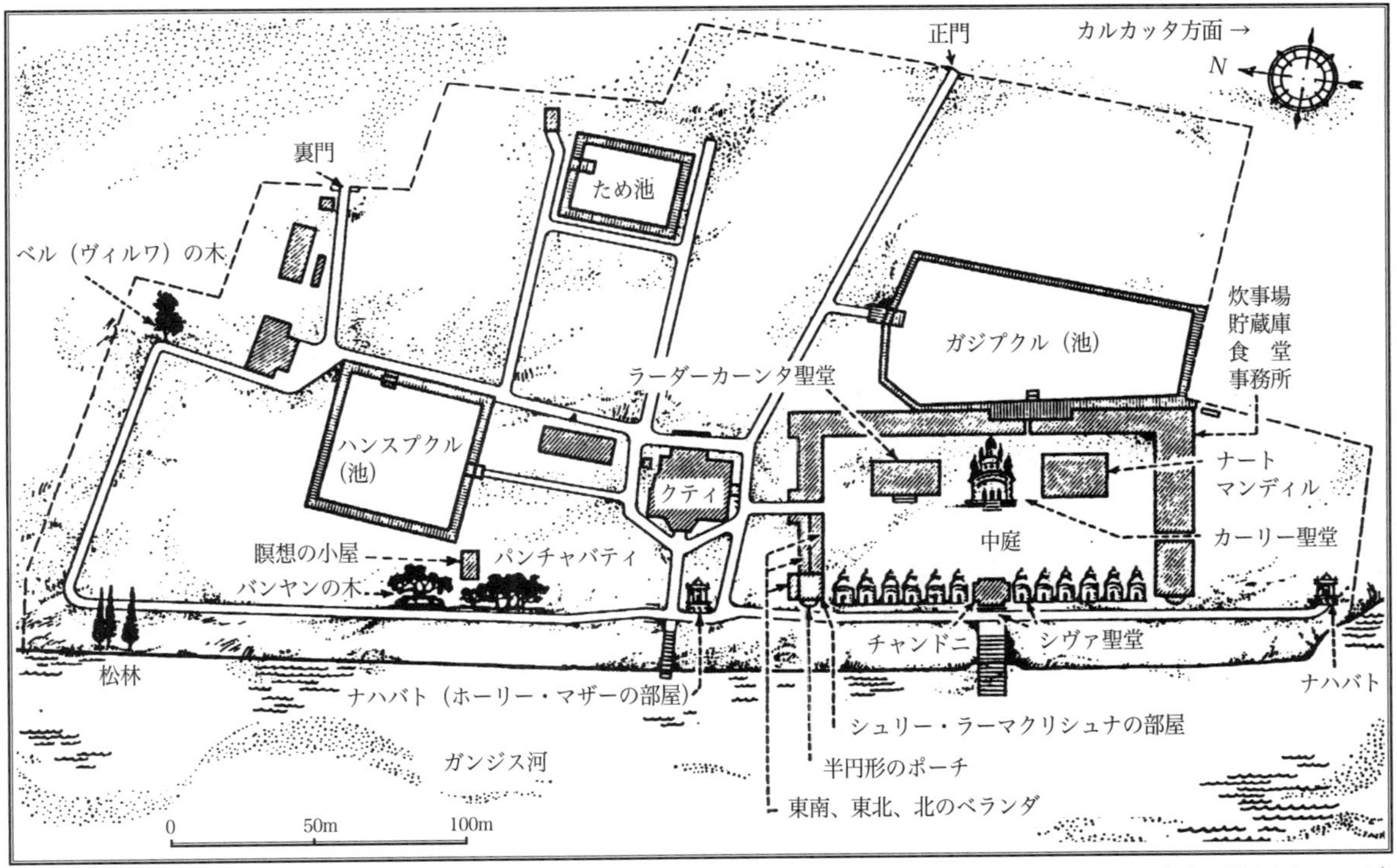

ダックシネシュワル・カーリー寺院境内略図　（当時はカルカッタ市へ六・五キロメートル。いまは同市内へ編入されている）

ガート（舟付き場、沐浴場）の幅広いレンガの階段の下に到着する。シュリー・ラーマクリシュナはいつもここで沐浴をなさった。舟付き場の東にチャンドニー、すなわちポーチがある。その屋根は、柱で支えられた日除けのようなものだ。このチャンドニーは特に夜は、勤めにつく寺の番人の居場所になっている。よく、彼らの持ち物であるマンゴーの木の箱や真鍮でできたロタス、つまり水鉢などが散らばっているのが見られる。近隣の紳士たちもよく、聖水を浴びに下りて行く前の一とき、ここにきてすわる。彼らは体に油をすり込みながら雑談を楽しむのだ。ヒンドゥのさまざまの宗派に属する男女数多の修行者が寺にきて、朝の供物奉献のときがすぎて、自分たちがおさがり、つまりプラサード――神聖な食物――の相伴にあずかるまで、ここで待っている。母なる神の女性の信仰者（バイラヴィ）がすわっているのを見ることも珍しくはない。彼女は世を放棄した人である。黄土色の布をまとい、手に彼女の僧団の象徴である三叉のほこを持っている。彼女もやはり接待所にはいって、朝の供物奉献が終わるまで待つのである。

チャンドニーは、父なる神を象徴するシヴァに献げられた一列の聖堂のちょうど真ん中にある。聖堂は一二個あり、その中の六個はこのポーチの北に向かって、残りの六個は南に向かって一列に並んでいる。舟で河を通り過ぎる人々は互いにこの一二の聖堂を指して、「ごらん！　ラーニ・ラシュマニの寺院はあそこだ！」と言うのだ。

（三）愛の化身なる神の聖堂

この聖堂の列とチャンドニーとの内側、つまり東の方は、中庭である。庭はコンクリートに埋められたタイルで舗装してある。真ん中に二つの聖堂がある。一つは西を向き、もう一つは南を向いている。

第一の聖堂は北の方にあり、ラーダーとクリシュナを祀ってある――神の愛の化身として現れている神である。二体の神像が、顔を西に向けて立っている。内庭から聖所に向かって階段がついている。床には大理石がしきつめてある。ベランダの天井からはシャンデリアがさがっている。それは赤いリネンで包んであって、このおおいは祭礼のときにだけ、取り除かれる。ベランダの全面には一列の円柱が並んでおり、これらの円柱の中の二本の間を行く通路の入口には、たった一人の玄関番が、すわって見張りをしている。午後には西日の直射が聖所にまで達するので、ズックの日除けが円柱の間に張られるようになっている。それらは、あけ放たれている円柱と円柱との間、全部に張りめぐらされるようになっている。ベランダの南東の隅には、ガンガーからくんできた聖水を容れた大瓶が置いてある。聖所に入る扉の敷居のそばに、「主の御足の甘露水」を容れた真鍮の鉢が置いてある。信者たちはやってくると神々の御像の前にひれ伏した後、この聖なる水の数滴を右手に受けてうやうやしくそれを飲むのである。

内陣にはラーダーとクリシュナの聖なる御像が祀ってある。

(四) 母なる神の聖堂

南の方の聖堂には、母なる神の美しい御像が安置されている。彼女はここでは、バヴァタリニ(世界の救い主)と呼ばれていらっしゃる。聖堂の床には大理石がしきつめてある。御像は、南向きに階段のついた石の壇の上に立っている。石の壇の上には銀でできた千弁の蓮華があり、この蓮華の上に、絶対者(ブラフマン)

の象徴であるシヴァが、頭を南に、足を北に向けて横たわっていらっしゃる。この御像は白大理石でできている。彼の上に、片足を彼の胸に、片足をももの上の置いて、宇宙の母が立っていらっしゃるのだ。彼女は豪華なベナレス・サリーをまとい、御神体はさまざまの宝石で荘厳されている。彼女の蓮華の御足は、他のさまざまの装飾とともに、ヌプルという、鈴のついた足輪と白檀香をつけた新しいベルの葉をそえた、まっ赤なハイビスカスの花で飾ってある――これらの足輪の一つは、北インドの女性たちがもちいるパンジェブである。この飾りは、シュリー・ラーマクリシュナの特別の願望によって創立者ラーニ・ラシュマニの女婿モトゥルが調達したものである。母の腕は、黄金に宝石を散りばめた、さまざまの装身具で荘厳してある――頸《くび》のまわりには、真珠や黄金の数多の頸飾りの他に、人間の首を連ねた輪がかかっている……。

彼女のワシのくちばしのような鼻の美しさは、真珠のひとしずくのついた黄金の鼻輪によって一層ひきたてられている。彼女は三つの目を持っていらっしゃり、第三の目は「神のヴィジョンを見る目」である。彼女は四本の腕を持っていらっしゃる。二本の左手の、一本は切ったばかりの人の首を持ち、もう一本は剣を持っている。右手の一本で彼女は信者たちには恵み(boons)を提供し、高く挙げた方のもう一本で「恐れるな」と告げていらっしゃる。首と剣とは死と神の恐ろしい面とを現わし、同時に、彼女の恵みの提供と信者への救いの保証とは愛ぶかい面を現して、彼らに、彼女の無限の愛と慈悲を思い出させるのである。

彼女は腰のまわりに、人間の腕を連ねた恐ろしい帯と、ニム・フォルとコマルパーターという、二種の黄金のくさりとをつけていらっしゃる。

聖所の北東の隅には、母のお休みになる寝台がある。そのそばの壁には、母をあおぐのに使われる、チャマリというシカの尾からとった白い毛で作られた、チャマルがかけてある。たびたび、シュリー・ラーマクリシュナ自身がこのチャマルで彼女をおあおぎになったものである。階段には、彼女の飲み水をいれた器が置いてある。銀の蓮華の上には、八つの金属で作られた小さいライオンの像と、グアナ（大トカゲ）の像と三叉のほことがおいてある。壇の南西の隅には、一匹の牝ギツネの像が立っている。南の方には黒い牡牛の像が、そして北東の方には一羽のガチョウの像がある。壇の階段の一つに、小さな銀の玉座の上にナーラーヤナ、すなわち維持者としての神、の像が安置してある。彼のかたわらに、シュリー・ラーマクリシュナがある修行者からおもらいになったラームラーラー、すなわち神の化身ラームチャンドラの像がある。同じ段のラームラーラーのすぐそばにバネシュワルというシヴァの小さい象徴と、その他さまざまの神の現れの像がある。母なる神は南に面して立っていらっしゃる。

聖堂内部、北の壁のそばに、銅製の水差がおいてあり、母の洗顔用の、ガンガーの聖水が入っている。聖像の上には見事な天蓋がさがり、背後には多彩な花々の刺繍を保護した一片のベナレス・シルクがかかっている。銀と見える内外一二本の円柱が壇の四隅に立って聖像をとり囲んでいる。

この聖所の入口には円柱にかこっまれたベランダに接して、丈夫な扉で守られている。通路のそばに番人がすわっている。敷居のすぐそばにまた、もう一つの聖堂の場合と同じように、「母の御足の甘露水」の入った小さい円筒形の真鍮の器がおいてある。聖堂の屋根は、九基の尖塔が荘厳されている。

（五）演劇堂（ナートマンディル）

聖堂の正面真南に、広い演劇堂がある。それは長方形で、立派なテラスが、内外両方の円柱の列によって支えられている。特別の場合に、ことに母なる神の祭礼の日に、ここで芝居（ヤットラー）その他がおこなわれる。

（六）接待所

内庭の西側には、すでに述べたように父なる神の一二の聖堂の列がある。他の三方には、廊下でつながった多くの部屋々々がある。東の方の部屋は、貯蔵室、ルチ（揚げた丸いパン）や菓子のおいてある部屋、魚や肉を受けないヴィシュヌ神への供物を調理する部屋、および母なる神への供物を調理する部屋である。最後に、修行者たち、ブラーミンたち、乞食たちを含む客人たちに食物を提供するのにもちいられている渡り廊下がある。寺の支配人の事務室に行って、米とダル（豆）とその他の必要品のほどこしを申し込まなければならない。すると支配人は貯蔵室の係りの職員に、彼らの欲するものをあたえるよう命じるのである。

（七）演劇堂の南の方に、犠牲をおこなう場所がある。

（八）ヴィシュヌ神、

すなわちここではラーダーカンタつまり「ラーダーの主人」として礼拝されている維持者なる神には、魚も肉も供えない。母なる神への供物には魚も肉も含まれている。新月の日にはヤギが犠牲に供せられる。諸聖堂の祭祀は、正午までにはおわる。それまでに、調理室で用意されたご飯とさまざまのご馳走が神前に供えられるのである。一方では、接待所は修行者、貧しい男女、およびその他でいっぱいになっている。

ブラーミンたちは食事のとき、彼らに割り当てられた別の一隅にすわる。寺の職員でブラーミンである者たちは、他のブラーミンといっしょにここで食べる。

支配人は食物を自分の部屋に運ばせて食べる。ジャン・バザールのバブーたち、すなわち創立者ラーニ・ラシュマニの子孫たちがときどき寺にきて、クティと言う、中庭の外にある二階建ての家に泊まる。彼らもやはり、食物をクティに運ばせてたべる。

(九) 支配人室および事務室

中庭の南に並ぶ部屋々々は、寺院の職員たちの住む場所および事務室である。ここにはいつも、支配人と職員たちがいる。蔵番、女中たち、下男たち、神職たち、ブラーミンの料理人たち、および荷物運搬人たちが、始終出たり入ったりしている。これらの部屋のあるものには鍵がかかっている。それらには、神前でもちいられる道具類や、家具や敷物や中庭用のテントなどがしまってあるのだ。これらの部屋のいくつかは、前にシュリー・ラーマクリシュナの誕生を祝う大祭がここでおこなわれた頃には、貯蔵室にあてられた。この大祭のための食物の調理は、この部屋々々の南隣の空き地でおこなわれたものだ。

中庭の北端には、ここに入る門がある。チャンドニーにおけるのと同様、ここにも番人がいる。聖堂の中で神を礼拝しようとする信者たちは、この門ではきものをぬがなければならない。

（一〇）師の部屋

中庭の北西の隅、一二のシヴァ聖堂の北の列に接して、シュリー・ラーマクリシュナが神との交流の日々をお送りになった、あの有名な部屋がある。その部屋の西には半円形のベランダがついており、なかば円柱に支えられた、やはり半円形の屋根がついている。そこからは、堤防に沿って寺院の台地の前を流れるガンガーを見わたすことができる。シュリー・ラーマクリシュナはしばしばこの場所から西を向いて聖なる流れを見つめ、つねに聖河を神の現れと見ていらっしゃったのだ。バルコニーの西には北から南に細い小径が通っている。この小径の西は花壇である。花壇の西は寺院境内の端であって、台地の下を、甘美なざわめきとともにガンガーが流れている。

（一一）音楽室（ナハバットカナ）

師の部屋の北側には長方形のベランダがついており、その外側には東西に走るもう一本の小道が見える。小道の北はふたたび花壇、そしてこの花壇の北には音楽室がある。いまは天界にいらっしゃる師の母君は、この音楽室の下の、小さな一室で最後の日々をお過ごしになったのだ。

この建物の北にバクルタラー、すなわち「バクルの樹々の陰」があり、それにつづく沐浴場がある。近隣の女性たちはこの沐浴場で沐浴をするのである。死の迫った師の母君は敬虔なブラーミンの婦人であったから、ヒンドゥの習慣にしたがってこの沐浴場につれてこられ、泣いている息子の前で、下半身をガンガーの聖なる流れに浸しつつ最後の息を引き取られたのである。

そこには第二の音楽塔が境内の南西のすみ、事務室の近くに立っている。

（二二）パンチャバティ

パンチャバティは、バクルの木立の少し北の方にある。それは五本の木、すなわちバーター（インドいちじく）、ピーパル、ニーム、アマラキ、およびベル（ヴィルワ）の樹の集まりだ。それらはシュリー・ラーマクリシュナの希望によって植えられた。彼がさまざまの霊性の修行をなさったのはパンチャバティの下においてであった。後に、彼はよくこの辺を、ときには一人で、ときには弟子たちをつれて、お歩きになったものである。ブリンダーバンから帰ったとき、彼は聖地から持ち帰った土をこのあたりにお撒かせになった。パンチャバティの東に接して、一軒のわらぶきの小屋があった。いまはそれはレンガ造りに変わっている。ここでシュリー・ラーマクリシュナはさまざまの修行をし、ひたむきな信仰をもって神を瞑想なさったのである。

ここに、もう一本のバンヤンの樹があって、その根元の周囲には台座が築いてある。それはごく古い樹で、それとつながってもう一本の樹、ピーパル（アシュワッタ）が生えている。この古木は内部にいくつもの空洞ができており、その中は鳥や動物のすみかになっている。

築かれた台座は円形で、南北二カ所に階段がついている。そこは寺院を訪れる人々、ときに、人気を離れ、ガンガーの聖流と対して神を瞑想したいと思う人々によって利用されている。西に面してここにすわり、シュリー・ラーマクリシュナは修行三昧の日々をお送りになったのである。その頃彼は、わが仔牛を呼ぶ牝牛のそれとしか比べることのできないような渇仰の情をもって、宇宙の母を呼びつづけていらっしゃったのだ！　こんにち、その神聖な座をよぎって、バンヤンの仲間であるピーパルの枝の一本が折れて横たわっている。この枝は親木から完全に離れたわけではなく、半分くっついて生きている。まるで、神が悟られたその座を占めるにふさわしい神人はまだ世に現れていない、と言わぬばかりである。

（一三）ジャウタラーとベルタラー

パンチャバティを少し北に行くと、針金でできた柵に行き当たる。柵の向こうに、ジャウタラー、すなわち五本の、ベンガル松つまりカシュアリナ（うたう木）の集まりがある。信仰の深い人々は、カルカッタのバグバザールで、沐浴などのためにガンガーのほとりに出てきたとき、この木立ちを望み見て歓喜するのである。

ジャウタラーから少し東に行くと、ベルタラーすなわち「ベルの木陰」がある。この木の下にすわって、シュリー・ラーマクリシュナはさまざまの修行をなさった。

ジャウタラーとベルタラーの向こうには、寺院の敷地と政府の火薬庫との境をなす塀がある。

（一四）クティ

中庭の北の出入口を出ると、クティという二階建の家につきあたる。ラーニ・ラシュマニか女婿のモトゥルがくると、いつもここに泊まった。彼らが生きている頃には、師はよく、そこの階下の一室でガンガーに向かって日をお過ごしになった。この部屋から、聖河の壮大な眺めが得られるのである。クティから東西に走るまっすぐな道が、バクルの樹の下の沐浴場に通じている。

（一五） ガジタラー、正門、および裏門

中庭の北の出入口から真東に向いて東門をさして行くと、右側にガジプクルという美しいため池を見る。池の北と西とに上り場がついている。西側の上がり場は神前で用いられる器を洗うところで、皿洗いガートと呼ばれている。ここから少し北東に行くと一本の古い木があり、この木の根元はガジタラーと呼ばれている。ここはずっと昔、一人の回教の聖者が住んで神の黙想をつづけていたところだ。彼の霊がいまでも、この辺に住む貧しい人々によって礼拝されている。

寺院の正門である東門は、ガジタラーから少し東に行ったところにある。アランバザールやカルカッタからきた人々はこの門から入る。ダックシネシュワルの人々は裏門、つまり北東の門から入る。師がよく真夜中に、お帰りになったときには、彼を乗せてきた馬車はこの正門でとまった。すると門番は起こされて鍵をあけた。シュリー・ラーマクリシュナは彼に部屋までついてこいと言い、寺院の係りが届けてよこした神前からのお下がりの菓子を、謝礼として彼にお与えになるのであった。

（一六） ハンスプクル（池の名）と牛舎

パンチャバティの東に、ハンスプクルというもう一つのため池がある。このため池の北東に、馬小屋と牛舎とがある。その東に裏門、つまり北東の門がある。この門を通ってダックシネシュワルの人々は寺に入ってくるのだ。この門はまた、家族とともに村に住んでいる寺の職員たちにも使われている。独身者は寺の中

に部屋を持っている。

境内の南端からパンチャバティに向かって走るまっすぐな細道がある。この道はガンガーの堤防と平行に南北に走っており、両側には、草花が植えてある。チャンドニーと南の船着き場階段との間をぬけて「バクルの木陰」に至り、左に船着き場を見ながらさらに北に進んでついにパンチャバティに着くのである。

ナハバトとクティの南を西から東へとはしる庭園の小道は、ガジタラー（回教の聖地。ガジは異教徒を殺す人、の意）のそばを通って東の門まで達している。この道も、両側に花の木がうえてある。同様に、クティの東側を南から北に通って牛小屋に達する小道も、ハンスプクルのそばを通っている。この道の東側の庭にたくさんの花の木や果樹がうえてあり、また一つのため池もある。

（一七）花壇

夜明けの直前に、聖堂から甘美な鈴の音が信者の耳に聞こえてくる。それは、神の被造物のすべてに愛と喜びをもたらす朝のまつり、アーラートリカ（灯明を振りながら行なう儀式）の知らせである。宇宙の母が再びおめざめになり、彼女の愛しい子供たちを祝福することをおつづけになるのだ。ドラムとシンバルの伴奏でフラジョレット（たて笛の一種）が朝のメロディを奏するのが、音楽室から聞こえてくる。東の空にはまだ紅の色は見えない。暁の明星がまだ、われらのこの世界に光と生命をあたえるべく上がってきていないのだから。こんな早い時刻に、寺の花園では人々が朝拝のときに神に献げる花をつんでいるのだ。

聖河のほとり、パンチャバティの西にあたる所に、ベルの樹と、甘い香りの真っ白なグルチの花がある。

それらのすぐ近くにマンゴーつる草（マーダビ）がある。シュリー・ラーマクリシュナは、マリカの花（チューリップ）と、シュリー・ラーダーの愛したマンゴーつる草と、そしてグルチの花とが大そうお好きだった。彼はモトゥルとともに訪れたブリンダーバンからマンゴーつる草を持ち帰り、それをパンチャバティにお植えになった。クティの東側を通って牛舎に達する道の東の方一帯に果樹園があり、ため池もあり、またここにも、草花がたくさん植えてある。

ほかの木々にまじって、そこには香りゆたかなチャンパク、五弁のハイビスカス、耳かざりのようにたれさがるハイビスカス、バラ、およびゴールドフラワー（カンチャン）などがある。いけ垣にはアパラジタ（征服されない、の意）とよばれる赤紫色のつる草がはえており、それの青い花は母なる神の祭祀につかえわれる。それらのごく近くに、ジャイ（ジャスミン）とシェファリカの花が咲いている。

一二のシヴァの聖堂の長い列にそってそれらの西側に、やはりさまざまの花の木が植えてある――白いオリヤンダー（キョウチクトウ）、赤いオリヤンダー、バラ、ジャスミン、大きな八重のジャスミン。そこには、花がシヴァの礼拝にもちいられるトゲリンゴの木もある。レンガのプラットフォームのところどころに、聖なるバジル（トゥルシ）がはえている。

音楽塔の南には、八重のジャスミンとひとえのジャスミンと、「香りの王」とバラ――すべて甘い香りの花々が咲いている。南のガート（河からの上がり場）のごく近くには、美しく香り高い花を咲かせる花の木がある――一つは蓮（はす）キョウチクトウ、もう一つは、カッコーの目である。後者の色はカッコーの目の色にているのだ。

師の部屋の近く、その西側にはいく株かのクリシュナのクレスト（頭の飾り）とよばれる花の木がある。神の愛の化身シュリー・クリシュナの頭の飾りににているのだ。そこには八重とひとえのジャスミン、香りの王、バラ、チューリップ、ハイビスカス、白と赤のキョウチクトウ、五弁のハイビスカス、こうしんバラなどである。

シュリー・ラーマクリシュナも、かつてはよく、礼拝用の花をおつみになったものだった。あるとき、パンチャバティの近くでベルの樹の葉をつんでいらっしゃると、樹皮の一部がはがれ落ちた。それは彼には、まるで彼の内に在し、外界の一切物となって現れていらっしゃる神がひどい傷をお受けになったかのように感ぜられた。彼はそれをまさに魂で感じたので、その後は二度と、ベルの葉をおつみにならなかった。またあるとき、彼は母に献げる花をつみながら歩きまわっていらっしゃった。突然、自分の前にあるこれらさまざまの草花は、絶対者の外に現れた姿を荘厳する数多の花束――大宇宙を飾る装飾以外の何ものでもない、という思いが彼の魂にひらめいた。シュリー・ラーマクリシュナは魂の底で、神の礼拝はこのようにして日夜絶え間なくおこなわれているのだ、ということを認識なさったのである。それ以後、彼はもう、礼拝のために花をつむことはおやめになった。

（一八）ロビーとバルコニー

東から西に向けて、師の部屋に達するロビーがある。

それは両翼にわかれている。一翼は南方中庭に面し、他は北に面して、クティおよびそれをとりまく庭の道の眺めをほしいままにしている。師はよく南向きのロビーに弟子たちとともにすわり、神の話をしたり、彼らとともに主の御名をうたったりなさった。北向きの翼ではよく、師の誕生日を祝う催しがおこなわれた。そこで、弟子たちや他の信者たちとともに、彼はまつり気分の喜びと興奮に包まれて食事の席につき、プラサードの相伴をなさったものだった。

しばしば、ケシャブが弟子たちを引きつれて師におめにかかりにやってき、まさにこのベランダで、彼の口から出る叡知の言葉にきき入り、彼がしばしば没入される神聖な法悦状態を見まもるのだった。ケシャブと弟子たちがふくらし米（ムリ）やココナッツやルチや菓子などのもてなしを受けたのもここだった。師がいつかナレンドラ（ヴィヴェーカーナンダ）の姿を見ただけでサマーディの状態にお入りになったのも、やはりここだった。

（一九）歓びのすみ家

寺院は歓びのすみ家となった。祭神は昼も夜も、彼のさまざまの姿を通して、つまり父（シヴァ）として、神聖な愛の化身（クリシュナ）として、また宇宙の母（カーリー）、世界の救い主として礼拝されていらっしゃる。毎日の礼拝のときに決まって献げられる供物は数多でありさまざまである。修行者や乞食たちを迎えいれる接待所は寺の施設であって、集まる人々から非常に高く評価されている。寺院のそばを流れる聖なる河の眺めは、人の最高の性質に訴える思いを呼び起こす。境内の庭園も、それに劣らず霊的な感情をよびおこす。

色さまざまの花々が、その香りと美しさと聖らかさとをもって、信仰深い神の愛人たちの心を魅了している。このうっとりとさせるような光景に最後の仕上げを加えるのが、主の歓びに夜も昼も酔っている神人の気高い姿である。

まさにここには、永遠の歓びにみちた母をたたえる祭礼が、不断におこなわれているのだ。音楽室から流れる音楽は、神の愛人の魂に歓喜の戦慄をおぼえさせ、しばしば彼を忘我の状態におとしいれるメロディーを奏でながら、この終わることのない祭礼を祝っている。聖なる音楽は夜も昼も、われらの母はわれらをお創りになっただけでなく常に彼女の子供たちを護っていてくださるのだ、という歓びの知らせをわれわれに向かって宣言しづつけて、倦むことを知らない。歌は暁にはじまり、朝九時頃の礼拝のときと、正午頃、祭神がおやすみになる時刻とにくり返される。歌は、また午後四時頃、母がめざめてふたたび正装してすわり、信者たちの礼拝を受けようとなさるときにはじめられる。さらにもう一度、灯ともし頃に世間に夕拝の準備をせよと呼びかけるときにくり返される。この魂をゆり動かす音楽の最後の旋律は、夜九時頃、母がしりぞいて寝におつきになる頃に聞こえてくる。あの荘厳な時刻、おしよせてくる闇——母がいま、いま、何ひとつ——男も女も、日も月も、大地も星にみちた天空も——存在しなかった永遠を彼女の子供たちに思い出させようとして身におつけになる長衣——に包まれた寺院の境内を支配するおごそかな静けさの中にひびく、甘美な音楽である。

第一章　ダックシネシュワルにおけるシュリー・ラーマクリシュナ（一八八二年）

第一節　師との最初の出あい

一八八二年の春、花の季節であり、甘美な南風の季節である。ここちよい三月のある日、太陽は宇宙の母（カーリー）の聖堂の上に沈もうとしている。大自然が微笑み、喜んでいる。このようなときに、Mははじめてこの神人におめにかかったのである。

シュリー・ラーマクリシュナが長年住んでいらっしゃる母なる神の寺院は、ガンガーの東岸、カルカッタ市の北約六キロ、ダックシネシュワルの村にある。

彼は、聖河の流れを見わたす自室の寝椅子（二つある寝台の、小さい方）の上にすわっていらっしゃる。彼の弟子たちとその他の信者たちは床の上にすわっている。彼らは師の慈悲ぶかい笑顔を見つめ、その神聖なお口からもれる生きた言葉の甘露水を飲んでいる。

東を向き微笑みながら、師は主のことをお話しになる。

Mは中を見て、言葉を忘れ、立ちつくす。Mは、目の前で主のことを話しているのはシュカデヴァ（生まれながら主を愛した聖者）ではなかろうか、と疑う。Mは自分の前にすわっていらっしゃるこの神なる説法者の言葉を聴いて、自分がまるで数多の聖地が集まって一つになった場所に立っているかのように感じる。プリの聖地でラーマナンダやスワループをはじめとする愛弟子たちとともに愛しい主の御名と彼の栄光にみちた御わざとをたたえられた主ゴウラーンガ・デヴァ（チャイタニヤ）が、彼の前にすわっていらっしゃるのかも知れない。

シュリー・ラーマクリシュナはこうおっしゃる、「もし主の御名（ハリまたはラーマ）をきいただけで髪が逆立ち、歓喜の涙が目から溢れるようになったら、そのときには間違いなく、お前たちは主へのお勤め（カルマ）たとえば上層三階級に命じられている、毎日朝昼晩三回の勤行（ガーヤトリ）をしないでもよい時期に入ったのだ。そうなるまでは、お前たちに勤行（カルマ）をやめる権利はない。そうなれば実に、勤行の方が自然に脱落する。魂がこのような境地に達したら、信者はただ、主の御名、（ラーマ、ハリ、または単に象徴・オーム）をくり返せばよい。それで十分だ。他のお勤めはいらない」

師はまたおっしゃる、「サンディヤーはガーヤトリになって終り、ガーヤトリは単に象徴・オームになって終るのだ」と。

Mはバラナゴル（ダックシネシュワルの近く）に滞在している。彼は友人シドゥとともに夕方の散歩の途中、この寺院を訪れたのだ。日曜日で仕事は休みなのである。

散歩の途中でMはまず、P・バネルジーの庭園を訪れたのだった。そこでシドゥが彼に、「ガンガーの岸に美しい庭園があるのだ。行ってみようではないか。パラマハンサと呼ばれている一人の聖者がそこに住んでいるのだ」と言ったのである。

Mは言葉を忘れて立ちつくす！ 彼は心の中で思う、「何という魅力のある場所だろう！ 何という人だろう！ 彼の言葉の何と甘美で魅力のあること！ ここを動きたくない。しかし、まずそこらを見てまわって、この寺がどんな所であるかをはっきり知るとしよう。そのあとでここに戻ってきて、彼の足下にすわろう」

Mは部屋を出て中庭に入る。彼は父なる神（シヴァ）の聖堂、愛の化身（ラーダーカーンタ）のそれ、そして最後に母なる神（カーリー）の聖堂を訪れる。

ちょうど夕方、礼拝の時刻である。神職たちが、鈴やシンバルやドラムに合せて神像の前で灯明を打ち振っている。境内の南端から、南のそよ風に乗って、寺院の楽団が笛やその他の楽器で奏する甘美な旋律がただよってくる。その音楽はガンガーの河面にまではこばれ、遥か彼方に消えて行く。南から吹いてくる微風は何とここちよく、さまざまの花からくる甘い香りにみちていることだろう！ 月が昇り、やがて聖堂も庭園もやわらかい銀色の光に包まれる。まるで自然と人とが、ともに喜び、夕拝に参加しているかのようである。

Mはこの恵まれた光景に接して、喜びでいっぱいになる。シドゥはMにこう言う、「これはラシュマニの寺院だ。ここでは毎日欠かさず、朝から夜まで祭祀がおこなわれている。ここではまた、祭神への供養のおさがりが、毎日修行者や貧しい人々に施されているのだ」

二人の友は壮大な中庭をぬけて、シュリー・ラーマクリシュナの部屋の方へ戻って行った。部屋の入口につくと扉がしまっている。Mはイギリス風の作法を学んでいるので、許可なしに入っては失礼であろうと思う。

少し前に香が焚かれたところだ。

戸口に女中のブリンダが立っている。Mは彼女に言う、

M「あの、女中さん、彼はお部屋においでなのですか――聖者は」

ブリンダ「はい、このお部屋においでございます」

M「いつ頃からここに住んでおいでなのですか」

ブリンダ「おお、何年も、何年も前からでございます」

M「おそらくたくさんの書物を読んでおいでなのでしょう」

ブリンダ「おおとんでもない、いいえ、一冊も読んではいらっしゃいません。彼の御口がいっさいのことを――最高の真理までも――お話しになるのですよ！　彼の御言葉は天上からくるのでございます」

Mは大学を出たばかりである。師は学者ではない、ときかされたのだ！　これをきいてあっけに取られる――驚いて言葉もでない！

M「けっこうです。彼はいま夕方のお勤め（サンディヤー）をなさっていらっしゃるところだろうか。われわれが入ってもかまわないでしょうか。すみませんが、彼に、われわれがおめにかかりたがっていることを申し上げてくれませんか」

ブリンダ「まあ、お入りなってもいいのですよ、坊ちゃま方。ずっとお入りなさい。そして彼の御前におすわりなさいませ」

そこで彼らは部屋に入る。他には誰もいない。師は一人で、小さい方の寝台の上にすわっていらっしゃる。香が焚かれており、戸は閉めてある。Mは手を合わせてあいさつをする。床にござが敷いてある。彼の御言葉にしたがってMとシドゥはそこにすわる。

師はさまざまの親切な質問をなさる。「名は何というのか」「どこに住んでいるのか」「何をしているのか」「なんでバラナゴルにきたのか」等々が、Mに出された質問の一部である。Mはこれらすべてにお返事をする。しかし、Mが話しているときにでも、シュリー・ラーマクリシュナが、彼が瞑想していらっしゃると思われるある他の主題の方に心をお向けになることに気がつく。

これが神意識というものなのだろうか。それはMの心に釣竿を手に湖水のふちにすわっている男の姿を思い浮かばせる。魚が餌に食いつくとうきがふるえる。男は熱心にうきを見つめる。心の力を集中して竿を握り、他をふり向かず人と話もしない。

Mは後になって、彼が毎日何回も神意識の独特な状態（サマーディ）にお入りになり、外界の意識を完全にお失いになるのだ、ということをきいた。

M（シュリー・ラーマクリシュナに）「師よ、まだこれから夕方のお勤めをなさらなければならないのではございませんか。それでしたら、今晩はこれ以上お邪魔してはなりません。他の日にうかがいます」

シュリー・ラーマクリシュナ「いや、いや、急がなくてもいいよ」

彼はまたしばらく黙っていらっしゃる。やっと口をお開きになったかと思うと、夢を見ているような調子で、「夕方のお勤めだって？　いや、いや、そんなものではない」

それからしばらくたって、Mは師にあいさつをする。彼はそれに答えて、「またおいで」とおっしゃる。

バラナゴルへの帰途、Mは思う、「この神人はどういう人なのだろう？　私の魂がもう一度あいたいと渇望するのはどうしてなのか。人が偉大であるが学者ではない、ということはあり得るのだろうか。この、魂の底から彼を慕う思いは何を意味するのだろうか。彼は、またこい、とおっしゃった。明日か、おそくとも明後日にはまたこなければならない。

第二節　師と弟子

一両日の後、朝八時頃、Mはふたたび訪問した。　師は床屋にひげをそらせようとしていらっしゃっる。冬の寒さがまだ去り切らないので、赤いモスリンでふちを取ったモールスキンのショールをまとっていらっしゃる。Mを見て、「やあ、きたね、よし、よし。ここにおすわり」とおっしゃる。

この会見がおこなわれたのは、彼の部屋に入る途中の南向きのベランダであった。床屋の前に腰をおろして、彼は上ばきをはき、右に述べたショールをかけていらっしゃった。

彼は床屋に仕事をさせながら、Mに向かってお話しになる。いつものように、顔に笑みを浮かべていらっしゃる。ただ、話しながら少しおどもりになる。

師（Mに）「家はどこにあるのかね」

M「カルカッタでございます」
師「ここバラナゴルでは誰の家に泊っているのか」
M「姉のところ、イシャン・カヴィラージャの家に泊っております」
師「イシャンの家に、おお、そうか。ケシャブがいまどうしているか、お前知っているかね。非常にぐあいが悪かったときいたが」
M「はい、私もそのようにききました。いまはもう、よくなっていると存じます」
師「私はケシャブの回復を祈って、母なる神にささげもの——グリーン・ココナッツと砂糖——をすることを誓ったのだ。ときどき真夜中に目をさまして叫んだものだった。『おお母よ、ケシャブを治してやってください。もしケシャブがいなかったら、私はカルカッタに行ったときに誰と話をしたらよいでしょう』と。お前、ミスター・クックという人が近頃カルカッタにきていたことを知っているか。講演をしていたらしい。いつかケシャブが蒸気船に乗せてくれたが、そのとき、彼がそこにいた」
M「はい、私も彼のことはたくさんききました。私は彼が講演をするのは一度もきいたことがございません。また彼のことも、あまりよくは存じません」
師「プラタープの兄弟がきて数日間ここに泊まった。彼はここに滞在するつもりできたのだと言う。仕事がないので、妻と子供たちを義父の世話に任せてきたのだ。しかしここでわれわれは、彼の自尊心の欠けていることを叱ってやった。育てなければならない子供が大勢いるのにあんな調子で歩きまわっているのはたいそう良くないことだ、とは思わないか。他人がやってきて彼らを養い、面倒を見なければならないと言うのかね。よその人が自分の家族の世話をしなければならないのだということを――つまり義父が彼の荷物を背負わなければならないのだということを――恥ずかしいと思わないのだろうか！　私は彼を厳しく叱り、仕事を探せ、と言ってやった。このようにして自分の愚かさを指摘されたので、ようやく彼は去って行った」

師（Mに）「お前、結婚しているのか」

M「はい、致しております」シュリー・ラーマクリシュナはこれをきいてびっくりなさった、「ああ！　彼はもう妻をめとっているのだ！　主よ、彼をおたすけください」

これをきいてMはろうばいした。重罪を犯した者のように頭をたれ、言葉もなくすわっていた。彼は心の中で思う、「では結婚するのはそんなに悪い事なのか？」

師「子供たちはいるのか」

Mは自分の心臓の鼓動をきくことができる！「はい、おります」と、弱々しい声で答える。

師はぎょっとなさる。彼はMを非難して、「ああ！　育てなければならない子供たちまでいるとは！」

Mは、自分のうぬぼれに恐ろしい打撃が加えられたことを感じる。

少したつと師は優しく見上げ、愛情のこもった調子でおっしゃる、「ねえ、私の息子、お前は、ある良い人相を持っているのだよ。私は、目とひたいとを見てそれを知ることができるのだ。ヨギたち――前生で神との交わりに日々を過ごした人々――の目は、独特の表情を持っている。ある人々の場合には、まるでたったいま、神の黙想の席（アーサナー）を立ってきたばかりのように見えるのだよ！

さて、今度はお前の奥さんだ――彼女のことをどう思うかね。神の方に、また光の方にむかう、神的な性質（ヴィディヤーシャクティ）の人か？　それともその反対、神から離れて闇の方にだけむかう性質（アヴィディヤーシャクティ）の人か？」

M「彼女は申し分のない女でございます。しかし無知で」

師（きびしい調子で）「彼女は無知でお前は賢いと言うのか！　お前は、自分は叡知を獲得したと思っている！　そうかね？」

Mは、叡知と無知が実は何であるか、ということを知らない。彼は、書物をたくさん読む人が賢い人だ、思っているのだ。（もちろんこの間違った考えは後に除かれ、彼は、神を知ることだけが叡知であり、神を知らないことが無知である、と教えられた）

師が「お前は自分は叡知を得たと思っているのか」とおっしゃったとき、Mのうぬぼれは第二の打撃を受けた。

師「お前は神を、『形のないもの』として瞑想するのが好きか、それとも『形あるもの』として瞑想するのが好きか」

この質問はふたたびMを当惑させ、考えさせる、では、人が無形の神を信じていながら同時に、彼は形を持つ、と信じることがあり得るのか。さもなければ、彼を『有形』と信じている人がどうしてまた彼は『無形』

であると思うことなどができよう。同一の実体の中に相矛盾する二つの属性が共存することができるものだろうか。ミルクのように白いものが同時に黒くあり得るのだろうか」と。

しばらく考えた後、Mは言った、「私は神を、『形のある』存在としてよりむしろ『形のない』存在として瞑想したいと思います」

師「それはよろしい。神をこの見方で、またはあの見方で眺めることは少しもさしつかえない。そうだ、彼を無形の存在と考えることはまったく正しい。しかし、その見方だけが正しくて他は全部間違っている、などという早合点をしないように気をつけるのだよ。彼を『形のある』存在として瞑想することも同じように正しいのだ。しかしお前は、お前が悟るまで——お前が神を見るまで（そのときいっさいのことがはっきりわかるであろう）——お前のその見方を堅持しなければいけない」

ここでMはふたたび言葉を失う。彼は何回も師の口から、矛盾は神については真理だ、ということをきくのだ！　彼はいままで読んだすべての書物の中でこのような奇妙な説にはであったことがないから、これに対しては彼の学問も力が及ばない。彼のうぬぼれはもう一つの打撃を受けた。しかしそれはまだ完全に押しつぶされていない。そこで彼は質問をつづけ、もう少し師と論じ合おうとする。

M「そこで、師よ、神は『有形である』とするのはよろしゅうございます。しかしけっして、彼は人々が拝んでいるあの土の像ではございません！」

師「しかし、お尋ねするがね、なぜ土の像だなどと言うのだ？　神像は間違いなく霊でできているのだよ！」

Mはこれを理解することができない。Mは言う、「しかし、偶像を拝む人々にむかっては、神は彼らが拝んでいる土の像と同じものではないということと、拝むときに彼らは土の像ではなく神そのものを心に描かなければならないのだ、ということをはっきりと教えてやるのが人の務めではございませんか」

師（きびしく）「お前たちカルカッタの人々の間では、『説教すること』と『他人を教えること』ばかりを考えたり話したりするのが流行になっている！ ねえ、お前たちはどのようにして、お前たち自身を教えようとしているのかね。え？ 他人を教えるお前たちはいったい何者なのだ？ 宇宙の主が、もし必要があれば人類にお教えになるだろう——太陽と月をつくり、人や動物をおつくりになった主、彼らが生きるのに必要なものをおつくりになり、彼らの世話をし育てる親たちをおつくりになった主、あれほど多くのことをなさった主——彼が、彼らを導くこともなさらない、などということがあろうか。必ず、もし必要なら、彼がなさるだろう。彼は人間の身体という聖堂の中に住んでいらっしゃる。彼はわれわれの最も深い思いをご存じだ。かりに偶像礼拝に何か間違ったところがあるとしても、すべての礼拝は彼に向けられているのだ、ということを彼がご存じないはずがあろうか。それは彼以外のものに向けられたものではない、ということをご存じで、喜んでそれをお受けになるだろう。なぜお前たちは、自分の力のおよばないことで心を悩ますのだ？ 神を知り、そして敬うことを求めなさい。神を愛しなさい、それがお前たちの、最も身近にあたえられた努めである」

Mのうぬぼれはいまや完全に押しつぶされた。彼は心に思う、「この神人のおっしゃることはまったく本当だ。他人に説教してまわる必要がどこにあろう。私自身が神を知っているのか。私は神を愛しているか。これはちょうどことわざに、『自分が寝るだけの場所もないのにわが友シャンカラに、きていっしょに寝よとすすめる』と言っているのと同じだ！　神について、私は何も知りはしない。本当に、他人を教えようと考えるのは愚の骨頂であり無作法そのものだ――恥ずかしいことだ！　これは数学や歴史や文学ではない、神の科学なのだ！　そうだ、この聖者の御言葉の力はよくわかる」

これが、師と議論をしようという、Mの最初の試みであり、そして幸いなことに最後の試みであった。

師「お前は、『土でできた像』のことを言っていた。そうだ、そのような像でも、礼拝する必要はしばしば生まれてくるのだ。神ご自身が、これらさまざまの礼拝形式を授けてくださったのだよ。このようなことは全部、主がなさったのだ――さまざまの知識の程度にあるさまざまの人々に適合するように。

母親は自分の子供たちのために、その一人一人が自分に合う料理を食べることができるように食物を用意するだろう。五人の子供がいるとする。一尾の魚を手に入れたら、彼女はそれからさまざまの料理をつくる。子供たちのおのおのが自分にぴったり合ったご馳走を食べることができるだろう。一人は魚入りの濃厚なピラフをもらうが、彼女は消化力の弱いもう一人の子にはスープを少しやるだけだ。三人目のためにはすっぱいタマリンドのソースを作り、四人目のためには魚をフライにする、というぐあいに、相手の胃袋に合わせるようにする。わからないか」

M「はい、よくわかりました。初心者は主を、土の像の中に霊として拝すべきなのでございますね。信者は進むにつれて、神像からは独立して彼を拝むようになるのでございましょう」

師「そうだ。そしてふたたび、彼が神を見たら、そのときにはあらゆるもの——神像も何もかも——が霊の現れであるということを悟るのだ。彼にとっては神像は霊でできたもの——土でできたものではない。神は霊なのである」

M「師よ、どのようにしたら、心を神に集中することができるのでございましょうか」

師「そのためには、人は、絶えず神の御名と彼の偉大な属性とをとなえなければならない。常に高徳の人々との交わりを求めるべきだ。常に、主を信仰する人々や主のためにこの世の事物を放棄した人々の間に行くようにしなければならない。たしかに、世間の苦労や心配の中で心を神に集中するのは難しいことだ。それだから、人は時おり、彼を瞑想するために人気を離れた場所に行かなければいけない。霊の生活の最初の段階では、人は独居しないとやっては行けない。

植物が若いときには、周囲に垣を作って守ってやらなければならない。そうでないと、ヤギや牝牛が食べてしまうだろう。

心、人目につかぬ片隅、および森は、瞑想（ディヤーナ）のための三つの場所である。人はまた、実在と非実在（現象世界）との識別（ヴィチャーラ）を実践しなければならない。このようにすれば、人は富、名声、力および感覚の楽しみというこの世の事物への執着をふるいおとすことができるだろう」

M「師よ、一家住者として、世間にどのように暮らすべきでしょうか」

師「心には常に神を思いながらすべての務めをおこないなさい。両親や妻や子供たちについては、まるで彼らが自分のものであるかのように彼らに仕えなさい。しかし心の奥の奥では、彼らは実は──彼らも主を愛しているのでない限り──自分のものではないのだ、ということを知っていなさい。主お一人だけが本当に自分のものなのだ──それと主を愛する人々とが。

金持の家に仕える女中は自分にあたえられたあらゆる仕事をするが、心はいつも、自分の故郷のことを思っている。主人の家は、彼女の家ではないのだ。彼女は本当に主人の子供たちを、しばしば『私のラーマ』『私のハリ』などと呼んで、まるで自分の子供であるかのように世話をするだろう。しかしその間中彼女は、子供たちは自分の子ではない、ということをよく知っているのだ。

カメは食物を求めて水中を動きまわるが、彼女の心はどこにあると思うか。間違いなく、自分が卵を産んでおいた河の堤防の上だ。同様に、お前も世間で自分の仕事をしながら動きまわってよいが、心は常に主の尊き御足のもとにあるよう、十分に気をつけなさい。

もし霊性の修行（サーダナー）によって主への深い愛（バクティ）を得る前に世間に入ると、お前はそれに従属し、まき込まれてしまうだろう。悲しみ、災害など、生身の人間が受けなければならないさまざまの不幸が、お前に心の平衡を失わせるだろう。世間の事柄に身を投じて心をまどわせればまどわすほど、ますます世間への執着は深まるだろう。

ジャック・フルーツ（パンの木の一種。その実）を割ろうと思ったらまず手に油をすり込め。そうでないと乳のような汁がベタベタと手につくだろう。まず信仰（バクティ）という油で手を浄め、それから世間の物事を扱うのだ。

しかし、そのためには独居が絶対に必要だ。もしバターを作ろうと思ったら、凝乳をどこか人のこない所に置け。動かされると固まらないだろう。次の仕事は、静かな場所にすわってかくはんをはじめることだ。

もし独居して神を想うなら、お前は放棄（ティヤーガ）と信仰の精神を得るだろう。おなじ心が世間に向けられた場合には、それは俗悪になって『女と金』（注）の別名である世間のことしか考えないだろう。

（注）シュリー・ラーマクリシュナの教えは、神を悟るまでは女に近づいてはならぬ、神を悟ったら、女は神の化身として礼拝されるようになる、というもの。

世間は水に、心はミルクにたとえることができよう。ミルクは、ひとたび水がまざったら元の状態に戻すことはできない。それの純粋さは、もう一つの異なった状態においてのみ保つことができる。つまり、まずバターに変えられ、それから水に入れられるなら、である。お前の心というミルクを、独居の中で行なわれる霊性の修行（サーダナー）によって神の愛（バクティ）というバターに変えなさい。そうすればバターは決して水にはまざらず、水面に浮き上るだろう。同様に、お前の心も世間に影響されることはないだろう。世間の中にいても、世間のものにはなるまい。真の知識（ギャーナ）または信仰（バクティ）がひとたびえられれば、それは世間には執着せず、離れて立つ。

それとともに識別を実践しなさい。『女と金』はどちらも非実在である。唯一の実在は神だ。金が何の役に立つか。まあ、食べるものと着るものと住む家とはあたえるだろう。その程度の役には立つが、それ以上はなんにもならない。金のたすけで神を見ることは決してできないのだ。金は、決して人生の目的ではない。これが、識別の過程である。わかるか」

M「はい、わかります。私は近頃、プラボドゥ・チャンドロダヤというサンスクリットの劇を読む機会を得ました。その中で、識別のことを読みました」

師「そうだ、そうだ、識別だ。話してごらん、金や女の美しさの中にいったい何があるかね。識別をはたらかせたら、お前は最も美しい女の肉体も単に肉と血と皮と骨と脂肪と髄と――おまけに他の動物と少しも変わらぬはらわたや小便、大便その他のものでできているにすぎないことを見出すであろう。ふしぎなのは、男が神を見失ってこんなものに心を奪われるということだ！」

M「師よ、神を見ることはできますか」

師「できるとも、そのことに疑いの余地はない。これらが神を見る方法の一部だ――ときどき人気を離れた所に行って彼の御名と彼の属性をたたえること、識別に努めること。および主を恋い慕う気持で熱心な祈りをささげること、だ」

M「師よ、どんな心の状態になると神のヴィジョンを得ることができるのでございますか」

師「渇仰の心で主に泣きつくのだ、そうすれば彼を見ることができる。人々は、妻や子供たちのためには、水差に一杯ほどの涙を流す！　金のためには泣いて、自分の涙の河におし流されることもいとうまい！　しかしいったいだれが神を求めて泣き叫ぶか。見せるためではなく、心の底から恋いこがれて彼に泣きつきなさい。

暁のバラ色の光は、太陽の出るまえにやってくる。それと同じように、恋いこがれるハートはやがてくる神のヴィジョンの前ぶれである。

次の三つの執着、つまり世俗的な男がこの世のものに対して抱く執着、母親のわが子に対する執着、および貞淑な妻の夫に対する執着——これら三つを一つに集めたほどの強さで神を愛するなら、お前は彼を見ることができるだろう。

要するに、神を見るためには心魂傾けて彼を愛さなければならぬ、ということだ。人は、母なる神にとどかずにはいないような祈りをささげなければいけない。

子ネコはミュー、ミューと言って母ネコに泣きつくことしか知らない。他のことは全部、母ネコが知っているのだ。彼女はわが子をいまは台所、次は主人のやわらかな寝床の上、というように自分がここと思うところに隠す。そうだ、子ネコは母親に泣きつくことしか知らない」

第三節　M、ヴィヴェーカーナンダに会う

Mは、寺院から約二キロ離れたバラナゴルの姉の家に泊っている。シュリー・ラーマクリシュナにおめにかかって以来、かたときも彼を忘れることができない。まるで常住目の前に師の笑顔を見ているようだ——

常に、甘露のように甘い彼の言葉にきき入っているようだ。どのようにしてこの貧しいブラーミンが、このような生命と魂の深い難問を解決し得ているのだろうか、とMは心に思うのだ！　しかも彼の教えの何とはっきりしていること！　Mの感情はついに興奮の極に達し、彼は夜も昼も、早くもう一度彼に会いたい、と思いつづける。次の日曜日の午後三時と四時の間に、彼はバラナゴルのネパール・バブーといっしょに寺に行く。

師はこの間と同じ部屋に、寝椅子の上にすわっていらっしゃる。部屋は信者たちでいっぱいだ。日曜日だから、彼らは仕事が休みなのだ。Mはまだ、その中の誰をも知らない。手を合わせてあいさつをしてから、彼はわきの方に席をとる。師は微笑みながら、なみいる人々と話をおつづけになる。

Mは、師の言葉が特にナレンドラ（後のスワーミー・ヴィヴェーカーナンダ）という、まだ一九歳の若者に向けられているのを知る。彼は大学生で、サダラン・ブラフモ・サマージの会員だ。彼の言葉は精気にみちている。目は大きくて黒い。そして叡知に輝き、内なる魂の偉大さを示している。彼は、主を愛する者に特有の表情をおびている。

Mは、話題は世俗的な人々の行為――神を求める人々を嘲笑するような人々のそれ――についてであることを知る。問題は、そのような人々をどう扱うか、だ。

師（微笑みつつ、ナレンドラに）「お前はどう思うかね、ナレンドラ。世俗的な人々は、信仰ぶかい者に向かってあらゆることを言う。ゾウが大通りを歩いて行くと、のら犬やその他のさまざまの動物が実にたくさん、あとを追いかけて吠えたり騒いだりする。しかしゾウは知らぬ顔でわが道を進んで行くだろう。もし、わが息子よ、人々がお前の背後で悪口を言うようだったら、お前は彼らのことをどう思うかね」

ナレンドラ「私は彼らを、うしろで吠え立てるのら犬どもだと見るでしょう」

師（笑いながら）「いや、わが子よ、決して、そこまで行ってはならないぞ。（笑い）神はすべてのもの――生あるものも、無いものも――の中に宿っていらっしゃるのだ、ということを知っておいで。だからあらゆるものを拝まなければいけない。それが人であれ、動物であれ、鳥であれ、草木または鉱物であれ。人々とのつきあいの中で、せいぜいわれわれにできることは、善い人々と交わり、悪い人々との接触を避けるよう、気をつけることだ。トラの中にも神がいらっしゃるということは本当だ。しかしそれだからと言って、その首にとびつき、この動物を胸に抱きしめよ、などと言うのではない。（笑い）

ある人は言うかも知れない。だってトラもやはり神の一つの御姿だということを知りながらなぜ逃げなければならないのですか、と。それに対する答えはこうだ。トラがきたら逃げろと言ってくれる人々もまた、別の姿で現れていらっしゃる神なのである、彼らの言葉は無視してよい、などというものではない。

ある森の中に、一人の聖者が何人かの弟子たちといっしょに住んでいた。ある日、師は彼らに、『神はすべてのものの中にいらっしゃる。これを知って、われわれはこの世のあらゆるものの前にうやうやしく頭を下げなければいけない』と教えた。たまたま弟子の一人が、犠牲の火のために薪を集めに出かけた。突然彼は叫び声をきいた、『逃げろ！　逃げろ！　狂ったゾウがくるぞ！』これをきいてこの弟子以外の人々は全部逃げた。彼は考えた、『ゾウも神の一つの御姿だ。では何で逃げることがあろう』と。そこで彼はその場所に立ったまま、ゾウを主と崇めてあいさつし、彼の讃歌をとなえはじめた。ゾウ使いは『逃げろ！　逃げろ！』と叫びつづけたが、この弟子は身動きもしなかった。ついにゾウは鼻をのばして彼をつかみ、わきに投げすてた。哀れな少年は気絶し、傷だらけで地面に横たわった。

彼の師はこのことをきいて他の弟子たちといっしょに現場にきた。一同は彼を家にはこび、気つけ薬をあたえた。彼が正気を取り戻すと、なぜ逃げなかったのか、と尋ねた。すると少年は答えた、『いつか師が、人やその他のすべての生きものとして現れていらっしゃるのは神様だ、とおっしゃったから、私はゾウ神様を見て動こうとしなかったのです』と。これをきいて師は言った、『わが息子よ、きたのはゾウ神様であることは本当だ――しかしゾウ使い神様、彼がお前に逃げよと警告をしなかったか。神がいっさいのものの中に現れていらっしゃることは事実だ。しかし、もし彼がゾウとして現れておいでならそれと同様に、いやもっとはっきりと、ゾウ使いの中にも現れていらっしゃるのではないか。ねえ、それならなぜお前は彼の警告の声に耳をかさなかったのだ』

聖典には、水は神ご自身と同じである、と書いてある。しかしある水は祭祀にもちいるのにふさわしく、ある水は皿や汚れた布を洗ったり、食事のあとで顔や手を洗ったりすることにしか使えない。あとの水は、祭壇に上げたり、飲んだりはしないだろう。それと同様に、善い人々と悪い人々、神の愛人たちと、彼を愛さない人々とがいる。本当に、彼らすべてのハートの中に神は宿っていらっしゃるのだ。それでも悪い人々や神を愛さない人々とは交際はできない。そのような人々とは、親密にはできない。ある人々とは会釈ぐらいは交すことができるだろうが、大部分の人々とはそれさえも問題外である。そのような人々からは離れているがよろしい」

ナレンドラ「もし悪い人々が私たちに悪いことをしようとしてやってきたり、実際に悪いことをしたりしたら、私たちは黙っているべきでしょうか」

師「社会に暮らしている人は、特に市民として在家の人として、自己防衛のために悪に抵抗する様子を見せるべきだ。同時に、悪をもって悪に報いるようなことのないよう、十分に気をつけなければいけない。

牧場で少年たちが牝牛の番をしていた。同じ野原に恐ろしい毒ヘビが住んでいた。ある日、一人の聖者が通りかかった。少年たちは彼のところにかけてゆき、『お出家さま、どうぞそちらには行かないでください。毒ヘビがおります』と言った。聖者は、『私の子供たち、どうもありがとう。しかし、私はヘビはこわくないのだよ。私は、自分をあらゆる災害から護るマントラ(聖語)を知っている』と言った。そしてそのまま行ってしまった。少年たちはついて行かなかった。――こわかったのである。聖者を見ると、ヘビはすばやくやってきてかま首をあげた。彼はあるマントラをとなえた。すると、ヘビは力がぬけてミミズのように彼の足下にうずくまった。

聖者は言った、『これ、お前はなぜそう人に害をあたえて歩くのだ。お前に(神の)聖なる御名をさずけよう』これを始終となえていれば神を愛するようになる。ついには神を見るであろう。そうすれば人に悪いことをしたいという気持はなくなるだろう。ヘビは、聖なる御名を耳もとでささやいてもらった。ヘビは師の前に頭をさげて言った、『おお主よ、救われるためにはこの他に何をしなければなりませんでしょうか』と。聖なる御名をとなえよ。人に害をあたえるな。『私はまたやってきて、お前がどのように暮らしているかを見よう』師はこう言って去った。

いく日かたった。牛飼いの少年たちはヘビがもうかまないことに気がついた。彼らはヘビに石を投げつけたが、それはまるでミミズのようにおとなしく、おこらなかった。少年の一人がそれの尻尾をつかんでふりまわし、いくたびも地面にたたきつけた。ヘビは血を吐き、気絶し、死ぬばかりになってすてられた。

夜おそくなって、それは息をふき返した。静かに、ゆっくりと、身を引きずって穴に帰った。体はひどく傷つけられ、数日の間にがい骨のようにやせた。食物を探しに穴の外に出られるようになるまでにも多くの日数がかかった。少年たちがこわいので夜しか外に出なかった。聖者からイニシエイションを受けて以来、それは生きものいっさいを殺すことをやめ、できる限り、草の葉やその類のもので生きるように努めていた。

聖者（マハトマー）は間もなくやってきた。彼はヘビを探したが見当たらない。少年たちは、ヘビは死んだ、と言った。しかし聖者はそれを信じることができなかった。ヘビがとなえていた主の御名は非常に強い霊力をもっているので、ヘビが問題を解決する前に、つまり神を見る前に死んだということはあり得ないのである。そこで彼は方々探し、それの名をくり返した。ヘビは穴からはい出て、師の前に頭をさげた。彼らはこのように話しあった——

聖者『やあ、元気かね』

ヘビ『おお主よ、ありがとうございます神のお慈悲によりまして、元気に暮らしております』

聖者『ではその、骨と皮のようにやせたのはどういうわけだ。何ごとが起きたのだ』

ヘビ『主よ、あなたのご命令にしたがい、私はどんな生きものをも傷つけないように努めております。私は、草の葉やその類のもので生命をつないでおります。前よりもやせたのはそのせいでございましょう』

聖者『まあ、お前をこんな有様にしたのは食物だけではないと思うぞ！何か他にもわけがあるに違いない。少し考えてごらん』

ヘビ『ああ、わかりました！ある日牛飼いの少年たちが私を、たいそう手荒く扱いました。彼らは私の尾をつかんで何度も、地面に強くたたきつけました。可哀そうな連中で、私の内部にどれほどの変化が起ったか、彼らにはわからないのでございますよ！私がもう誰もかみはしないし、少しも悪いことはしない、などということが彼らにわかるはずがございません』

聖者『何というばかげたこと！敵からそんなふうに扱われて自分をすくう方法を知らないとは、お前は大ばか者に違いない。私がお前に禁じたのは、神の被造物をかむということだったのだよ。なぜ、シューシュー言ってお前を殺そうとする連中をおどかさなかったのか』

シュリー・ラーマクリシュナは、つづけてこうおっしゃった。「それだから、かま首をあげてシューシュー言うのだ。しかしかんではいけない。悪い人々、敵どもに向かってシューシュー言うことはさしつかえない。仕返しをする用意のあることを――悪に抵抗する方法を知っていることを、見せて追い払うのだ。ただ、自分の毒を相手の血の中に注ぎ込むことはしないよう、気をつけなければいけない。悪をもって悪に抵抗してはいけない。おこなってさしつかえないのは、自分を守るために抵抗のふりをすることだけだ」

一弟子「師よ、なぜ、神の世界に悪い人々がいるのでございましょうか。なぜこの世界に悪があるので?」

師「神の創造には、多様性が普遍の法則である。善があれば悪もなければならない。また、そこにはさまざまのものがある──動物、植物、鉱物というように。さらに動物の中に、おとなしくて悪いことをしないものもあれば、トラのように恐ろしい、他の動物を食べて生きているものもある。ある樹々は甘露のように甘いよい果実を結ぶが、食べると死ぬような毒のある果実を結ぶ樹々もある。それと同じように、善人と悪人、有徳の人々と罪を犯す人々とがいるのだ。またある人々は正しくて信仰ぶかく、ある人々は世間に執着している。

人々は、四つのクラスに分けることができるだろう。一、世俗的な人々（この世のかせに縛られている人々）(バッダ）二、解脱を求めている人々（ムムクシュ）三、解脱をとげた人々（ムクタ）および四、永遠に自由な人々（ニティヤ・ムクタ）である。

聖者ナーラダのような、永遠に自由な人々は、他者のために──真理を他の人々に教えるために──この世に住んでいる人々である。

世俗的な人々は、金とか名誉とか肩書とか感覚の楽しみとか力とかいうような、この世のつまらないものに執着している人々である。彼らは神を忘れており、決して彼のことを考えようとしない。

解脱を求める人々は『女と金』からできているこの世を避けようと最善を尽す。しかし彼らが求めるもの、つまり解脱、を得る人々は彼らの中にもごくわずかしかいない。

解脱をとげた人々は、『女』にも『金』にも執着しない人々である。マハトマーたちがその例である。彼らの心中には、この世の事物へのいささかの執着もない。彼らは常に、主の聖なる御足を瞑想している。

ため池に網が投げられたとせよ。ある魚たちは漁夫の手に負えないほど賢くて、決して捕えられないように気をつけている。しかしそれらは五本の指に足りないほどだ。彼らは永遠に自由な人々にたとえられるだろう。

しかし大部分の魚は網にかかる。その中で何匹かは、逃げようと一生懸命になる。このようなのが解脱を求める人々であって、その中からたった二、三匹かそこらが、網をぬけて水の中にとび出すことができるのだ。われわれはよくそういうのを見る。彼らは水しぶきをあげてとび出す。漁夫も他の人々も、『見ろ！　見ろ！　大きな奴が逃げて行くぞ』と叫ぶのだ。

しかし、大部分の魚は、まったく外に出ることができない。おまけに彼らは出たがらないのだ！　むしろ、網にからまれたまま頭から先にため池の底の泥の中に潜り込み、『これで十分安全だ、少しも恐れることはない』と考えてそこにじっとしている。哀れな奴らは、まもなく漁夫が網ごと自分たちを土の上に引き上げる、ということを知らないのだ。これらは世俗的な人々にたとえられる。彼らは自分の泥ぶかい家庭で安全だと思っているが、ああ、世間という網にかかっているのであって、じきに生命の水を奪われて陸に引き上げられ、殺されるのだ！

世間の束縛というのは、『女と金』というかせでできた束縛だ。世俗の人々は手も足も縛られている。彼らは、自分たちはため池の底の泥の中、つまり『女と金』の中に平和と休息と安全を見出すであろうと思っている。彼らは、これが魂の死をもたらすのだ、ということを知らない。このような世俗的な人々の一人が死の床にいると、妻が彼に言う、『あなたはこの世を去ろうとしていらっしゃる。私にどんな財産を残してくださるのですか』と。妻は神のことなどは一言もいわない。死にかかっている男自身は深くこの世に執着しているものだから、病室にともされている灯火のことを心配して、こう叫ぶのだ、『そこに誰がいるのか？　あまり油を使わぬよう、灯芯は一本しかもやすではないぞ』と。

世俗的な人は、神のことは思わない。ひまがあると、むだなおしゃべりをするか、誰の役にも立たないような仕事をする。人に聞かれると、『私はじっとしていられない性分でしてね。それで垣根を植えています』と言う。時間をもて余すものだから、カルタやサイコロで遊ばなければならないのだ！」（部屋に深い沈黙）

一弟子「しかし世俗の人は、師よ――どのようにしたら救われるのでしょうか。救われる道はないのでございますか」

師「あるとも。高徳の人々と交わるがよい。主を瞑想するために、ときどき家族を離れて独居するがよい。それから識別を実践するのだ。そして母なる神に、『おお母よ、私に愛と信仰をおあたえください』と熱心に祈ることだ。ひとたび信仰を得たら、仕事は成ったも同様である。

まことに、まことに、信仰より高いものはない。

（ケダールに）お前は、信仰の力の話をきいたに違いない。ラーマチャンドラは神の化身だった。彼が海を越える（インドとスリランカの間）橋をかけなければならなかった話は知っているだろう。しかし、主の偉大な愛人ハヌマーンは、主の御名の力に限りなく深い信仰を持っていた。彼がその御名をくり返すと、見よ、もうむこう岸に着いていたのだよ！　ねえ、ここでは信仰の力を示すために、彼の御名への信仰を持つ信者は海を越えるのに橋を必要としなかったが、主ご自身は橋をお造りにならなければならなかったのだ。

（師も弟子たちもみな笑う）

もう一人の信者が一枚の木の葉にラーマの御名を書き、海を渡ろうとする友にあたえてこう言った。『恐れるな、わが友よ。信仰を持って、深いところも歩いて渡りたまえ。しかし、いささかでも信仰に欠けたふるまいはせぬよう気をつけたまえ。そうすると溺れるから』男は木の葉を着衣の端に結びつけ、海の上を歩いて行った。途中、彼は何が書いてあるかを見たいという願望にかられ、葉を取り出して、そこにラーマ（神）の御名が大きく書いてあるのを見た。『ただラーマの御名！　これだけか』そう思った瞬間、彼は海に沈んだ！

人は主への信仰を持ち、それに頼っていさえすればよい。彼は救われる――たとえもっとも邪悪な罪を犯していても――ブラーミンや女などを殺すというような！『主よ、二度とこういうことは致しません』と言って、彼の聖き御名をとなえるのだ」

そして師はおうたいになった――

歌

おお母よ、ただ、あなたの聖き御名をとなえつつ死なせてください。

そのときに、最後にはあなたが解脱をくださるものなのかどうか、私にわかるでしょう。

あなたの御名をとなえていれば、私はかりにブラーミン、または女、または母の胎内の赤児を殺したとしても気にはしません！

酒を飲む罪を犯したとしても気にはしません！

ひとときの間も、私の罪が私を苦しめることはありません！

あなたの御名をとなえれば私は本当に、あなたが宇宙の創造者に任命なさったそのお方（ブラマー）の御座さえ、望むでしょう。


師は今度は彼の前にすわっているナレンドラをさしておっしゃった、「みな、この子を見ているだろう。実におとなしくて謙虚だ。もちろんいたずらっ子でも父親の前ではおとなしくしているものだが、彼ときたら、チャンドニーで走りまわって遊んでいるときにはまったく別人なのだよ。このような少年は、永遠に完全な人々というクラスに属しているのだ。

このような人々は決してこの世のかせに縛られない。少し年をとるとハートの内にめざめを感じ、ただちに神に向かって歩きはじめる。彼らは人類の師としてこの世に降りてくるのだ。彼らはこの世のものは愛さない――彼らの心は決して、『女と金』には惹かれない。

ヴェーダには、ホーマという鳥のことが書いてある。それはこの世界の騒ぎを遠く離れて雲の上高いところに住んでいる。そこで卵を産むと、卵は生まれるやいなや落ちはじめる。それはいく日間も落ちつづけ、落ちる途中でかえる。非常に高いところだものだから、かえったヒナはさらに落下しながらその間に目が開き、翼が生えるのだ!

このときそれは、自分がすごい力で落下しつつあり、このまま地に達したら死ぬ他はないことを知る。これを恐れて、それは突然向きを変え、雲の上高くに住む母鳥をめざして上昇しはじめるのである。

この親鳥は無限者とともに高くに――感覚の世界を遥かに高く超えて――住む母なる神である。彼女の子供たちの中でももっとも彼女に近いのがこれらの純粋な若い魂たちであって、彼らにとって人生は、彼らの目が開き、彼らが自分の翼で飛べるようになるまではなぞでありつづける。目が開くと、彼らは自分たちの前にはっきりと死を見る――もし彼らが世間および世間のもの、つまり金、名誉、感覚の楽しみ等に触れたらそれだけで死だ! 目が開いた瞬間に、彼らは人生の方向を変え、神の方にむかう。母なる神が、自分たちがその中に生き、動き、存在を持つところの唯一の実在であり、彼女をこそ、光として生命として常に仰がなければならない、ということを知るからである」

このとき、ナレンドラは部屋を出た。

ケダル、プランクリシュナ、Mおよび他の大勢がなお、部屋の中に師とともにいた。師はなお、ナレンドラのことを話し、話しながら微笑なさる。

師（弟子たちに）「ねえ、ナレンドラは歌であれ、楽器の演奏であれ、読み書きであれ、あらゆるものに優れているのだよ。この間彼はケダルと議論した。だがケダルの言葉は、言わば口から出るやいなや彼によってちょん切られてしまった。（師も他の者もいっしょに笑う）

（Mに）「推理の術について書いた英語の本があるか」

M「ございます。論理学と申します」

師「では、その本のことを簡単に話しておくれ」

これはMにとってはつらい試練である。しかし彼は、勇気をふるい起こして言う──

「論理学の一部は、一般的な命題から特種の事項を推理することを扱います。『すべての人間は死ぬ、パンディットたちは人間だ、パンディットは死ぬ』というふうに。

もう一つの部門は、特殊事項から一般的命題をひきだすことを扱います、『このカラスは、黒い、あのカラスは黒い、あの別のカラスは黒い、等々。それゆえすべてのカラスは黒い』というふうに。しかしこのようにただ数えあげただけでする推理は、しばしば誤信のもととなります。未知の国に白いカラスが見いだされるかも知れないのですから」

シュリー・ラーマクリシュナは、これらの言葉を注意ぶかくきいていらっしゃるようではなかった。それらは彼の耳を素通りしているかのようだった。このようにして、この問題についての話は終りをつげた。

集会は終り、弟子たちは庭園を散歩していた。Mは一人でパンチャバティの方に行った。

午後五時頃である。師の部屋の北側のベランダまで帰ってきて、Mはふしぎな光景に直面する。師はじっと立っていらっしゃる。ナレンドラが讃歌をうたっている。彼と三、四人の他の弟子たちが、師を囲んで立っているのだ。

Mは歌に魅せられる。いまだかつて、こんな美しい声はきいたことがない。師を見て、Mは驚嘆し言葉を失う。師は不動の姿で立っていらっしゃる。目は一ヶ所にくぎづけされ、呼吸をしていらっしゃるのかどうかわからない。

「この神聖な恍惚状態がサマーディというものです」と、一人の弟子が低い声で教えてくれる。Mはこのようなものを見たこともきいたこともない。彼は心に思う、「神の思いが人をして外界を忘れさせる、ということはあり得るのか。このような状態に投げ込まれる人の信仰と神への愛はどんなに深いものなのだろう！」

うたわれていた歌は、次のようにつづいた——

瞑想せよ、主を、おおわが心よ！　彼は霊のエッセンス。いかなる不純性にも縛られない！　その栄光は比類がない。彼の姿の美しいこと。彼はその信者たちのハートの中で、どれほど深く愛されておいでのことか！

見よ。彼の美は、みずみずしい愛の現れによってさらに高められる！　それは、百万の月に光を失わせる！

まことに、彼の輝かしい美は電光を放つ！　それを拝した者の髪は逆立つ。

讃歌のこの個所がうたわれると師は深く感動なさる。彼の身の毛は本当に逆立つ。目には歓喜の涙が宿る。口元の微笑は、神の御姿を見て彼が感じていらっしゃる忘我の喜びを示している。そうだ、彼は百万の月の輝きも色を失うほどの、比類なく美しいヴィジョンを楽しんでいらっしゃるに違いない！　これが神のヴィジョンか。もしそうなら、これほどのヴィジョンを肉体を持つ者に得させた所の信仰と帰依の深さ、修行の厳しさはどれほどのものだったのだろうか。

歌はつづいた――

彼の聖き御足を礼拝せよ、お前のハートの蓮華の上に！　その愛しき御姿の比類のない美しさを見つめるのだ、心は平安を楽しみ、目は神の愛に満たされているいま。

またしてもあの人を魅する微笑！　見よ、彼の体はふたたび不動になる！　彼の目はなかば閉じられ、言わば空《くう》を見つめている。まるで彼は何かふしぎなヴィジョン――感覚世界を超えた者のヴィジョン――を見て、そのためにわれを忘れていらっしゃるようだ！

歌は終りに近づく。ナレンドラは最後の章をうたう、

神聖な愛により、霊感をうけて、おおわが心よ、絶対の知恵と至福の泉である彼の、美の中に没入せよ！

Mはサマーディと神の愛の恍惚境という、この独特の情景を胸に収めて帰路につく。忘れ難いあの甘美な歌が、歩くにつれてひまなく心の底から沸き上がってくるようだ、「彼の愛と至福の美の中に、おおわが心よ、絶えず没入せよ！　そうだ、主の喜びに酔いしれよ！」

第四節　弟子はふたたび

翌日は休日で、Mはふたたび午後三時頃に訪れる。

師は自室にすわっていらっしゃる。床にござがひろげてある。ナレンドラ、バヴァナートおよび他の一、二の弟子たちが彼の前にすわっている。みな一九歳か二〇歳の若者だ。前のときのように、微笑が師の口もとにただよっている。彼は寝椅子の上にすわって、少年たちと話しながら笑い興じていらっしゃるのだ。

Mは入る。彼を見て、師は大いにお笑いになる。彼はお叫びになる、「おや、ごらん！　またきたよ！」

少年たちはみな、いっしょになっておもしろがる。

Mは彼の足下にひれ伏す。前には、彼は師に手を合わせてあいさつをした――イギリス風の教育を受けた

連中がするように。しかし今日は、彼の足下にひれ伏すことを覚えた。彼は席を取り、師はナレンドラその他の弟子たちに、自分が笑った理由を説明なさる――

「あるとき、一羽のクジャクが午後四時に小量のアヘンをあたえられた。さて、翌日の午後、きっちり四時に誰がやってきたと思うかね、その同じクジャクだよ！　例のお恵み、――アヘンをもう一度ちょうだいしたいと思って」（大笑い）

「そうだ」と、Mは心に思う、「本当に彼のおっしゃる通りだ。私は家に帰る。だがハートはこの神人のそばに残して帰るのだ。こんな人にはいまだかつて会ったことがないのだもの。夜も昼も、一つの思いが私をおさえつける――今度はいつ、彼におめにかかりに行こうか、と。まるで、ある手が私をこの場所にひっぱってくるようだ。とても、他所に行くことや、ここにくるのをやめることなどはできない」

こう思いながら、Mはすわって、少年たちとともに楽しんでいらっしゃる師を見つめていた。彼は冗談を連発なさり、まるで、この少年たちが同じ年の友だちであって彼はその友だちと遊んでいらっしゃる、というように見えた。爆笑のうずと輝かしいユーモアのひらめきとがあいつぎ、主の歓びの商われる市の有様を想像させる。

実に比類のない人格の姿に、Mは驚嘆する。彼は心に思う、「これが、昨日サマーディの状態に入って、かつて見たこともない神の愛の手本を見せてくださったあの人なのか。これが、はじめておめにかかったときに私がすでに結婚しているときいて非難なさったあの人なのか。『お前は本当に自分を、知識を得た人間だと思っているのか』と言って私をお叱りなったのもやはりこの人だったのだ。神は形をもっていらっしゃると断言し、また同じように、神は形をもっていらっしゃらない、と断言なさったのは彼だったのか。神が唯一の実在、他のすべては非存在、かりそめのものだ――いまあって、次の瞬間にはわれわれには見えない、とおっしゃったのも彼だったのか。この間、『この世の務めを、執着を離れておこなえ。心は常にお前のふるさと――永遠なる者の住居、母なる神の住居に置いて。ちょうど、心は常に自分の愛する者たちのいる田舎のわが家のことを思いながら自分の務めをおこなう女中のように』と言って教えてくださったのは、本当に彼だったのか」と。

陽気な騒ぎの最中に、師はときどきMをごらんになる――言葉を忘れ、身動きもせず、すわって彼の甘美な御顔をじっと見上げているMを！

彼はラームラル（師の甥、ダックシネシュワル寺院の神職）におっしゃる、「ここにいるこの若者（M）はこの少年たちより少し年上だ。だから少しまじめなのだよ。彼らが笑って大騒ぎしているのに静かにしているだろう」と。Mはこのとき二七歳位である。

師は、ラーマーヤナの中の信仰ぶかい人物たちの一人ハヌマーンのことをお話しになる。主のためにはハヌマーンがどんなにいっさいのもの――金も名誉も肉体の楽しみもその他のものも――をすてて惜しまないかを！

師はおうたいになる――

何で私に甘い果実などがいるか。私は生命を充実させる果実——私のハートに植えてある神の樹（カルパ）になる、解脱という果実——を持っている！

私は宇宙の主（ラーマ）と呼ばれるこの天上の樹の下にすわる——私の集める果実はみな、私はこの樹からとるのだ。

果実については、私に断固と保証させてくれ、私は世間があたえ得る果実を受けとる者ではない。

このように彼はハヌマーンの、世間とその快楽の放棄の歌をうたい、うたいながら感覚意識をお失いになる。いまや彼はサマーディ——超越意識すなわち神意識——の状態に入っていらっしゃるのだ。体はふたたび不動となり、目はふたたび固定する！彼はわれわれが写真で見る通りの姿ですわっていらっしゃる。

一瞬間前まで笑って騒いでいた少年たち！いまはみな、厳粛な様子をしている。彼らの目は、師の顔をじっと見つめている。彼の上に起こったおどろくべき変化に驚嘆している。Mはここでふたたび、サマーディにお入りになった師を見る。

彼が感覚世界に戻っていらっしゃるのには、長い時間がかかる。こわばった四肢がゆるみはじめる。顔は微笑に輝き、感覚の器官は各自のはたらきをはじめる。歓喜の涙が目のふちに宿っている。彼はラーマ（神の化身）の御名をおとなえになる。Mは心に思う、「これがいましがた、五歳の子供のような様子で少年たちと遊んでいらっしゃったのと同一の神人だったのか」

彼は前の状態に戻って、Mとナレンドラとに、「私はお前たち二人が英語で話し合い、質問を出して論じ合うのをききたいのだよ」とおっしゃる。これをきいて、ナレンドラもMも笑う。それでも、二人は話し合う。しかし英語でではない。どのような論議であれ、師の面前でそれに加わることは、今はMにとっては問題外なのである。かつてはそのような事のための材料を供給していた彼の頭脳の中の一室は、いまは言わば断固閉じられてしまっている。師はもう一度彼らに催促なさるが、英語の会話はついに出てこない。

午後五時だ。弟子たちは家に帰らなければならないので、ナレンドラとMを除く一同は寺院を去る。ナレンドラはこの夜、師のもとに泊ることになっているのだ。

彼は、顔や手足を洗うつもりだ。自分の真ちゅうの水差をとり、ベンガル松の木立とハクチョウの池の方——境内の北部——に行く。Mは、自分が幸運にもおめにかかることのできた、この比類の無い人のことを思いながら、庭園の小径を行ったりきたりする。クティの周囲をまわってハクチョウの池のほとりに行き、そこに師がナレンドラとたった二人で話していらっしゃるのを見出してびっくりする。彼らは水面に降りる階段の上のところに立っていらっしゃる。ナレンドラはすでに洗い終え、水差を手にしている。

「ねえ」と師は微笑みながらおっしゃる、「お前は新来者だ。もっとたびたびおいでよ。はじめの間は、恋人同志だってもっと頻繁にあうだろう。そうではないか」(ナレンドラもMもともに笑う)

師は微笑しておつづけになる、「まあ、だからもっとたびたびくるのだよ。どう思うかね」

ナレンドラは微笑し、「はい、うかがうように致します」と言う。

師は後ろを向き、南の方、自室にむかってお歩きになる。

ナレンドラとMとは彼の両側に並んで歩く。クティの近くにきたとき、師はMにむかっておっしゃる、「お前は農夫たちがどのようにして耕作用の牡牛を買うか、知っているか。おお、彼らはこういうことには実に巧者で、良い牡牛を見分ける方法を良く知っている。この動物が気力を持っているかいないかということを実によく知っているのだよ。彼らは尻尾にさわる。その結果は驚くべきものだ。元気のない奴は何の抵抗もせず、いかにも満足そうに地面にすわり込んでいる。一方、活力のある奴は、まるで彼らの無礼をとがめるかのように飛びまわるだろう。農夫はこういう奴を選ぶ。さて、ナレンドラはこのあとの種類の牡牛だ。内に活力を持っている」

師は微笑して、さらにおつづけになる。「しかし、内に肝っ玉を持っていない者たちが大勢いるよ——ミルクに浸されたふくらし米のような者たち、やわらかくてしまりがない！　内に力がない！　努力を続ける能力がない！　意志の力がない！」

夕方だ。師は自室で神を瞑想していらっしゃる。

Mを見上げて彼におっしゃる、「行って境内を散歩しているナレンドラを見つけ、彼と話をしてくれないか。彼がどういう子だか、私に、話しておくれ」

日暮れであるから、神職たちは神像の前で灯明や花やその他の供物を振り動かし、礼拝をおこなっている。

Mはチャンドニーの西の舟つき場の上でふたたびナレンドラに会う。彼らは、二人ともがそのことを言ったのだが、たがいに会ったことを非常に喜んだ。ナレンドラは言った、「私はサダラン・ブラフモ・サマージの会員です。私は大学生です」等々と。

だんだんおそくなるのでMはいとまを告げなければならない。しかし何ものかが彼をひきとめるように思われる。ナレンドラを残して、彼はシュリー・ラーマクリシュナを探しまわる。彼の歌の魅力が深く心にしみ通り、彼の口からもっとそれをききたい、と切望するのである。部屋にはいらっしゃらないので、母なる神の聖堂の前にある演劇堂（注＝ナートマンディル。四方円柱に囲まれた、神楽殿のような広間）の方に歩をむける。

師は、うす明りの中でたった一人、広間の中を行きつ戻りつしていらっしゃる。聖堂の中には、宇宙の母が、両わきに燃える輝かしい灯明を浴びて立っていらっしゃる。しかしこの広間の中に点ぜられているかすかな灯火は、宗教的黙想には実にふさわしい、光と闇のあのやわらかい交錯を見せている。

Mは、シュリー・ラーマクリシュナが母なる神の御名をとなえていらっしゃるのをきいて歓びにわれを忘れる。彼は魔法にかけられてしまう！——祈祷師の呪文にかかって力を失った者のように！

彼は師に近より、非常におずおずと、へりくだって申しあげる、「今晩これから、また讃歌をおうたいになりますでしょうか」と。

師はちょっと考えてから、おっしゃる、「いや、今夜はもううたわない。だがごらん、私は二、三日のうちにカルカッタのバララームの家に行くのだよ。そこにおいで、そうすれば私がうたうのをきかせてあげる」

M「仰せの通りに致します」

師「お前、あの家を知らないか、バララーム・ボースを知っているかね」

M「いいえ、私は存じません」

師「バララーム・ボースを？　ボースパラ通りのを？」

M「結構でございます。師よ。尋ねますから」

シュリー・ラーマクリシュナはMとともに広間の中を行きつ戻りつなさる。

師「さて、今度は私に一つ質問をさせておくれ。お前私のことを何と思うか？」

Mは黙っている——深く考え込んで。

師「私のことを何と思うか。つまり、いくら位の、いくアナ（インドの金の単位）の真の知識を私は持っているのかね？」

M「いくアナの知識という意味は、私にははっきりとはわかりません。私が申しあげることのできるのはただこれだけでございます。今日までにただの一度も、私はこのような驚嘆すべき叡知と、主への愛と、信仰と放棄と、神との交わりと、そしてそれらすべてが同一人物の内に包容されている姿を、拝見する機会に恵まれたことはございません。ただの一度も——そして他のいかなるところででも！」

師はお笑いになる。

Mは、師の前に頭を下げ、彼の足下にひれ伏していとまをつげる。彼は北門のあたりまでくる。しかし何かを思いだしたように後戻りする。

彼は、まだたった一人で広間を行きつ戻りつしていらっしゃる師のもとに帰ってくる。

そうだ、そのかすかな光の中、なかば明るく、半ば闇の広間の中を行きつ戻りつして。たった一人。ご自分だけで。まったくつれを持たずに！　百獣の王ライオンは深い森の中を独り歩く――唯一の伴侶、彼の自己（アートマラーマ）とともに！　同様に、ここなる人類の王は、一個の伴侶も伴わず、この世という荒野の中を歩きまわって歓喜する！

畏敬の念に打たれ、言葉もなく、Mは師をみまもる！　彼は心に思う、「ここに、実に人間の理想が実現されている！　地上を軽べつして無限者と交流しつつある人間だ！」

師（Mに）「おお！　なぜ帰ってきたのか」

M「師よ、あなたがこいとおっしゃいますのは誰か金持の家ではないかと思います。おそらく門番やその他の人々が途中に待ちかまえておりましょう。私は行かない方がよいと存じます。私がいつもあなたにおめにかかりたいと思うのはここなのでございます」

師「まあ、何を言うのだね、お前はただ私の名前を言えばよいのだよ！　私に会いたいのだと言いなさい。誰かが私のところにつれてきてくれることを疑うではない」

M「仰せの通りに致します」

こう言って、Mは頭を下げて立ち去る。

第二章　パンディット・イシュワラ・チャンドラ・ヴィッダシャーゴル訪問（一八八二年）

第一節　師はサマーディにヴィッダシャーゴル、バヴァナート、M、ハズラーおよびその他大勢

師は非常に、パンディット・イシュワラ・チャンドラ・ヴィッダシャーゴルに会いたがっていらっしゃった。ある日彼は弟子たちとともに馬車に乗って、ダックシネシュワルからはるばる一〇キロの道を、パンディット（学者）に会うために、カルカッタの一地区バドゥルバガンにある彼の家をお訪ねになった。それは一八八二年八月五日土曜日、《スラヴァナ月（ベンガル暦四月）暗い二週間の第七日》午後五時頃だった。

馬車はパンディットの家の入口の前にとまり、師はMに支えられてお降りになった。客間兼用のパンディットの書斎に通じる階段の下までくると、師はちょっと心配そうに、Mにおっしゃった、「さて、お前、私は上衣のボタンをとめるべきだと思うか」

Mは答えた、「おお、そんなことをご心配なさいますな、主よ。そういうたぐいの事は、いささかもあなたを拘束いたしません」

師は子供のように、それで安心なさったようだった。それ以上このことはまったく気におとめにならなかっ

た。彼は五歳の子供のようにすなおでいらっしゃった！

一行はそれから二階に上り、踊り場につづく南むきの一室に通された。この部屋にパンディットは、南をむいて椅子にすわっていた。彼のいつもの書物や書類の散らばっているヨーロッパ風のテーブルが前にあった。

Mはそこで師の到着をつげて彼をパンディットにひき合わせ、パンディットは彼を迎えて立った。師は片手をテーブルにおき、西に面してお立ちになった。彼は黙ってパンディットをごらんになった。しかしその甘美な、光り輝く、子供のような顔は笑みくずれていた。

そこにはパンディットの友だちや生徒たちを含む何人かが集まっていた。その中の一人は、パンディットが創立者であり所有者である学校の一つの給費生として入ることを請願にきた若者だった。

このようにして立ってパンディットを眺めていらっしゃるうちに、師はふたたび、完全に感覚意識をお失いになった。サマーディの状態にお入りになったのである。しばらくすると席について、いつものように、「水が飲みたい」とおっしゃった。そこでヴィッダシャーゴルはMに、バルドワンからとどいたばかりの菓子があるが師は召し上るだろうか、と尋ねた。反対もされなかったのでパンディットは奥の間にゆき、まもなく水と菓子とを持って戻ってきた。彼はそれらを師の前に置いた。弟子たちも相伴した。

それらが弟子たちの中の一人にすすめられたとき、ヴィッダシャーゴルは言った、「おお、彼はこの家の子供です。ご心配なく」と。（注＝Mをさす。Mは彼の設立した学校の校長）すると師はおっしゃった、「この若者は良い男だ。彼は、見たところ河床は干上がっているが見えない地の下をいきいきと水が流れている、ファルグー河のようです。内部は活気にみちている」

師（ヴィッダシャーゴルに）「今日は、私は幸いにもついに海にやってきました。いままでのところは、堀割りか沼か、せいぜい川にしか会っていません」（笑い）（ここで師は、ヴィッダシャーゴルの字義、「知識の海」をたとえにおひきになったのだ）

ヴィッダシャーゴル「それでは師よ、どうぞ、あなたの海から塩水をお持ち帰りください」（笑い）

師「いや、何をおっしゃる、あなたは決して塩水の海ではない。あなたはアヴィディヤー（人を神から遠ざける無知）の海ではない。ミルクの海、ヴィディヤー（神に導く真の知識）のシャーゴル（海）です」（笑い）

ヴィッダシャーゴル「まあ、師よ、残念ですが、そうおっしゃるがよい」（笑い）

師「あなたの性質は、人を悟りつまり真の知識に導くサットワの要素から成り立っている。あなたのサットワは、あなたを良い仕事に活動させ献身させるはたらきだけをしている。慈善（ダナ）、慈悲心（ダヤー）つまり他人への親切は、執着なしにおこなわれるなら善いことです。しかも信仰心（バクティ）をもっておこなわれるなら、それらは人を神に導くでしょう。」

師「さらに、あなたは完全な人と呼ばれる値打がおありだと思います。あなたの他者への親切は、あなたのハートをやわらかく優しくしたではありませんか。じゃがいもその他の野菜はシッダ（よく煮えた）になるまでは軟らかにはならない」（笑い）

(シッダという語は「完全な人」の意もあり「よく煮えた」の意もある。これは師の語呂合わせ)

ヴィッダシャーゴル「しかしどろどろに砕かれたカライ豆は煮ると固くなって決して軟らかではありません。そうではありませんか」(笑い)

師(笑いながら)「まあ、おききなさい、あなたはそんなものではありません。私は、あなたはただのパンディット――ドライでかたくなで何の役にもたたないパンディット――ではない、と言っているのです。ヒンドゥの暦には、これこれの日には二〇アダス(雨量の単位)の雨が降るであろう、と書いてある。しかしその暦をしぼっても、一滴の水も得られはしません! われわれのいわゆる学者たちは大きなことを言います。ブラフマン、絶対なる神のこと、ギャーナ・ヨーガ、哲学、存在論等々のことをしゃべるでしょう。しかし自分がしゃべっていることを悟っている人はほとんどいない。

最高の学問(パラヴィディヤー)は、それによってわれわれが神を知ることのできる学問です。他のすべて――聖典(シャーストラ)、哲学、倫理学、文法等々は、それだけでは心を悩ませ迷わせるだけです。それらは、最高の学問に導く役をはたしたときにはじめて、善いのです。

ある意味では、主の歌(ギーター)の全部を読む必要はありません。『ギーター、ギーター』と一〇回おっしゃい。それで十分です。一〇回言うとそれは『ティヤーギー、ティヤーギー』になります。ティヤーギーとは、神のために世間を――富、名誉、執着している仕事、感覚の楽しみ、等々を――放棄した人のことです。一言でいえば、ギーターは『放棄せよ』と言っているのです。理想的なサンニヤーシンは、外面的にも内面的にも世間を放棄します。彼は世俗の仕事をすて、すべての仕事の果実もすてます。理想的な在家者は、世間を自分の心から放棄します。つまり、神への愛のためにすべての仕事の果実を捧げるのです。

こういうわけでギーターの大意は『おお、人よ、主のみを愛せよ――主のためにいっさいのものを放棄せよ』というのです。

ある聖者が一冊の筆写本を持っていました。誰かが彼に、それは何の本かと尋ねました。聖者が目の前で開いたのを見て男が驚いたことには、どのページにも、ただ神の御名、『オーム・ラーマ』という言葉が書いてあるだけでした！

チャイタニヤ・デヴァがデカン高原を遍歴の途中、あるパンディットがギーターを朗読している間中涙を流している一人の信者に行きあいました。この信者は文字を知らず、ギーターの原文は一行も理解することができないのでした。なぜ涙を流しているのかときかれると、彼は答えました、『私は本当に、ギーターは一語も知らないのです。けれどもそれが読まれている間中、私は心の目で、わが主シュリー・クリシュナがクルシェトラでアルジュナの前にすわり、ギーターに述べられているあの事すべてを説いておいでになる美しい御姿を見ることができました。それで喜びと愛の涙が流れたのです』と。

文字をまったく知らないこの男が、最高の学問を持っていたのです。神への純粋な愛を持ち、彼を悟ることができたのですから」

第二節　師がギャーナ・ヨーガについて
ヴェーダーンタすなわちアドヴァイタ哲学について

師「さて、私はヴィディヤーについて話しました。しかしブラフマンは、アヴィディヤー（すべての生きものを神の知識から遠ざける世間）を超越しているのと同様に、ヴィディヤー（人を神に導くところの相対界の知識）をも超越しています。

神に導く知識は屋根に登るためのはしごの最後の最高の段のようなもの、絶対者は、屋根です。

現象の世界（マーヤー）は、神に導くもの（ヴィディヤー）と導かないもの（アヴィディヤー）とからできています。こうして絶対者（ブラフマン）なる神は、現象世界の上に、現象世界を超えているのです。

絶対者は善にも悪にも属していません。それはランプの光のようなもの、そのたすけで聖典（バガヴァッド）を読むこともできれば、おなじ光で他人の署名を偽造することも自由です。

また絶対者はヘビのようなもの、ヘビが牙に毒を持っていても、それ自身には何の悪いことも起こりません。その毒はヘビには害をあたえず、それを殺しもしません。たまたまヘビにかまれた他の者にとってだけ毒なのです。

われわれがこの世に見出す不幸や罪や悪はことごとく、相対的にわれわれにとってだけ不幸であり、罪であり、悪であるのです。絶対者である神はそれにわずらわされません。彼は、これらすべてのものを超越していらっしゃいます。

被造物の悪は、ヘビの牙の中の毒がヘビにとって毒でないのと同じように、絶対者、無制約者にとって悪ではありません。絶対者なる神は、善と悪とを超えたいらっしゃるのです。

そうです、かの存在は完全に無所属です。彼は善と悪のいかなる人間的標準によっても裁かれることはありません。彼の太陽は悪と善との上に同等に光をあびせます。

たった一つの例外を除いて、いっさいのものは――啓示された諸聖典、ヴェーダ、プウラーナ、タントラおよび他のすべての聖なる書物は――人間の口によって語られましたから、言わば食べ残しの食物のように汚されています。そのたった一つの例外は、ブラフマンです。なぜなら、人がヴェーダをはじめとする諸々の聖典を読むときには発声器官を使わなければならないから、したがってこれらの聖典に口をつけることになります。そういうわけで、これらは全部、たべ残しの食物のように汚されていると言ってよいでしょう。しかしこの世のいかなる生きものも、いまだかつて絶対者なる神に妥当な表現をあたえ得てはいません。彼は言葉で説明することができないし、考えることもできないし、想像することもできないのです！」

ヴィッダシャーゴル「これは申し上げなければなりません。私は本当に、今日一つのことを学びました。絶対者は、かつて口によって汚されたことのない唯一つの実体である、と！」

師「そうなのです。それは何者にも――時間（カラ）にも空間（デシャ）にも因果律（ニミッタ）にも――制約されない存在です。口から出るどんな言葉をもってしても、どうしてそれを表現することができましょう。

絶対者はまた、深さを測ることのできない大海のようなものです。何一つ、それの性質を断定できるものはありません――相対性の限定を超えた存在！　この存在を説明しようとする最後の弱々しい試み――ヴェーダの中でなされている試み――は、彼を永遠の至福（アーナンダム）という名で呼ぶことです！

あなたがもし海の光景を説明せよと言われても、おそらく口を大きくあけて立ったまま、どもりどもり、『おお、何という広大なひろがりか！　何という果てしのない大波の連続だ！　何というすごい音なのだろう！途切れることもやむこともない！』と言うのがせいぜいでしょう。それだけです！

シュカデヴァや彼のような聖者たちがようやくなし得たことは、この不滅の大海を見てその水に手を触れ、ほんのちょっと味わっただけです！　もし彼がひとたびその海の中に入ったなら、彼はそれの中に溶け込んで二度とこの世に帰ってはこなかったでしょう！

あるとき何匹かのアリが砂糖の山にきました。彼らはもちろん、その山がそれほど大きいものだとは知りませんでした。二、三粒たべて満腹し、一かけらずつくわえて持ち帰りました。帰る途中、次にきたときにはあの山全部を巣に運ぼう、と思ったそうです！

ああ、このようなのが人間の有様なのです！　最高実在（ブラフマン）を悟ることのできるのは実にごくわずかの人々で、多くの人々は不幸にも、自分は無限実在を完全に知った、それとの交わりを十分に楽しんだ、それを十分に悟った、と思って逃げだすのです！

砂糖の山はほとんど、アリによって巣に運ばれたように思われます。なぜと言ってアリはそれを食べて満腹し、満足しているではありませんか。自分を欺いている合理主義者もそれと同じようなものです！　彼は自分の一オンスの推理で満足している。ゆえに彼はブラフマンを理解する！――絶対者はこれこれであってこれこれではない、ということを知っている、のです！

人々は無限者のことを、絶対者のことを、まるで、それを知ってでもいるかのようにベラベラしゃべります。シュカデヴァをはじめとする聖者たちはせいぜい、大きい種類のアリでした。彼らはこの砂糖の八粒か一〇粒を平らげることができた、と言えば、彼らを十分ひいき目に見たことになるでしょう。

絶対者なる神を誰かが知った、とか理解した、とか言うのは、砂糖の山をアリが巣に引いて喰い尽した、と言うのと同じように馬鹿げたことです。

普遍霊と個別霊（ジヴァ）との合一がヴェーダーンティンの目標です。あるとき、塩でできた人形が深さを測ろうと海に行きました。人形はたれ糸とおもりとをもって行きました。岸に立って眼前の壮大な海を眺めました。この瞬間までは、それは人形という自分の個体性を保ちつづけていました。しかし、一歩前進して足を海水に浸すやいなや、それは大海と一つになり、完全に姿を消してしまいました！　塩人形を形成していた微粒子のことごとくが海水に溶け込んでしまったのです。人形を形成していた塩は海からきていたのですが、ごらんなさい、それはもう一度もとの海の塩に合一すべく、戻って行ったのです。

個別霊がふたたび普遍霊と一つになったのです。

人間の魂はこの塩人形——分化し、個別化したエゴです。絶対者、限定されざる者は果てしのない塩水の大海——分化せざるエゴです。

塩人形は、帰ってきて海の深さを告げることはできませんでした。幸いにもすべての個体性を拭い去るサマーディ（ニルヴィカルパ・サマーディ）の深淵に入って絶対者なる神を悟ることのできた人の状態は、このようなものなのです。彼は分化しないものですから、海から帰ってきて世間にむかって絶対者であり無限者である神の性質を説明することはしません。なぜなら、もし、私の母のおぼしめしによってその人形がふたたび分化した状態に戻ることができたとしても、それは有限なる世界の言葉で——個別化されたものの言葉で——話さなければならないのですから。それは、相対的な現象世界の住人のようにふるまわなければならないのです。

偉大なる神秘がこれを説明しようとするすべての努力を受けつけないのはこのような理由からです。絶対なる、無制約なる者を、相対的な、制約を受けている世界の言葉で述べることはできません。無限者を有限者の言葉で表現することはできないのです。

ある父親が二人の息子を持っていました。彼らが青年に達したとき、父は彼らを人生の最初の段階　学生（ブラマチャーリン）の段階——に入らせたいと思いました。そこで彼らはある教師のもとに送られ、その指導によってヴェーダをはじめとする聖典を学ばせられました。

このようにしていく日かたち、やがて父親は、若者たちの学業の模様を知りたいと思いました。そこで彼らを呼びよせ、求道者に最高の知識を授けることを目的とするヴェーダーンタを読んだか、と尋ねました。息子たちは読んだ、と答えました。

父「では、お前たち、ヴェーダーンタを学んだのだね。よろしい、絶対者なる神（ブラフマン）とはどのような存在であるか、話してごらん」

長男（ヴェーダその他の聖典を引用しつつ）「おお、父上、それは言葉で表現することも、心で知ることもできないものです。彼はこれこれかくかくのものでございます。私は全部知っています」（ここで彼はヴェーダーンタの本文を引用します）

父「結構だ、それでよい。それでお前はブラフマンを知ったのだ。行ってお前の仕事をするがよい。さて息子よ、今度は、お前の言うことをきかせておくれ、絶対者はどのような存在であるのかね」

このように尋ねられた次男は頭をたれ、沈黙したますわっていました。一語も彼の口からは発せられず、また彼は話そうともしませんでした。この状態を長い間つづけていました。

父親はそこで言いました、「そうだ、わが子よ、お前は結局正しい。何ものも、絶対なる、そして無制約なる者を説明することはできないのだ！　何とかかんとかして「彼」のことを語るやいなや、お前は無限者を有限なる者の言葉で、絶対者を相対的な者の言葉で、無制約者を制約された者の言葉で語っていることになるのだから。お前の沈黙は百の聖句（シュローカ）の朗唱より、また百の典拠の引用より雄弁だ」と。

そうです。真の知識を持つ者は、しゃべったり論争したりすることはやめます。絶対者なる神は、説明されたり知られたりするものではなく、悟られるべき唯一の実体です。真の知識すなわち悟りのしるしは疑惑の停止、したがっていっさいの哲学的論議の停止なのです。

火にかけた鍋の中のバターはいつまで音を立てますか。もちろん、その中に含まれている水分を残りなく蒸発させるに足りるほど熱せられるまでです。精製されるバターは、十分に熱せられるまではあわを立て、例のコウル、コウルという音を立てつづけます。

ちょうどいい温度になって溶け少しも音を立てないバターは、真の知識を得た人——つまり絶対者なる神を悟った人です。

熱せられていないバターは、知識を求める求道者です。それに混ざっている水分は、火にかけて除かれなければなりません。これが、除かれる途中でたいそうやかましい音を立てるエゴ、つまり個我です。このエゴイズムがふるい落されるやいなや、それはプッカ（純粋）になります。何の音も騒ぎもありません。（笑い）同時に、不純物は全部鍋の底に沈殿します。物欲と女への執着およびそれに附随する悪が、不純物です。

完成された人はまた、口もとまでいっぱいになった水差のようなものです。水差に水が入れられるときはボウク、ボウクという音がしますが、いっぱいになるやいなや、その音はハタとやみます。その音は、私の母のおぼしめしによって真の知識に誘導する推理、すなわち識別です。音は、水差がまだいっぱいになっていないことを示しています。識別（ヴィチャーラ）もまた、まだ目標に達していないことを示しています。

ハチは、花にとまって蜜を吸いはじめるまで、ブンブン言います。蜜を味わいはじめるいなや、音はやみます。

今度は『完成された』教師と彼の弟子たちとの関係をどう説明するか、という疑問が起るでしょう。教師は、弟子の無知を追い払う目的でしゃべらなければなりません。しかしながら、これは、害を伴わない識別です。鍋に入れて火にかけられたバターは、溶けて一定の温度になればたしかに、何の音も立てなくなくます。しかし、この溶けた熱いバターの中に生のルチ（パン生地）をほうり込んでごらんなさい。その結果は、熱せられたバターはルチに含まれた水分に触れてふたたび音を放ちはじめることになるでしょう。この音は、ルチが十分に揚がって食べられるようになるまではつづきます。

ルチは弟子です。熱せられたバター（教師）がふたたび発する音は、弟子を光に導くために師が乞われてくり返す識別の過程です。音がやむとわれわれは、弟子が悟ったので師が語るのをやめたことを知るのです。いままで話したことの結論は、より高い自己（アートマン）だけがより高い自己を知る、ということです。絶対知識（ボダスワルーパム）は、彼自身すなわち絶対知識によってのみ悟られ得るのです。

個別化された魂は、個別化したままでより低い水準を歩んでいる間は、そのままでは絶対者なる神を悟ることはできません。

分化されていない者だけが分化されていない者を悟ることができるのです。

これが、『神は知られていない、そして知ることのできないものである』という表現の真の意味です。

すべての個別化はマーヤーの領域内で起こります。言いかえれば、分化を起こすのはマーヤーです。個別化は、マーヤーの停止と同時に終ります。

宇宙間のすべての事実、あらゆる事物、あらゆる現象は、創造、維持および破壊されるもの、肉体、心および魂、目の覚めた、夢を見ている、および熟睡の状態、瞑想の状態までも含みます――。

これらの人々（ヴェーダーンティスト、ギャーニ）にしたがえば、絶対者が唯一の実在であって、絶対者の立場から見るとき、この宇宙は非実在です。絶対者すなわち分化せざる者に対するとき、宇宙も人も他の生きものも非実在なのです。唯一の実在は絶対者、すなわちブラフマンなのですから。

マーヤーは非実在である、ということが悟られると、個別化されたエゴ（アハム）は、完全に、言わばふり払われます、または拭い去られます。エゴはあとかたもなくなります。それが、完全なサマーディです。

われわれが、自分はここに存在する、と確信したままでいながら、『この世界は非実在である』などと言うのは理屈に合わないことです！　絶対者を悟っていない者がこの世界の非実在を悟ることなどはできません。

一方、サマーディから私の母のおぼしめしによって、もっと低い霊的境地に戻ってくる聖者は、浄化されてはいるが個別化された、希薄になったエゴをとり戻しています。

このエゴをとり戻して、その聖者はもう一度相対世界にほうり込まれるのです。彼にとって彼のエゴが実在（相対的に）である間はこの世界もやはり実在であって、絶対者は非実在（相対的に）なのです！

とり戻された個別のエゴによって、彼はこの世界の仕組（マーヤー）を実在のものと認識します。ただこのエゴは神のヴィジョンによって浄化されているので、彼は宇宙の現象を、絶対者の感覚に対する現れ、と見るのです。

彼はまた、世界の仕組（マーヤー）をヴィディヤーまたはアヴィディヤーのどちらかと見ます。ヴィディヤーは神に導きます。これには、識別（ヴィヴェーカ）、離欲（ヴァイラーギャ）、神への愛（バクティ）等が属します。アヴィディヤーは神から遠ざけます。これには、肉欲（カーミニ）、財産（カーンチャン）名誉、執着をもってする仕事その他が属します。

ヴィッギャーニはサマーディの中で神を、（1）超人格的な存在すなわち分化されてない存在として、および（2）人格的な神として、つまりその両方として悟った人々です。（字義的には、ヴィッギャーニとは、神の親密な知識を持つ人、の意）

ヴィッギャーニは、本源の神力（Primal Divine Energy）として神および世界の仕組への分化を――霊および宇宙への分化を――ひき起こすのは絶対者なのである、ということを悟っています。彼らは神を内にも外にも見て、神から直接にこの啓示を受けたのです。

人格的な神が彼らにむかって、『私はサマーディの中で悟られた絶対者（ウパニシャッドにでてくるニルグナ・ブラフマン、つまり属性をもたぬブラフマン）である。私がこの分化を起こしたのである。私が、二四のカテゴリーの――人の魂およびこの世界の――源なのである』とおっしゃったのです。

人格神――創造し、維持し、破壊して分化を引き起こす――は彼自身を、ヴィッギャーニたちに対すると同様、人格神（シャクティすなわちイシュワラ）だけを求める人々（バクタ）にも、三つの性質（グナ）を持つ神格（a Person）として、さまざまの形で現していらっしゃいます。

神格のサットワ・グナ（サットワ的要素）は保存し、ラジャスは創造し、タマスは破壊します。これら三つの性質が神格の内に宿っているのです。しかし、彼がそれらの中に在しますのではありません。彼は完全に無所属でおいでです。

ヴィッギャーニは浄められた彼の魂（エゴ）によって、このように、絶対者（ブラフマン）の超人格的面と同時に神、すなわちそれの人格的な面、も見たのです。彼は、わが内にも外にも彼の声をきいています。それればかりでなく、彼と話もしました。父として、母として、息子として、妻として、召使として、兄弟およびその他として、彼に仕えました。それゆえ、このような完成された人々、つまりヴィッギャーニたちの証言によると、世界の仕組（マーヤーすなわちシャクティ）は幻影ではなく、この宇宙と同時に人間の魂とあらゆる被造物の魂を創造なさった（または、それらが彼から展開した）神格としての真の実在の、個別化された、しかし純粋な、エゴの現れなのです。

この証言に間違いはありません。それは啓示にもとづいているものなのですから。

主は彼みずからをリシたちにむかって、人格的、超人格的両方の形でお示しになりました。このような啓示は、人類の救済のために、また信者たちを喜ばせるために、ときどきおこなわれたのです。

最高の実在が非活動のもの——創造も維持も破壊もしないもの——として考えられるとき、私は彼をブラフマンまたはプルシャ（男性原理）または超人格神と呼びます。彼を活動するもの――創造し、維持し、破壊するもの――として考えるとき、私は彼をシャクティまたはマーヤーまたはプラクリティ（女性原理）または人格神と呼ぶのです。

類推は決して、それらによってあきらかにされるべき事物と完全に一致するものではありません。それらはせいぜい、未知の事物のある特定の一面をはっきりとさせるためにもちいられるのですから一面的なもので、わかりにくいことをあきらかにするものです。

誰それはトラだ、と言ったとて、その人が頭から歯や爪や尾に到るまでトラだ、という意味ではないでしょう！　彼がトラのような尾や爪を持っているわけではありません。恐ろしい顔をしている、というだけのことです。

どのような類推も、超人格神と人格神との関係を十分に説明することはできません。これは悟られるより他に致し方ないものです。

それでも類推はわれわれに、感覚意識を超えたところにある霊的な事柄に関する真理の、どんなにかすかではあっても、片鱗を捕えることは得させます。

しかし実は、一方にブラフマン、非活動の超人格神、もう一方にシャクティ、活動的な人格神、という、この両者の間の区別は、差異のない区別なのです。

超人格神と人格神とは、ちょうど火とそれの燃える性質とのように同一実在なのです。火の燃える性質をぬきにして火を考えることはできないし、火をぬきにして燃える力を考えることはできないでしょう！

ミルクとその白さとが一つであるように、それらは一つなのです。白さを思わないでミルクを考えることはできないでしょう。

宝石とその輝きとが一つであるように、それらは一つです。それの輝きを思わないで宝石を考えることはできないし、宝石を思わないで宝石のような輝きを考えることはできないでしょう。

ヘビとそのうねりとが一つであるように、それらは一つなのです。ヘビのうねる運動を離れてはヘビを考えることはできないし、ヘビを考えないでヘビのうねりだけを考えることはできないでしょう」

第三節　全能の母

師「すでに話したように、人格神が創造し、維持し、破壊なさるのです。彼女は、自分を一方ではヴィディヤー・シャクティ（神の方に導く力、つまり現象）として現し、他方ではアヴィディヤー・シャクティ（神から離す力、つまり現象）として現していらっしゃいます。この全能の力（シャクティ）の現れ方は、活動の中心の異なるにつれてさまざまです。他の生きものたちの間にさまざまの現れ方があるように、人々の中にも、現れ方はさまざまです。同一性ではなく――多様性が法則なのですから」

ヴィッダシャーゴル「それでは、われわれは同じ程度の能力を授かってこの世に生まれてくるのではないのですか。主は選ばれた少数の人々にごひいきをなさるのですか」

師「まあ、残念ながら宇宙間の事実はあるがままにうけとらなければなりませんよ。主のなさり方をはっきりと見極めることは人には許されていないのです。

遍在者としては、彼はすべての生きものの中に——すべてのものの中に、たとえばアリのような被造物の中のもっとも小さなものの中にもいらっしゃいます。そうです。神は彼のおつくりになったすべてのものに内在しておいでです。しかしそれだからと言って、これらの被造物が歳能と力においてそれぞれに異なる、という事実は、動かすことはできません。

もしそうでなかったら、一人の男が片手で一〇人の相手をなぎ倒す、などということがたびたび、どうしてあり得るでしょう。別の男がかなわないと見てたった一人の相手からでも逃げだすのは、われわれみながよく知っていることです。

肉体の世界と同様に、道徳の世界でもそうですし、霊性の世界でも同様です。道徳性はさまざまですし、霊性にもさまざまの段階があります。

あなたのことを例に挙げさせてください。あなたが、他の人々にも増してこんなに大勢から尊敬を受けていらっしゃるのはなぜですか。まさか、自分が珍奇な存在だからだ、ひたいに二本の角を生やしているから人々が見にくるのだ、などとはおっしゃいますまい！（笑い）

いいえ。多様性は法則なのでして、わが母なる神は、多者として現れておいでになるあの唯一実在なのです。みずからが無限力なので、彼女は自分を、肉体的にも、知的にも精神的にも霊的にも、実にさまざまの力と天分とを具えた、宇宙間のすべての生きもの（ジヴァ）、および他のものすべてのに分化させていらっしゃるのです。

そしてこの、わが母なる神は絶対者、ヴェーダーンタが言うブラフマン以外の何ものでもないのです」

そして、師はおうたいになった――

讃歌

わが母なる神

全能の、未知の、そして不可知の

（一）カーリー、わが母なる神を知る人があるか。絶対者（カーラ）永遠の霊、の配偶者である彼女。六派の哲学さえ、彼女の御姿を見ることはできない。

ヨギは常に、ムラーダーラとサハスラーラで彼女を瞑想する。

この蓮華の果てしないひろがりの中を雌雄のガチョウが歩きまわり、やがてつがう。まさに、彼らは永遠の霊（シヴァ）および彼の配偶者。

（二）わが母なる神は絶対者シヴァの最愛の者、まさにシーターがラーマの最愛の者であるように。

わが母なる神の偉大さ――普通の者は知ることのできない偉大さ――を知るのは永遠の霊（絶対者）のみ。

彼ほどに、他の誰が知ることができよう。

（三）わが母なる神は大宇宙を産む――まあ彼女の偉大さを考えてみよ！　思いのままの姿をとり、形ある存在のおのおのに、威厳をもって現れていらっしゃる。一切物の中に、彼女自身のおぼしめしがこもっている。

（四）讃歌作者プラサードは言う、人が彼女を知ることができると思うのは、自分は大海を泳ぎ渡ることができる、と思うようなものだ、人々はそれをきいて笑うだろう！　と。

私は頭ではそのことをよく理解する。しかし、ああ！　私のハートはそれを認めようとしない。月に行きたいとこがれるのはこびとだ。

この讃歌の終る頃に、師はふたたび、名伏し難いサマーディの境地にお入りになるご様子だ。美しい天使のような声はやむ。外の目は固定して動かない。内なる目は内部にむき、栄光のヴィジョンを見つめていらっしゃるのだ。この神聖なヴィジョンを師はしばらく楽しんでおいでになる。その顔は天上の光輝に輝き、そしてついに微笑にくずれる。

意識の段階になかば降りてきて、彼はおっしゃる、「そうです、わが聖なる母は、絶対者（ブラフマン）以外の何ものでもありません。六派の哲学がその学識ぶかい論文をもってしても手がかりを提供することのできない御方、というのは彼女です。

分化されたエゴが母によって取り除かれると、サマーディの中で、超人格的存在の悟りがきます。そしてそのときに超人的存在を悟るのは個人の魂ではなく、超人格神です。エゴが浄化され、その状態が持続するようになると、人格神の恩寵によって、彼女、または彼女の現れのどれでもを見ることが、つまり悟ることができるようになります――シュリー・クリシュナ、チャイタニヤ・デヴァおよびその他の神の化身たちとしてのような現れ、または男、女、子供たち、生きとし生けるもの、いや、二四の宇宙原理のすべてとしての現れを、です。

わが母人格神は、無我のサマーディ（ニルヴィカルパ・サマーディ）の中で個我を消し去るのがおすきです。その結果は、サマーディの中での超人格神の自覚、と言うものです。

しばしば、彼女は、その個我を彼女の信者たちの内部に残しておき、人格として彼らの前に現れて、彼らと話し合うことをお楽しみになります。

絶対者の悟りへの鍵は、神格だけが持っていらっしゃるのです。神格とはウパニシャッドに出てくるサグナ・ブラフマン、信仰者たちにとっての人格神です。哲学者が依存するあの識別力は彼女、すなわちわが母なる神、人格神がくださるのです。

祈り、瞑想、信仰、帰依などもすべて同様に、わが全能の母からいただくのです。

また、サマーディに入っている聖者があるときにはその状態にとどめられ、あるときにはとどめられない。誰が彼をその恵まれた状態にとどめておくのでしょうか。誰が彼を、より低い感覚意識の状態につれおろすのでしょうか。ほかでもない、それは神格、わが神聖なる母がなさるのです。

このような人格が非実在であろうはずがありません。彼女は唯一実在、絶対者（ヴェーダーンタで言うブラフマン）の人格的な面なのです。そうです、わが母御自らが、彼女の子供たちにむかって宣言なさいました、『私は宇宙の母である。私はヴェーダーンタの言うブラフマンである。私はウパニシャッドのアートマンである』と。

このように人格神が彼女自身をお示しになるのです。この啓示が、彼女の存在の証拠です。

また、超人格的な、分化されていない神つまり絶対者は、人格神、つまり絶対者なる神の人格的な面（マハーカーラ＝シヴァ）によって示されます。サマーディに入っている聖者は、絶対者に関して何も言うことができません。大海に入った塩人形のように、彼は失われてしまっているのです！　また彼はサマーディから下りてきても、絶対者については何も言うことができません。ひとたび個別化されたら、分化されていない存在に関しては沈黙してしまいます。ひとたび相対世界に戻ってきたら、絶対者、無条件なる者に関しては彼の口は開かないのです。

わが母（絶対者の人格的面）はおっしゃいます。『私は絶対者（ウパニシャッドのニルグナ・ブラフマン）である』と。

こうしてやはり、超人格神の存在も、啓示が唯一の証拠なのです。

人がたとえどのように絶対者つまり超人的存在を説明しようとしても、彼はその描写の中に、自分の個別化されたエゴを投入しないわけには行きません。言わば、このエゴによって彼の絶対性が隠されるのです。

われわれの弱い推理や識別の力では到底、絶対者に到達することはできません。ですから、推理ではなくて啓示！　理論ではなくて霊感です！

人格神の現れはしばしば霊的な姿であって、浄化された魂でなければ見ることはできません。言いかえれば、これらの神姿は、主から授かるあの霊的な身体についている、霊的な視覚器官によってのみ悟ることができるのです。

誰でも、というわけには行きません。完成された人だけが、わが母の恩寵によって、これらの神姿を見ることができるのです。

あるときラーマチャンドラ（神の化身）が彼の偉大な弟子（ハヌマーン）に言いました、『わが息子よ、お前はどのような形で私を見ているのか、またどのように私を瞑想しているのか、話してくれ』と。弟子は答えました、『おおラーマ、自分は肉体である、という信念がこびりついているときには、私はあなたを唯一不可分の神として礼拝し、自分をあなたの部分と見なします――言わば、一片の神のかけらと見るのでございます！　またあるときには、あなたを私の神聖な御主人様として瞑想し、自分をあなたの召使と見なします。しかしながら、おお、ラーマよ、私が絶対者なる神の悟りの境地を恵まれておりますときには私は、私はあなたである、そしてあなたは私であるということを見るのでございます、悟るのでございます』と。

この信者は、サマーディに入ると彼の『私』はラーマの中にとけて失われてしまう、と言ったのです。彼はラーマによって不可分のエゴ、絶対、無制約なる神を意味したのです。これがブラフマ・ギャーナです。

また、かりにここに無限の水のひろがりがあるとします。上も水、下も水、四方八方水ばかりです。この水のところどころが、冷気に触れて凍ったとしましょう。ふたたび、その氷が熱にさらされて溶けたとします。それはもう一度水になりました。

絶対者は、無限の水のひろがりです。ところどころにできた氷は、信者たちに現れた神の霊的人格的な姿です。冷気は信者のバクティ、彼の愛、信仰、帰依心です。さらに熱は、実在（すなわち絶対者なる神）と非実在なる現象の宇宙とを見分けて私心のないサマーディ（ニルヴィカルパ・サマーディ）に次第に導き、『私』と言うあの自己を完全に払拭する彼の識別力です。

信者（二元論的信仰者）に対しては、主は御自身をさまざまの姿でお示しなるでしょう。わが母のおぼしめしによってサマーディの中で絶対知識の高みに到達した者に対しては、彼はふたたび絶対者、無限なる者、無制約なる者です。

ここに、哲学による悟り（ギャーナ）と愛によるそれ（バクティ）との間の、和解があります。超人格的人格神を悟ることをゆるされた人に対しては、二四のカテゴリー（注）（外界を含めて）はすべて母から展開したものである、ということが啓示されています。

（注）＝五大要素（地、水、火、風、空）、五つの感覚対象、五つの感覚器官、五つの運動器官、心、知性（ブッディ）エゴ、およびプラクリティ。

聖なる母は一者と多者であり、同時に一と多とを超越した絶対者なのである、ということを知ってほしい。

彼女は個別化して人の内なるエゴの中に入っていらっしゃるだけでなく、他のさまざまのものの中にも入っていらっしゃるのです。

ブラフマンが神であり、絶対者であり、無制約者（アートマン）である、という非二元論者の説は全面的に認められなければなりません。なぜなら、第一に、ブラフマンはサマーディの中で悟られたのですから。そして第二に、わが母によって、ブラフマンはサマーディの中でのみ悟られる無制約者であるということと、それは彼女自身の超人格的な面である、ということが啓示されたのですから。しかしながら何びとにも、『私の見地が唯一の正しい、合理的な、永続的な見地である、人格神を信仰する人々は間違っているのだ。人格神は架空の存在である。人格神は人を解脱させる力を持たない』などと言わせてはなりません。

哲学的非二元論者は、彼の推理という自力に依存している間は、この問題に対して次のように答えるでしょう。「私には、どうしてこの妄想、すなわち不可分のエゴが個別の魂に分化したという事実が生まれたのか、わからない」と。

これに対して悟りの結果があたえる答えは、決定的なものです。私の母（絶対者なる神の人格的な現れ）がこうおっしゃるのです、『この分化をもたらしたのは私の、ヴェーダーンタの言うブラフマンである。お前が「私にはわかる」とか「私にはわからない」と言っている間は、お前は自分を一個人と見ているのだ。一個人である限り、お前はこれらの多様性を事実と受け取らねばならぬ――妄想とすることはできない』と。

わが母なる神はまたこうもおっしゃるのです、『私が（その人の）個人差を完全に消し去ったときにはじめて、サマーディの中で無制約者（アートマン、私の超人格的な面）が悟られるのである。そしてそのときには、妄想であるとかないとか、事実であるとかないとか、わかるとかわからないとかいうような言葉はまったく出ないものだ。それが、絶対者の知識（ブラフマ・ギャーナ）というものである』と。

第四節　偉大な啓示と新しい哲学

「それまでは、私の中には『私』がおり、また私の前には、さまざまの栄光にみちた御姿を通じ、またシュリー・クリシュナやチャイタニヤ・デヴァなどのような化身を通じて彼女の子供たちの間にご自身をお示しになる、そして二四のカテゴリーのもとに——すべての生きもの（ジヴァ）として、また全宇宙（ジャガッド）として——ご自身を表現していらっしゃる、全能のわが母（人格神）がいらっしゃるのです。そうです。生きとし生けるものが決して、この『私が』と主張する自己を、すべての生きものの中にいて彼をこの世に縛りつける『私』を、すてることができないのは彼女の御力によるのです。

第二に、信者にバクティ（愛、信仰、祈り、および帰依）を教え、こうして彼のこの世のエゴを、知識のエゴ（ヴィディヤー）に変え、それを一本の線のように細く——長さだけあって幅のないものに——なさるのは彼女、わが母なる神です。最後には彼女の無限力を見てご覧なさい！

お気に召せば、彼女は何者からでもこのエゴの最後の痕跡を取り除き、彼に絶対者であり無限者である神の知識（ブラフマ・ギャーナ）をお授けになるでしょう。このような結果は、個別のエゴが彼女の恩寵によって不可分のエゴ、絶対者――アートマンまたはブラフマン――の中にとけ込む、没する、という形で生じます。

自己をふり落とすことはできません。サマーディの法悦境の中で絶対者を悟った人々でも、母のおぼしめしによってもっと低い境地におりてきて、人格神との交流を保つに足るだけのエゴを持つのです。音階の最高音二の音（訳注＝ドレミファでいえばシ）をたえず出しつづけるのは難しいことではありませんか。

あなたが人である限り、あなた自身という一個の固体である限り、神はおぼしめしのある場合には、人間の姿をかりてご自身をお現しになるでしょう。

またあなたも人である限りは、人の姿による以外は神を心に描くことも、思うことも見ることもできますまい。あなたの自己はそういう風にできているのです。

非二元論者（アドゥヴァイティスト）の目標は、制約されたエゴを無制約のブラフマンの中に融合させることです。わが母なる神は、誰も彼もがこうなれとは望んでいらっしゃいません。なぜなら、人類の大部分にとってエゴは、今生や来生あたりでふり落とすことのできるものではないからです。

こういうわけで彼ら（普通の人々）は、サマーディに達することができない間は、人格神を瞑想し、彼と交流しなければなりません。なぜなら賢者たちも聖典も神の啓示も一致して、無限者は制約を受けた存在として――超人格神が人格神として――人にむかって、彼の内部および外部両方面からそれ自らをお示しになるぞ、と保証しているからです。これらの人格神の顕現は決して、実在性がうすいなどというものではありません。肉体や心や外界などより無限にもっとリアルなものです。『このゆえに人格神は欠くべからざるもの』

と、悟りを得ている人は言うのです。

わが母なる神は、その創造（展開、進化）の過程において、私の個我となられたばかりでなく外部の世界ともなられたことに満足なさいました。

サマーディから感覚意識の世界に下りてきた人だけが、希薄な自己（長さだけで幅のない線のような）、霊的視力を保持するに足るだけの個人性、を持つことを許されます。この視力によって彼は、魂およびこの世界、同時に彼自身を、わが聖なる母がこれら無数のさまざまの形をとってご自身を表現していらっしゃるのだ、と見ることができるのです。

この、進化という過程の中で内界と同時に外界をも含む二四のカテゴリーとしてご自身を表現していらっしゃる、わが聖なる母の栄光のヴィジョンは、誰でもが見て楽しむことを許されているヴィジョンではありません。このヴィジョンを得ることは、自己を滅したサマーディの中で絶対無制約の、形なき超人格神を悟り、同時に意識あるサマーディの中で形ある人格神を悟った人、彼のみに許されているのです。

そうです。サマーディの中に自己を没して絶対者と一つになり、こうしてそれを悟る知識の人さえも、知られざる力によって、感覚意識のより低い境地に下りることを余儀なくされるのです。この見えない力は何者なのでしょうか。この疑問はわれわれを、わが全能の母なる神のもとにつれてきます。彼女のみが、自己を存続させる力とサマーディの中でそれを消し去る力の両方を、完全にわがものとしていらっしゃるのです。

哲学者は、サマーディにある聖者をもっと低い境地に下りてこさせるのはカルマ——現世または過去世においてかつてなされたはたらき――である、と言います。

もちろん、そこに自己すなわちエゴがある限り、そこには行為者（カルタ）と行為（カルマ）の両方があります。原因と結果の両方があります。それだけではない。そこには事実として、幾百万の生きものもあり、二四のカテゴリーからなる宇宙もあり、過去、現在、未来も前生も未来世も――他のすべての多様な存在の世界があります。

しかし、もしここに動かし難い事実と受けとられるこれらの多様な区分された世界が存在するのなら、そこには区分をおこなう全能者も、つまりわが母なる神、人格神も存在するのです。

この主張は、啓示によって強固なものとなっています。わが母なる神はつぎのようにおっしゃるのです、『この多様化をもたらしたのは私である。善い働きも悪い働きもすべて、私にしたがっているのだ。カルマの法則がある、ということは確かに本当である。しかし、私がその法則のあたえ手なのである。法則を作るのもこわすのも私の役目なのである。善いも悪いも、私がすべてのカルマを命じているのだ。それだから愛（バクティ）すなわち信仰、祈り、帰依により、またはそれを好むなら哲学（ギャーナ）により、または神に導く善い働き（カルマ）によって私のところにおいで。そうすれば私がお前を導いてこの世界、すべての活動のこの大海を渡らせてあげよう。もし望むなら絶対者の知識をもあげよう。もし、サマーディの後になお仕事があるようなら、なおエゴと肉体が存続するようなら、そのようなカルマ、そのようなエゴと肉体は、私自ら自分の目的遂行のために保持することを命じているのだ、と知るがよい』と。

これらすべては、彼女は、その子供たち、召使たちに啓示なさったのです。

ですから、絶対者を悟ることを最後の目標としている場合には、もし全能の母に真剣にそのことを祈り、身を投じていっさいを彼女の慈悲にお任せするなら、その人はついには目的をとげるでしょう。信者がそのような知識を一心に求めて、バクティのエゴをもってわが母のもとに（彼女の現れである何れの神のもとにでも）くるなら、ついにはわが母のおぼしめしによってサマーディの中で、彼のエゴが完全に拭い去られたことを知るでしょう。

この主体と客体への区分をなさったのは人格神（サグナ・ブラフマン）、すなわちわが母なる神です。サマーディの中でエゴを消すことができ、またお消しになって絶対者の悟りをおあたえになるのは、彼女です。それをなさるのは彼女であるということを、われわれは啓示によって学んでいるのです。

推理に依り頼んで啓示を信用しない哲学者は、人格神は魂に解脱（ムクティ）を、換言すれば絶対者の知識を、あたえることができない、と言います。

哲学者が、「私に絶対者の知識（ブラフマ・ギャーナ）をあたえることができるのは、私自身である」と言っているのは、より低い境地（相対性の段階、すなわち現象世界）、私とあなたの対立している段階、に立ってのことです。しかし、この段階においては、われわれは自分の性質の必然性から、人格神、わが全能の母を認めざるを得ないのです。

限られた能力しか持たない個人が自分に絶対者の知識をあたえることができるのに、わが全能の母はその力をお持ちにならない、と想像するのはおかしなことではありませんか！　あなた方は自分の力で自分の解脱をもたらすことができ、それなのにわが全能の母にはそれがおできにならない、とは！

このような哲学者たちは、同一実在が人格であり同時に超人格でもある、ということを忘れているのです。彼らは、われわれが人間である限り、至高の実在は、それ自らを無限力——ブラフマ・ギャーナをあたえる力をも含む無限力——を持つ人格として現すのだ、ということを知らないのです。

しかし理性が、たった一人で助けもたのまずに、こんな不確実な道案内をつとめるとは！　それに、哲学者が頼みとする推理または識別の力もやはり人格神からあたえられているのです。

こういうわけで、純粋な非二元論的な哲学者の主張に対してもう一つつけ加えることは、ブラフマ・ギャーナをあたえることができ、またあたえるのは、人格神である、という事実です。

サマーディの中で完全に自己が消し去られブラフマンが悟られ、そしてあなたは沈黙し、それについての存在も非存在も主張しなくなったら、それこそ完全な知識です。

あなたが非二元論を語りだすやいなや、あなたは二元論を主張していることになります。そこに一があれば、必ずそこに二があるからです。

一元論を語りつつ、暗黙の中に二元論を認めている。絶対者を語りつつ、暗黙のうちに相対界を認めているのです。なぜなら「絶対」は、サマーディの中で悟られるまでは、アルファベッドの中の文字を並べた単なる言葉ではないにせよ、せいぜい「相対」の相関語であるにすぎないのですから！

不変なるもの（リーラー）すなわちこの、神の遊びの世界を認めているのです。

超人格的な存在を語るときには、すでに人格的存在を認めているのです。

ちょうど、光を語ることでそれの相関語である闇の存在を自明のこととする、のと同じことです。幸福のあるところには必ず、その相関的存在である不幸がなければならないのと同じです。

そのお方の変化する遊びの世界がこの世界である、というそのお方が、不変者なのです。不変なる者であられる彼が、そのまま変化するものなのです。

この変化する現象の世界を通じて、あなたは変化しない者、制約のない者に上り行く道を探って行かなければならないのです。そしてふたたび、後者から前者（いまはもう非実在ではなく、不変なる者の、われわれの感覚に向かっての現れである）に戻る道を探らなければならないのです。

絶対者について語ろうとするとき、あなたは恐らくありのままを描写することはできないでしょう。それの上に異質の要素――あなた自身の個性という要素――をおおいかぶせなければならないのです。

結局、われわれは啓示に頼らなければなりません。「私は人格的な神（サグナ）である、私はサマーディの中で悟られる絶対者（ニルグナ）である」とおっしゃるのは、神なる人格（わが母）なのです。

そうです、あなたは、バターミルクの存在を当然のこととして仮定しなければ、バターついて思うことも語ることもできません。

バターミルクから、バターは出てきます。それゆえバターがあるからバターミルクはあるのです。もし、バターミルクがバターとの関係によって知られるものであるなら、バターも同様に、それのバターミルクとの関係によって知られるものであります。

人としての存在の段階では――感覚の世界と、もっと高い意識の世界も含まれる――あなたはバターとバターミルク――との両方を認めなければなりません。

あなたが人である限り、母なる神によってエゴが存続せしめられているのですから、あなたの絶対は、「相対的なもの」の存在を暗に意味しないわけには行きません。あなたの不変は、変化するリーラーの世界をほのめかさずにはいません。あなたの本体は属性を、あなたの言う「超人格的」は人格的存在を、あなたの一は多を意味しないわけには行かないのです。

母なる神がサマーディの中であなたのエゴ（個人性）を拭い去られるときには、ブラフマンが悟られ、いっさいの言葉はやみ、在るものだけが、そこにあります。まことに、海の深さを測ろうと海中に歩み入った塩人形は、無限の大海と一つになってまったく語らないのです！

もしたとえによってこの趣意を表明することができるとすれば、もとのミルクはサマーディの中で悟られるブラフマン、バターは、彼自身をあらわす超人格的人格神、そしてバターミルクは二四のカテゴリーから成る宇宙である、と言ったらよいでしょうか。

わが母なる神（ブラフマンの人格的面）はこうおっしゃいました。「私はヴェーダーンタの言うブラフマン（超人格的人格神）である。私は絶対知識をあたえることができる。このことを私はサマーディの中でより低い自己（アハムすなわちエゴ）を消し去り、より高い自己を悟らしめることによっておこなうのた」と。

こういうわけで、まず第一に、あなたは哲学（ギャーナ）の道を通ってわが母のおぼしめしによりブラフマンに達することができましょう。しかしこの道を通ることは、ことにこのカリ・ユガにおいては、ごくわずかの人にしか許されていません。われわれにくっついて離れない「私は肉体である」という確信をふり落とすことは、実に非常に難しいのですから。

また、光と愛を求める祈りを通じても、達することができます。神への帰依と愛とは、バクティのさまざまの要素です。これらを通じて、まずわが母なる神、人格神のもとにおいでなさい。

もしあなたの祈りが心の奥底から出たものであれば、待ってさえいれば、必ずわが母がそれに答えてくださる、と申し上げる私の言葉をお信じなさい。なぜなら、このことは彼女が、子供たちにお示しになったのです。

もし彼女の超人格的存在を悟りたいと思われるなら、ふたたび彼女にお祈りなさい。もし彼女がかたじけなくもその祈りをかなえてくださるようであれば――彼女は全能でいらっしゃるのですから――あなたはサマーディの中で彼女の超人格的自己をも悟ることができるでしょう。これは、絶対知識（ブラフマ・ギャーナ）とまったく同一のものです。

ただ、私はこのことをつけ加えなければなりません。信仰者は普通、人格神だけを悟って十分に満足するでありましょう——わが母なる神、または、神の化身たちすなわちシュリー・クリシュナ、チャイタニヤ・デヴァ等々の「目に見える神の啓示」、を含む、彼女の無数の栄光の御姿です。普通、バクタは超人格神の悟りはもとめません。彼は、サマーディの中で自分のエゴの全部が消されることのないようにと切望します。彼は人格神のヴィジョンを楽しむことができるほどの個人性を持つことを喜ぶのです。彼は砂糖そのものになる代りに砂糖を味わうことを喜ぶのです。

このような人々に対しては、わが母は人格（人格神）として、お現れになります。彼女はご自分の崇拝者——子供たちに対して愛ぶかくいらっしゃるのですから。

神を完全に悟った人は、霊的な事柄の中では悟りだけが唯一の偉大な事実であると主張するに違いありません。

最初から、「私はあらゆるものの中に現れている神 Impersonal-Personal（超人格的・人格的）を見る。男も女も動物も鳥も木も花も、私の見るいっさいのものは神である！　おお、私は歓喜にみたされている！　すべての幸不幸を超越している！　ソーハム（私は彼である）、ソーハム、等々」と言うのはだめです。だいたい、決して欠かすことのできないものは準備段階の訓練です。それなしには、人はバクティ（神への愛）を得ることはできません。この訓練をぬきにしては、絶対知識など思いもよらぬことです。

貴重な宝物は鍵のかかった部屋の中で護られています。あなた方はまだその鍵をあけていないのです。口先で、「私は鍵をあけて部屋に入った。見よ、私は待望の宝物、輝く宝石やダイヤモンドに手をかけたぞ、見よ、私はこれら全部を手に入れたぞ！」と言っただけでは何にもなりません。

本当に神のヴィジョンを見た恵まれた人は、単純で素直で子供のようになり、人工的な名や形式をはぎ取られた新鮮な、ありのままの世界に目をむけます。しばしば、彼は眼前に啓示された光景を見て、神の愛の酒に酔いしれます。彼は、生きた聖なる泉と一つになっているのです。ですから、彼にあっては大方、浄と不浄との区別がなくなっています。

最後に、彼はしばしばサマーディの中で感覚意識を失い、ジャダ（知覚のない、動かない無生物）のように見えます」

第五節　シュリー・ラーマクリシュナとバクティ・ヨーガ

シュリー・ラーマクリシュナ「しかし悟るまでは、人は浄らかでなければなりません。人は世間――カーミニとカーンチャナ――を、色欲と富の神の崇拝を棄てなければなりません。

ブラフマ・ギャーナの道をふさぐ、この『私』という感覚をすてるのは実に難しいことです。絶対知識を得た後でさえも、すでに申し上げたように、解脱した魂は母なる神という見えない力によって、感覚意識の世界におりてきて希薄な形ではあるが彼について離れない『私』の感覚を持つことを強いられるのです。

あなたがトラの夢をごらんになったとします。体中がふるえるでしょう。胸はドキドキするでしょう。目がさめて、これはただの夢であった、ということがわかってもなお、胸はあいかわらずドキドキし続けるでしょう。

そういう次第で、『私』という感じが何としても退くことを肯じないのであれば、どうすればよいか。まあ、それにたった一つだけ、ウパーディ（注＝ヴェーダーンタ哲学の用語。本来無限定なる自己の上に、無知のゆえに置き重ねられる限定、属性。それによって世間への執着が生まれる）をお持たせなさい。それを「主の召使」としてやるのです。

しかし、世俗的な人々の『私は』や『私の』は、人を神から遠ざける無知です。

一切のことは神によって命ぜられているのです。人が、『私が創造主なのでる』とか、『私は主人である』とか、『これらは全部私のものである』などと言うのは馬鹿げたことです。

二つの場合に、主は笑わずにはいらっしゃれません。ある男が病にかかり、死が間近いのです。そこに医師が入ってきて母親に、『まあ、お母さん、案じることはありません。私が引受けて息子さんの生命を救いますよ』と言います。医師は、この息子に死をあたえようとしていらっしゃるのは主である、ということを知らないのです。

主は笑っておっしゃいます、『この男を死なせようとしているのは私なのだ。それにこの医師という愚か者は、自分が生命を救ってやる、などと言っている』と。

また、二人の兄弟が所有地をわけようとして、地面に巻尺を伸ばし、『こちら側が私のもの、そちら側がお前のもの』などと言っているとき、主は笑っておっしゃいます、『この愚か者たちよ！　土地を自分たちのものだなどと言っている。この大地の隅から隅までが私のものであるということを、彼らは知らないのだ！』と。

ある金持が庭園を持っており、その管理を執事に任せています。訪問者が見にくると、この執事が何から何まで世話をやきます。庭からそれに付属する家の中まで案内してまわり、『皆さま、これが私どものマンゴー林でございます、これが私どものローズベリーで……。ごらんの通りここが私どもの客間でございます。そこに私どもの油絵その他の見事な絵画が並んでおります』と言います。

さて、その執事が何か、主人の不興を招くようなことをするとします。彼がどんな扱いを受けるか、わかりますか。もちろん、ただちにその庭園を去るよう、断固命ぜられます。自分の木の箱一個を運びだすほどの猶予さえ、あたえられないでしょう！

考えてごらんなさい。それは、あの、あんなに熱心に、『私どものこれ』とか、『私どものあれ』とかしゃべっていた、あの男なのですよ！

執事の言うこの『私の』とか、『私どもの』は、アギャーナ（神から離す無知）からくるのです。

理性は弱い。信仰は全能です。理性は行くところまで行くことができず、どこかでとまります。しかし信仰は、驚嘆すべき働きをするでしょう。

そうです。信仰によって人は、いささかの困難もなしに巨大な海の上をじかに渡って行くことさえできます。

神の化身であるラーマチャンドラが、インドの本土とスリランカとをへだてる海に橋を渡すのに苦労をしました。しかし、あたかも信仰の偉大さとその全能であることを世に証明するように、彼はその偉大な弟子ハヌマーンに、信仰の力だけで海を渡らせたのです!

あるとき、スリランカの王ビビシャナの友だちが、海を越えて行きたいと思いました。助力を乞われたビビシャナは、彼に知らせないでラーマの御名を一枚の木の葉の上に書かせ、その友に言いました、『これを持って、必ず、君の着衣の端にくくりつけておきたまえ。そうすれば安全に海上を渡ることができる。しかし気をつけたまえ、決して葉の中を見てはならないぞ。開いた瞬間に君は沈むだろう』と。

友は彼の言葉を信じ、しばらくの間は無事に海上を歩いて行きました。しかし不幸にも、この深い海の上を平気で歩かせてくれる貴重な品は何であろうか、ちょっと見たい、という気を起こしました。そして結び目を解き、葉を開いて見た瞬間に、彼は波の下に沈んだそうです!

そうです、信仰は全能です。それの前には、自然の力もすべて萎縮して道をゆずります! あなたは海も山もごく簡単に越えるでしょう。そればかりでなく、罪も不正も世俗性も無知も、何もかもが信仰の前には姿を消します」

そして師はおうたいになった——

神の御名

（二）おおわが母なる神よ！　死ぬときにはドゥルガー、ドゥルガーと、あなたの聖き御名だけを呼ばせてください。
そのときに、おお、すべての善きもののあたえ手（シャンカリ）よ、あなたがこの哀れな子供をついに、この世界なる海の彼岸におつれくださるものかどうか、はっきりとわかるでしょう。
（二）私は牡牛かブラーミンを殺したかも知れません！　私は酔っ払いかも知れません。いや、それどころではなく、女を死に到らせたかもしれません！　まだ母親の胎内にいる、子供を殺したかも知れません！
それでも私は、数々の重罪を少しも気にとめない。これらすべてにもかかわらず、私は自分自身を、世界の創造主（ブラマー）の高き地位に挙げるに足る力を持っているのです。

「そうです、すべての霊的進歩の根本に、信仰があります。他のすべてのものがなくても人はやって行けます。ただ信仰だけは、持たなければなりません。
主への信仰だけはお持ちなさい。そうすればたちまち、すべての罪の中のもっとももよこしまなものも許されます」

根底における信仰

（二）わが母なる神を想うとき、さまざまの思いが心に浮かぶ。

人の受ける報いは、彼の神への愛の深さに比例する。すべてのものの根底に、絶対の信仰がなければならない。

(二) わが母なる神、永遠の神(シヴァ)の配偶者、の蓮華の御足は、そのまま甘露の湖である。心がもしその不滅の湖水に入るなら——もしその湖水に深く浸りつづけるなら——他に何一ついるものはない。それが香華を供えての礼拝であれ、ごまを焚いての奉投供養であれ、心の中での称名であれ、または動物を犠牲とする祭祀であれ——他のことはすべて、何一つしないでもやって行ける。

(三) わが母なる神、宇宙の女神は今生においてでも、魂をこの世の束縛から解放しておやりになる。おお! 彼は純粋に、永遠の歓喜そのものとなるのだ。

「そうです、たった一つ必要なのは信仰とバクティ(愛、帰依、祈り、自己放棄)です。人間の限られた能力によって、神の助けをいただかず、つまり啓示によってたすけられることなしに、非実在である現象的宇宙から実在を識別するところのヴィチャーラすなわち識別を通じてわが母のもとに至ることは、特にこのカリ・ユガではこの上もなく難しいのです。ベンガルのあの美しい讃歌作者ラームプラサードはまさにこの点、この難しさを、あの有名な歌『おおわが心よ』などの中で強調しているのです」

こう言って師はおうたいになった——

人格神と超人格神とは一つであること
ギャーナ・ヨーガの難しさ

（一）おおわが心よ！　かの存在を悟るために、お前はどの道をたどりつつあるのか。暗室の中の狂人のように、探りまわっているのではないか！

（二）家（小宇宙、人間）の門番である月（欲望）を手なづけるよう最善をつくせ。家の中にはさまざまの部屋があるがその中に、（神聖な）宝物の隠してある貴重品部屋がある。ひとたび月を手なずけたなら、お前は泥棒のようにこっそりと、その部屋の宝物のところまで入って行き、それをわが物とするだろう。しかし、月を手なずけ得ないで夜が明けたら、貴重品部屋の宝物は、お前には姿を見せないだろう。

（三）かの愛を理想として、偉大なるヨギは一〇年また一〇年と、普遍霊への合一のために瞑想する。ひとたびこの愛が彼のハートに生まれれば、彼は至高の存在をわが方に引き寄せる、ちょうど磁石が鉄を引きよせるように。

（四）六派の哲学を研究してみよ。かの存在はそこには見出せまい！　タントラの中にも、ヴェーダの中にも見出せまい！　かの存在は、バクティという甘美なシロップがお好き、永遠の歓喜なる存在、彼女は実に壮厳な姿で、この都市（小宇宙）に住んでいらっしゃる。

プラサードは言う――

（五）私がわが母と呼び、こうして悟ろうと努めているその存在、彼女の真の御名を明かそうか？

それは家の中庭（または市場）において、心なき大衆の面前で、わが（神聖なる）調理用鍋をこわすことではあるまいか？　推察せよ、おお、わが心よ！　私があたえた数々の暗示によって、それが誰であるかを。

一同がわれを忘れてきき入ったこの歌が終ると、そこには深い沈黙がつづく。誰も彼もが感動している。師は長い間、この魂をゆり動かす讚歌の偉大な趣旨である、母なる神の聖き御足に心を集中したままでいらっしゃる。

第六節　別れ

一人の友がヴィッダシャーゴルに、歌の中のチャタルという言葉の意味を尋ねる。

ヴィッダシャーゴル（微笑しつつ）「チャタル、つまり、チャタラまたはウタン、家の中庭、または市場」

師（ヴィッダシャーゴルに）「おお！　あなたはよく知っていなければならない、パンディッド（学者）なのだもの」（笑い）

師（ヴィッダシャーゴルに）「さて、あなたは神のことをどう考えていますか」

ヴィッダシャーゴル（周囲にいる仲間の人々を眺めて）「お許しください、師よ、残念ながらそのお話は

また別の機会、私一人のときにさせてください」(笑い)

師(微笑して)「おお、あなたはすべてをご存じなのに違いない。ただ、話す気にならないだけでしょう。『大海の主』は、金とかダイアモンドとかさまざまの宝石とか、語りつくせぬほどの宝物の主人です。しかし、海の神に向かって彼の広大な領土にある貴重な品々の一つ一つを覚えていてくださいと言うのはむりな話でしょう。(笑い)

また、百万の富を抱えたお偉いバブーが、自分の召使たちの名前さえまったくご存じないのを、よく見かけるではありませんか!(笑い)

そのバブーは、そんなつまらない連中のことを詳しく知るには余りに偉すぎるのですよ!」(笑い)

＊　　＊

師(ヴィッダシャーゴルに)「一度あの庭園にいらっしゃいませんか。よい所ですよ。実に立派で、実に美しいのです!」

ヴィッダシャーゴル「うかがいますとも。あなたがご親切にもここまでおいでくださったのです。私がうかがうのは私の務めでもあるではございませんか」

師(微笑して)「私をお訪ねになるとは!おお!とんでもない!」

ヴィッダシャーゴル「あなたからこのようなお言葉をたまわるとは、何ということでしょう。一つ、ご説明をお願いしなければなりません」

師（おどけて）「ではあなた、そのわけを申し上げましょう。私たちは小さくて軽い、どんなところへも漕ぎまわることのできる釣り舟にすぎません。（笑い）あなたは大きな商船でいらっしゃる！　あまり大胆に、流れを遠く逆っておいでになると、浅瀬に乗り上げなさることがない、とは誰も言えないでしょう！（笑い）もっともこの場合は、季節によって多少事情がちがいますね。そうではありませんか」（笑い）

ヴィッダシャーゴル（微笑して）「おお、わかりましたよ、雨期がはじまっています」（笑い）

午後八時頃である。師をダックシネシュワルのタクルバリ（寺院）におつれする馬車は、用意ができている。師はしばらくの間、没我の状態におなりになる。あきらかに、母なる神を瞑想していらっしゃるのだ。彼女に、この家のよき主人へのお恵みをお願いしていらっしゃるのだろうか。

シュラヴァナ月の黒月（一五日以後の月）である。師が帰ろうとお立ちになると、ヴィッダシャーゴルは燭台を手にして階下へ、さらに邸内を通って門へと、道案内をつとめる。門のそばに馬車が、師と、タクルバリからおともしてきたつれの人々とを待っている。

思いがけない光景が、門前まで出てきた一行の目に入る。合掌してそこに立つ、四〇歳にはなるまいと思われる一人の男の姿である。彼は白衣を着、頭には白いシーク教徒風のターバンを巻いている。微笑をたたえた顔は色白で、目は表情ゆたかである。師の姿を見るやいなや、大きなターバンののった頭を地につけて、彼の足下にひれ伏す。

師はおっしゃる——

「お前か、バララーム？　ここで会うとはいったいどういうわけなのだ」バララームは微笑んで答える——

「おお、師よ、お目にかかりたいと存じまして、しばらくここ、門前でお待ち申し上げておりました」

師「まあ、なぜ入ってこなかったのかね」

バララーム（微笑して）「私は遅れてまいりました。ですから皆さんのお邪魔をしたくございませんでした。それで、ここにいた方がよいと思ったのでございます」

＊　　　＊

師はそこで、つれの人々とともに馬車にお乗りになる。

ヴィッダシャーゴル（Mに）「馬車賃をお払いしようか」

M「いいえ、ご心配にはおよびません。ある友人が、すでに支払っております」

そこでパンディットは手を合わせ、身をかがめて師にプラナーム（敬礼）をする。馬車の周囲に集まった人々すべてが、同じようにする。

御者は馬に一鞭あてる。馬車は北に向かって走り去る。

門のそばの一団の人々は、まだ燭台をかかげて先頭にいる尊敬すべきヴィッダシャーゴルとともに同じ方向を見つめてしばらく立ちつくし、この神に酔いしれた人はいったい何者なのだろう、実に賢く、しかも子供のようで、歓びにみちており、実に甘美で実に神々しいこの人は、とおどろきあやしんでいる！

まことに、俗世間の死骸どもに生命の火を点ずべく天降った電光！　乾いた人のハートにおかれた夜露のような愛の権化！　意気消沈し、倦み疲れた人にむかって、「汝、生まれ替わって愛さなければならぬ！」と叫びかける声！　この「現代生活の奇妙な病」の、別の世界から現れた癒し手！　人々の中の人、彼らのために宇宙のなぞを解くことに熱意をもやす！

第三章　ダックシネシュワルの寺院で、ナレンドラ（ヴィヴェーカーナンダ）、ラカール、Mおよび他の弟子たちとともに（一八八二年）

第一節　師自らがなさる師の生涯の物語

シュリー・ラーマクリシュナは今日は喜びに満たされていらっしゃる。ナレンドラが、彼にお目にかかろうと寺院にやってきたのである。ナレンドラはここで沐浴をし、朝食として神前からのおさがりをいただいた。

一八八二年一〇月一六日月曜日、アーシュウィンの白月の四日である。ドゥルガー・プージャは次の木曜日に行われるのである。

ラカール（後のスワーミー・ブラマーナンダ）は少し前から師とともに暮らしている。ラームラルとハズラーも、ここで暮らしている。ナレンドラといっしょに、二人のブラフモの青年がきている。Mもここにいる。

午前一一時と一二時の間にとられた朝食の後、師はナレンドラをはじめとする弟子たちに、特にナレンドラに、しばらく休めとおすすめになる。そのために、部屋の床に寝床が用意され、ござの上に一枚のふとんがひろげられて白い敷布でおおわれる。その上にいくつかの枕やクッションがおかれて簡単な寝床ができ上がる。師はその上、ナレンドラのかたわらにうずくまり、彼をはじめとする弟子たちと、子供のようにお話しになる。彼の目はナレンドラを見つめ、顔は微笑に輝いていた。彼は人生と人格のいくつかの理想を弟子たちの前に――ことにナレンドラの前に――示して、いかに生くべきかを彼らに教えようとしていらっしゃるのだ。

師（ナレンドラおよび他の信者たちに）「この変化（見神の経験によって生じた）が私の上に起こると、私は神の言葉をきくことを切望した。いつも、聖典（バーガヴァタ、マハーバーラタなど）の朗読のおこなわれている場所を探しまわった――特にシュリー・クリシュナやラーマなど、さまざまの神の化身たちの、生涯の物語や教えののっている書物の朗読である。私はよく、クリシュナキショレがラーマの生涯の物語（アディヤートマ・ラーマーヤナ）を読むのをききに彼のところに行った。

何というすばらしい信仰を、クリシュナキショレは持っていたものだろう！　あるとき彼はブリンダーバンに巡礼に行った。そこである日、道を歩いているうちにのどが渇いた。井戸のそばに人が立っているのを見て、水をくんでくれと頼んだ。男は、自分はごく身分の低い者だからブラーミンに水をくんであげることはできない、と言った。クリシュナキショレは、『神（シヴァ）の御名を口に唱えて自分自身を浄めてくれないか』と言った。男は言われた通りにした。そして彼に水をくんでよこした。すると彼、ブラーミンがその水を飲んだのだよ！　彼の信仰の力の、何と強かったことか！

一人の修行者があるとき河畔にきて、しばらくの間アリヤダハ・ガート（沐浴場）に住んでいた。われわれは彼を訪ねようと思い、寺にいたハラダリ（師のいとこ）に、『クリシュナキショレと私はあの修行者に会いに行きます。あなたも行きますか』と言った。ハラダリは、『土でできた檻にすぎない物質の体をもった生き物を見に行って何になるのか』と言った。

ハラダリはパンディットであって、いつも『主の歌』（ギーター）や、『神のみが実在、他のあらゆるものは非実在である』と説くヴェーダーンタ哲学を読んでいたのだ。私はこのことを全部、クリシュナキショレに報告した。彼はひどくおこって、『なんと！　しかもそれをハラダリが言ったとは！　彼が、聖者の体――主のために世間とその快楽を放棄し、神のことだけを思っている聖者の体――を土でできた檻と見る、などということがあり得るか。主を愛する人の体は霊でできているのだ――普通の人の場合のように物質でできているのではない――ということを、彼は知らないのか』と言った。次に、祭祀用の花を集めるために朝早く寺院にきたとき、彼はハラダリを避けるように顔をそむけた。それほど、あの言葉に腹を立てていたのである。

あるとき、彼は私に、『あなたはなぜ聖糸をふりすててしまったのか』と尋ねた。この変化が初めて私を襲ったときには、まるでアーシュウィンの大サイクロン（一八六四年アーシュウィン月の大暴風）にあったかのように、何もかもが吹きとばされてしまったのだよ。古い境界線はおし流されてしまった。外界の意識はなかった。聖糸どころか、いつも身にまとっていた布切れさえ、誰が気をつけるというのかね。

強烈な神意識に没入して、私は一日の大方をはだかで暮らしていた。それだから、クリシュナキショレが聖糸をすてたといって非難したとき、私はただ、『自分が一度主を求める狂気にとらえられたら、何もかもはっきりとわかるでしょうよ！』と言っただけだった。
私が心配したように、何もかもがやってきたのだ。彼もまた、主を求めて狂気してしまったのだよ。一部屋にこもってじっとすわったまま、『オーム！　オーム！』とくり返すばかりだった。
家の人々は、彼が本当に気が狂ったのだと思った。彼らは医師（コビラージ＝インド古来の医術の師）を招いた。ナタゴルのドクター・ラームが診察にきた。
クリシュナキショレは医師に言った。『先生、病気は治してください——そして、主のお慈悲によって私がこのごろ尊ぶことを学んだオームは、治さないでください』と。（笑い）
またあるとき、彼のところをのぞくと、彼が考えこんでいるのを見いだした。私がどうしたのかと尋ねると、『取税人がやってきて、税を払わないと真鍮の鉢や水差を没収して処分する、と言うのですよ！　だから心配しているのです』と言う。それをきいて私は笑い、『心配なさるな。彼が売りたいのなら家財道具いっさいをお売らせなさい。必要なら体を縛らせて裁判官のところにつれて行かせたらよいでしょう。それがあなたにとってなんだと言うのですか。間違いなく、あなたは肉体ではないのですよ。ですから彼もあなたを——あなたの真の自己を——縛ることはできません。なぜならあなたは、いつもあなたがおっしゃる通り、カー（アーカーシャ）なのではありませんか』と言ったのだ。（ナレンドラおよび他の者たち笑う）
そうだ、彼はよく、自分の真の自己すなわち絶対者である神はわれわれを取り巻く無形の空間のようなものだ、と言っていた。おお！　彼は熱心なラーマーヤナ（アディヤートマ・ラーマーヤナ）の読者であったが、あの中では常に、ラーマが絶対者なる神の化身と呼ばれているのだ。私はよく冗談に、『あなたはカーだ。本当のあなたは肉体ではなく普遍の霊だ』と言っていた。その日、私は、『取税人はあなたをひっぱって行くことはできない。あなた自身の主張によるとあなたではないところのその肉体は、彼らに捕らえさせたらよいでしょう』と言って保障してやったのである。（笑い）

主を求めての狂気の状態の中で、私はいつも、人や物について思ったことをそのまま口に出した。人々の地位などは尊敬しなかった。金持や身分の高い人々を少しも恐れなかった。

ある日、となりのジャドゥ・マリックの庭園にジャティンドラがきた。私は彼に尋ねた、『何が人間の義務ですか』と。重ねて、『神に心を集中するのがわれわれの第一の義務ではありませんか』と尋ねた。ジャティンドラは、『われわれは世俗の人間です。ユディシュティラ王だって、あのように浄らかな人だったのに、一度真実でないことを言ったために地獄の光景を見なければなりませんでした』と言った。これをきいて私はひどく腹を立て、厳しい調子でどなった、『あなたはなんと言う変な人なのでしょう！　ユディシュティラが地獄の光景を見なければならなかった事だけをよく覚えていらっしゃる！　彼の真理への愛、神への愛、寛大な性質、実在の認識、この世の事物への無執着などはなんと思っていらしゃるのですか』と。私はこの調子でもっと続けるところだったのだが、リドイがおしとどめた。ジャティンドラは、急ぎの用事があるといってまもなく出て行った。

またあるとき、私はキャプテン（ネパールのビシュワナート）といっしょにラージャ・ソウリンドラの家に行った。彼に会うとすぐ、私は、『これ、あなた、私はあなたをラージャとかそれに似たような名で呼ぶことはできませんよ。そうすると本当ではないことを言うことになりますから』と言った。(ラージャはサンスクリットで王国の支配者、つまり王の意)彼はしばらく私と話をしていたが、その間にわれわれは頻繁に来訪者に妨げられた。その中にはヨーロッパ人もまじっていた。私は、彼が他の世俗的な人々と同様にさまざまの悩みを抱えているのを見た。彼は使者を送ってジャティンドラ(彼の長兄)にわれわれの来訪を告げた。ジャティンドラからは伝言がきて、のどのぐあいが悪いのでこられない、ということだった。

ある日、私は聖なるガンガーの岸辺、バラナゴルのガート(沐浴場)で一人の年配のブラーミンが神の御名をとなえているのを見た。彼が何か別のことを考えているのが見えたので、彼の注意を主の方に引き戻そうと、背中を二度、平手で打ったのだよ!(笑い)

あるとき、ラシュマニ(この寺の創立者)が寺にきた。私が神職として祭祀をおこなっているときに、彼女は聖堂に入ってきた。神の御名をうたってくれというので、私はうたった。しかし彼女が何かほかのことを考えながらそなえる花をそろえているのが見えたので、私は二つ三つ平手打ちをあたえた。すると彼女は、ぴたりとすわってうやうやしく手を合わせた。(笑い)

私はこの嘆かわしい話をいとこハラダリにきかせて、『なんという奇妙な、けしからぬふるまいをするようになったものだろう。これはなんとかならないものだろうか』と言ったが、やがてわが母なる神に心をこめてお願いし、ついに、彼女の恩寵によって、この習性をすてることができた。

このような心の状態にあったときには、神に関係のない話は耳ざわりできけなかった。人々が世俗の話をしているときにはいつも、ひとりですわって泣いていた。あるとき、モトゥル・バブーが北部の聖地巡礼につれて行ってくれた。ベナレスにいるとき、われわれは数日間、ラージャ・バブーの家に泊った。ある日、私はラージャ・バブーおよびその仲間と話をするモトゥル・バブーといっしょに、客間にいた、彼らはまったく世俗的な事柄の話をしていた。『これこれの金を取り引きによってもうけた、いや損をした』というような話である。私は一人でひどく泣き、母なる神に、『私をなんというところにおつれになったのですか。おお母よ。本当に、私はこの巡礼地より、ダックシネシュワルの寺にいた方がずっとようございました！おお、母よ、彼らは神聖な寺々にお詣りするためにここにきたのです。それなのに、女と金の話しかしません！私にとっては寺の方がずっと良い場所でした。あそこでは、こんな話はきかないですんだのですから！』と申し上げたのだよ」

師はナレンドラに、少し休め、と熱心におすすめになる。そしてご自分も、小さい寝台に横になって、しばらくお休みになる。

第二節　ナレンドラおよび他の弟子たちとともに主の御名の朗唱

午後である。ナレンドラが讃歌をうたっている。同席者の中には、ラカール、ラトゥ、M、ナレンドラのブラフモの友達であるプリオ、およびハズラーがいる。

ナレンドラはコル（ドラムの一種、焼物でできている）の伴奏でうたった。

歌

瞑想せよ、主を、おおわが心よ！…………

歌

わがハートの聖所に、唯一なる主の聖き御姿が輝く、彼の被造物すべての福利を求めておられ、その御姿のまたとなく美しい御方。この美しさをくり返し見たてまつって、かの美の大海に浸ろうではないか。

おお主よ、無限の神の叡知として、私のハートに入ってください！言葉を忘れ、しかし平安を知らぬ心をもって、私はあなたの、聖き御足のもとに身を投じるでしょう！

おお！不死なる至福の権化として、わが魂の大空にさし昇りたまえ。主の喜びに酔いしれて、その聖き御姿に私たちは歓喜するでしょう。ちょうどチャコラ鳥が月の姿を見て、喜びに酔い、大空を踊りまわるように！…………

歌

喜びに満たされて、主の甘美な御名をとなえ続けよ！　彼の御名とともに、甘露の海から高潮がよせて来る。
それを君は間断なく飲みつづけてよい。（そうだ、飲んでそして、あたえたいだけ人にあたえるがよい）
彼の御名の雷鳴は、君を縛っている罪のかせをたち切る。きたまえ、主の喜びに酔い、心の願いを十分に、
満足させようではないか…………

ナレンドラと他の弟子たちは、師の周囲をドラムの伴奏でうたいつつ踊ってまわる。彼らは合唱する――

永久に浸っていよ、おおわが心よ、神の愛の、甘い甘露水の中に。

そしてまた――

わがハートの聖所に、唯一実在なる主の聖き御姿が輝く。彼の被造物すべての福利を求めておられる存在、
すべての美しきものの権化。

ついに、ナレンドラはドラムをくびにかけてうたう、

喜びにみたされた口で、主の甘美な御名をとなえよ。

歌が終わると、師はナレンドラを抱擁しておっしゃっる、「平安、お前の上にあれ、わが息子よ、そして主の喜びも！ 今日お前が私にあたえてくれた言葉につくせぬ喜びのことを、何と言ったらよいのだろう！」

師のハートにある神の愛の泉は今日はふくれ上がって溢れている。

もうすぐ午後八時になる。彼は北のベランダを一人で、主の喜びに酔って往復していらっしゃる！

彼はベランダの端から他の端までを、興奮した、速い足取りで行きつ戻りつしていらっしゃる。彼は母なる神と会話をつづけていらっしゃる。

まるで気の狂った者のように、彼はお叫びになる、「何（の悪いこと）を、お前が私にできるというのだ？」

師は、悪の力（マーヤー）も母なる神の加護を得ておられる彼には何の害もおよぼすことはできない、と言っていらっしゃるのだろうか。

彼らは今夜は泊まろうとしている。ナレンドラは泊まるだろう。それゆえ彼のお喜びは際限がない。

夕食の用意ができた。音楽室（ナハバト）にいらっしゃる母（シュリー・サーラダー・デーヴィー）が全部なさったのだ――チャパティ（うすく焼いたパン）やダルなどである。スレンドラが費用の大方を負担している。弟子たちはときどき泊まるのである。

師の部屋につづく南東のベランダに夕食が並べられる。

夕食が供されている。ナレンドラと他の弟子たちは、部屋の戸の前に立って話をする。
ナレンドラ（Mに）「現代の若者たちをどのようにお思いになりますか」
M「まあ、別に悪くはありません。しかし、宗教教育を受ける必要がありますね」
ナレンドラ「私の見るところでは、彼らはますます悪くなりつつあります。タバコをのむ、めかし込む、学校を怠ける、これらは日常茶飯事です」
M「われわれの学生時代には、そんなものは見たこともありませんでした！」
ナレンドラ「あなたはそういう人たちとご交際なさらなかったのだろうと思います。私自身、いかがわしい性質の人物が私の知っている学生たちと親しげに話しているのを見ました。ふしぎなのは、いつ、どのようにして彼らが知り合ったか、ということです」
M「本当にそうなのですか」
ナレンドラ「おお、友達がそのようにして堕落したのを、私は自分で見ております。高校や大学の当局も、少年の保護者たちも、このようなことにもっと注意を払うべきです」
彼らがこのように話していると、シュリー・ラーマクリシュナが部屋から出てきて微笑みながらお尋ねになった、「おや、お前たち何を話していたのかね」ナレンドラが笑いながら、「高校や大学の問題を話しておりました。学生たちの性質が、望ましいものばかりではありません」と言った。これをきくと師はMをかえりみ、厳粛な面持ちでおっしゃった、「そのようなことについて話すのはよろしくない。主のことだけ、他はいっさい話さぬこと！　お前はこの子たちより年上なのだ。もっとよく心得ているべきだ。彼らに用心をさせ、主のこと以外は何一つ話さぬよう、忠告をするのがお前の役なのだよ」

Mは少々恥じ入る。ナレンドラおよび他の弟子たちもしばらくの間静まる。

ナレンドラは一九か、はたちだがMは二七、八歳なのである。

一同は夕食の席につく。師は嬉しそうだ。ナレンドラおよび他の弟子たちが食べているのを見てニコニコしていらっしゃる。

師は今日は非常なお喜びだ。夕食の後、弟子たちはみないっしょに部屋に入り、床に敷かれたござの上に休んでいる。彼らは師と語り、嬉しがっている。

まるでそこに、主の歓喜が店に並べられた市が立っているかのようだ。

師はナレンドラにおっしゃる、「お前あの、『神の知恵なる大空に、神の愛なる満月が昇る』という句ではじまる讃歌をうたってくれないか」

ナレンドラはドラムの伴奏でうたいはじめた――

歌

神の知恵なる大空に、神の愛なる満月がさし昇る。愛の大海は溢れる、おお、主の何と歓喜に満ちておられること！

あなたに勝利あれ、慈悲ぶかき主よ！　万歳！　万歳！

見よ、天国の門はあけ放たれ、新しき摂理なる春風はそよそよと吹く。

それは喜びの波を立てる。それは神の愛の芳香をはこび、ヨギたちを神との交流の喜びに酔わせる。

あなたに勝利あれ、慈悲ぶかき母よ！　万歳！　万歳！

この宇宙なる海の上に、新しき摂理の蓮華が開く。

その上に、後光を放ちつつ、母なる神がすわっていらっしゃる、すべての喜びの権化！

見よ、ハチたち（信者たち）はそこで甘露を飲む！

彼らは、神意識に満たされる。ああ、母の慈悲ぶかい御顔ばせを見よ！

それはハートを喜ばせる、それは宇宙を魅惑する！

修行者たちの群が、彼女の足下に身を投じる、うたいつつ踊りつつ喜びに酔いしれて。

何という比類のない美しさ！　おお！　なんという平安を、この聖き御姿はハートにもたらすことか！

プレムダース（讃歌の作者）は人々の足下に身を投じ、「うたえ、おおわが兄弟よ！」と叫ぶ。

あなたに勝利あれ、母よ！　万歳！　万歳！


師はうたい、かつお踊りになる。彼を囲んで、弟子たちもうたい、かつ踊っている。

歌が終わる。師は、部屋の北東に接するベランダを、行きつ戻りつなさる。

ここにはハズラーがすわっている。彼は数珠をくりながら主の御名をとなえている。師は彼のそばにおすわりになり、ハズラーおよびMと話をなさる。

彼は弟子に、「お前は眠っているときに夢のなかで神のヴィジョンを見るか」とお尋ねになる。

弟子「はい、見ます。先日私は実におもしろい夢を見ました。まず、全宇宙が広大な水の広がりのように思われました。水、水、私の前はいたる所水の他何もございません！　始も終もなく水なのでございます！突然そこに嵐がおこりました。遠くの方に見えていた船の何隻かは沈み、わずか数隻だけがたすかりました。その数隻の中にはわが母の御船がまじっておりました。さて、私は、選ばれた乗客たちをのせている船に乗っておりました。私どもが驚いたことには、一人のブラーミンが、海面をいささかの不安も見せずに歩いて行くではございませんか――まるでしっかりとした大地をふみしめてでも行くように！　私は、『どうしてあなたは海の上を歩くことがおできになるのですか』と叫びました。ブラーミンは微笑して、『何も恐れることはないのです。私の足は水の下にある橋の上にのっているのですから』と答えました。私は、『どこにおいでになるのですか、主よ』と尋ねました。彼は、『わたしは母の御国（バヴァニポル）に行くところです』と答えました。私はぜひこの聖者について行きたいと思いまして、『ちょっと待ってください。おお主よ、私もごいっしょに行きます。そここそはまさに、私も行きたいと思っているところなのですから』と叫びました。すると彼はただ微笑しただけで、『おお、私はあちらに早く着かなければならないので急いでいるのです。あなたはここまでくるのにちょっとひまがかかるでしょう。都までの安全な道のりをよく覚えておいてあとからおいでなさい』と言いました」

師「私はお前のその夢の話をきくと全身にスリルを感じるよ。身の毛がよだつ。お前はイニシエイションをうけなければならないときがきているのだ」

第三節　どちらを先に求めるか——天国か社会改革か

午後一一時である。ナレンドラおよび他の弟子たちは寝につく。師の部屋の床にひろげられた寝床に横たわる。

夜明けである。弟子たちのある者はもう起きている。彼らは寝床の上にすわって主を瞑想している。この間中、師は何をしていらっしゃるか。彼は、甘露のように美しい声で主の御名をくり返していらっしゃる。彼は五歳の子供のように、まっぱだかで部屋の中を歩きまわっていらっしゃる。壁にかかるさまざまの絵の前に歩み寄っては、ひたいを壁につけてあいさつしていらっしゃる。ドアを開き、敬虔な面持ちで聖河を見つめていらっしゃる。主の聖なる御名をとなえて、「おお、わが母なる神、あなたはみずからをいっさい物（バーガヴァタ、バクタ、バガヴァーン＝聖典、信者、神、）として現しておいでです。あなたはもろもろの聖典——ヴェーダ、プゥラナ、およびタントラ——バガヴァッド・ギーターおよびガーヤトリという形をとっているあなたの御言葉と、同一のものでいらっしゃる。そして母よ。あなたの信者たちは、あなたご自身の現れ以外の何者でもありません！　あなたは時間空間をこえた絶対者なる神（ブラフマン）でいらっしゃり、同時に、この宇宙としてみずからを現しておいでの神エネルギーでもいらっしゃる。あなたは無活動の実在（プルシャ）でいらっしゃり、また、活動の原理（プラクリティ）でもいらっしゃる。あなたは無形の実在であり、同時に形を持っておいでです。あなたは、私どもの前においでの宇宙（ヴィラート＝ブラフマンから最初に生まれたもの、普遍霊）です。あなたは、哲学者の言う、二四のカテゴリーです！」

夜が明け、神職たちは神像の前で灯明を振っている。諸聖堂から、甘美で聖らかなホラ貝の、鈴の、またシンバルの響きが伝わってくる。

弟子たちは起き上がり、神職たちや召使たちがすでに朝拝にささげる花を集めつつあるのを見る。音楽塔（ナハーバット）は朝の時間にふさわしい音楽をかなでている。

ナレンドラおよび他の弟子たちは沐浴をすませた。彼らはいまは、ニコニコしながら師の前に集まってくる。彼は、自室に接する北東のベランダに立っていらっしゃる。彼の顔は微笑に輝いている。

ナレンドラ「私どもは数名のサンニヤーシン――ナーナクの信者――がパンチャヴァティ（五本の樹の集まり）にすわっているのを見ました」

師「知っているよ。彼らは昨日着いたばかりだ。（ナレンドラに）私はみなにいっしょにすわってもらいたいのだ」

弟子たちはござの上にすわった。師は嬉しそうに彼らをご覧になり、彼らと話をなさる。

ナレンドラが質問をする、「どうしたら、神を悟ることができるのでしょうか」

師「たった一つ必要なのは、神への愛、すなわち信仰（バクティ）である。放棄（ヴァイラーギヤ）と識別（実在と非実在との識別、ヴィヴェーカ）については、これらは、主を愛しさえすればおのずからやってくる」

ナレンドラ「師よ、聖典に、人は女といっしょになって修行することができる、と書いてございます。そうではありませんか」

師「女といっしょに修行をするなんて！　知れたこと、それは良くないよ。たしかに、そのような方法が（タントラの）聖典に述べてはあるが、そんな道をたどること、それは目標に達するのがこの上もなく困難な道だ。堕落の危険はほとんど確実に到来する。

修行の一つの要点として、女はまず第一には恋人と見ることができよう（求道者は彼自身をその愛人と見る）。第二には女主人と、（求道者は彼自身をその侍女と見る）。第三には母親と見ることができる。私は、自分としては、女を自分の母と見ている。侍女または女召使の役割は必ずしも反対すべきものではない。愛人という役割は、ほとんど間違いなく堕落のもととなる。子供という役割は最も浄らかで、もっとも良いものである。」

グル・ナーナクの信者であるサンニヤーシンたちが、師に敬意を表するためにやってきた。彼らは、「あなたは人の姿で現われておいでの宇宙の主です！（ナモ・ナーラーヤン）あなたにごあいさつを申し上げます！」と言って彼に敬礼をする。師は返礼をなさり、彼らにすわるよう、おすすめになった。

彼は弟子たちおよび修行者たちにお話しになる。「神におできにならないことはない。主のご性質は――誰一人、それについて独断的な説をなすことはできない。あらゆるものが、彼の属性であり得るのだから。

あるとき、二人のヨギが暮らしていた。彼らは神を悟ろうとして厳しい修行をしていた。ある日、賢者ナーラダが彼らの庵の近くを通りかかった。二人の中の一人がナーラダに言った。『あなたは天界からおりておいでになったのですか。もしそうなら、天界の主は何をしておいでなのか話してくださいませ』と。そこでナーラダは、『そうだ、私は天界からおりて来たのである。私は、天界の主がラクダとゾウに針の孔を通らせていらっしゃるのを見た。そしてこの獣たちが孔を入ったり出たりしているのを見た』と答えた。ヨギの一人は、『この話には少しも驚くことはありません。神におできにならないことはないのですから』と言った。もう一人の男は、『おお、そんなことはできるはずがない！　それは、あなたは主のところにいらっしゃったことなどはない、ということを示すだけです』と言った。

第一の男は赤児の信仰をもっており、したがって彼が本当の信者である。この驚くべき宇宙をお造りになった神にとって、不可能なことなどは一つもないのだもの！」

朝九時頃である。師は自室にすわっていらっしゃる。弟子のマノモハンが、家族をつれてコンナガルからきている。彼は師に挨拶をして、「私は家族の者たちをカルカッタにつれて行くところでございます」と言う。師は親切に近況をお尋ねになり、「今日はこの月（ベンガル暦）のついたち――縁起のよくない日ではないか。それでもお前は家族をカルカッタにつれて行くのだね！　何ということだろう」と言いながら笑って、他の話にお移りになる。

ナレンドラと彼のカルカッタの友人たちが、ガンガーで沐浴をした。彼らは師の部屋に入ってきて、着衣をととのえる。師は非常な熱意をこめてナレンドラにおっしゃる、「バンニヤンの樹の下に行ってしばらく主を瞑想しなさい。何か敷くものを上げようか」

ナレンドラとブラフモの友だちは、樹の周囲にレンガを積んでできている座にすわって、主を瞑想した。朝の一〇時すぎである。少したつと、師がおいでになる。Mもここにいる。師はナレンドラおよび彼の友人たちと話をなさる。

師（ナレンドラ他に）「瞑想中には、主の中に没入しなければいけない。表面に浮かんでいたのでは、底深くに横たわる宝石の取れる見込みはない」

こう言いながら、師はおうたいになる――

歌

（一）おおわが心よ、母の御名をとなえて深く潜れ――ハートの奥底に――あらゆる宝石の貯蔵庫である大海に。

（二）二、三回潜っただけでは、宝は得られないかも知れない。しかしそれは決して、お前のハートなる海が、宝を蔵していないという証拠ではない。

（三）この海には、六つの欲情（色欲、怒り等）というワニがいる。

彼らは餌食を求めて泳ぎまわっている。だから、識別（ヴィヴェーカ）というターメリックをよく、体にこすりつけておけ。

ターメリックの匂いがお前をワニから守るだろう。

(四)海底にちりばめられた宝石は数限りがない。底までとび込め、とラームプラサードは言う、そうすれば、それらを得ることができる、と。

ナレンドラと彼の友人たちはパンチャヴァティの根元の座からおりてきて、師の周囲に立つ。

師は弟子たちとともに南、自室の方に向かってお歩きになる。彼は歩きながらお話になる、「体に、ターメリックをよくこすりつけておきなさい。そうすればワニどもは寄りつかないだろう。色欲、怒り、貪欲などが六匹のワニである」と。

師（つづけて）「識別がターメリックである。それが人に、神が唯一の実在、他はすべて非実在であることを悟らせるのだ。

もしそこに識別――神が唯一の実在、他はすべてかりそめのものであるという認識――がなければ、書物を研究したり講演をしたりしても何になろう。

第一に、ハートの聖所に彼を安置せよ。第一に神を悟れ。スピーチや講演やその類のもの、そのようなものは神を見た後にとり上げたらよかろう。見る前には取り上げてもだめだ。人々はブラフマン――絶対者なる神

――のことをべらべらとしゃべるが、その間中、彼らはこの世の事物に執着している。そんなことで何が得られよう。聖堂の中に何の神も祀らないでただホラ貝を吹いているようなものだ。あるたとえ話をさせておくれ。

あるとき、ある村にポドという若者がいた。その村に、荒れ果てた一つのお堂があった。かつて祀られていた神像は失われて、そこはいまは小さいコウモリどものすみかになっていた。ある日、夕暮れに、村人たちはこの堂から鈴やホラ貝やどらの響きが流れてくるのを聞いて驚いた。大人も子供もその場に集まってきた。誰かが近頃この堂に神像を安置し、いまその前に花や果物や聖水を供え、灯明を振って夕拝（アーラートリカ）をおこなっているのに違いない、とみなが思ったのだ。だから彼らは手を合わせて堂の前に立ち、聖なる響きに聞き入った。

その中のひとり。少し好奇心の強いのが思い切って中をのぞいた。すると驚いたことに、ポドがそこで鈴を鳴らしホラ貝を吹いているではないか！　床はあいかわらずあらゆる汚物でよごれたまま、拝むべき神像も安置してはない。そこで彼はどなった、

『おおポドよ、お前はお前のお堂に神像を祀っていないではないか！　ホラ貝などを吹いてみなをこんなに騒がせたのはなんということだ。しかも見よ、お前はお堂の掃除をする手間さえ、長年たまった不潔物を除いてガンガーの水で床を洗う手間さえも惜しんでいる！　だから建物はあいかわらず、夜も昼も一一匹のコウモリ（一一の感覚器官すなわちインドリヤ＝五つの知覚器官、五つの運動器官および頭脳）に汚され続けているではないか！』と。

まず、お前のハートという聖所においでの神を悟れ。そのためには、そこをすべての汚れ――すべての罪と不正――感覚器官によっておこるこの世界へのすべての執着から浄めなければならない。神を悟るためには、人は自分の感覚的な性質をすてなければならないのだ。もし必要であればホラ貝を吹くべき時がくるのは、それからである。お前たち社会改革のことを語るのかね。まあ、神を悟った後ならそれをするのもよかろう。覚えておいで、古代のリシたちは、神を悟るために世を放棄したのだよ。これが、たった一つの必要なことなのだ。他のすべてのものは、もしお前たちが本当に持ちたいと思うなら自然にあたえられるであろう。

もしお前たちが海底に横たわる宝石を求めるなら、まず、他の仕事は全部すてて、海底に飛び込まなければならない。まず神像を安置し、それからホラ貝を吹くことをするのだ。まず神を見よ、講演のことや社会改革のことはそのあとで語るがよい。

他者を教えるのは最も難しい仕事だ。神を見るものは、彼の命を受ける。主の命を受けたものだけが、他者を教える資格があるのだ」

第四節　結婚している者の問題

この頃には師は、東西に走る北側のベランダにきていらっしゃる。そのベランダの自室に接したところに、ナレンドラ、M、および他の弟子たちとともに立っていらっしゃる。

師はくり返し、識別と離欲を具えていない者は神を見ることはできない、とおっしゃる。二七、八歳のM

はイギリス風の教育を受けている。彼は結婚しており、心の中で、「これら（識別と離欲）はサンニヤーシンのような世間の放棄、つまり形の上での女と金の放棄を意味するのだろうか」と考えている。

M（師に）「師よ、もし妻が夫に、『あなたは私を無視していらっしゃる。私は自殺します』と言ったら、どうしたらようございましょうか」

師（おごそかな、まじめな調子で）「神を求める夫の邪魔をするような妻はすてて、なるようにならせるがよい。かりに彼女が自殺をしても、さしつかえはない。彼女のしたいようにさせてやればよいのだ。神を求めている夫の邪魔をする妻は、無知と霊的死にみちびく無信仰の妻だ」

Mは深い思いに沈み、壁によりかかっている。ナレンドラおよび他の弟子たちは、ひとしきり言葉もない。

師は彼らと話をしていらっしゃる。突然、彼は、まだ同じ姿勢で壁によりかかっているMの方をお向きになる。そして彼に向かって次のようにお話しになる、「しかし、主をまじめに純粋に愛している人の場合は別だよ。その場合には誰も彼もが彼の言うことをきくようになる——主でも、悪い人々でも、妻でもだ。妻はやってきて夫のあとに従い、主にいたる道を歩むようにさえなるかも知れない。もし夫が真剣に主を愛するなら、妻も言うことをきくようになって宗教的になり、永遠の生命を得ようとする彼の努力をたすけるだろう」

Mは、胸中に燃え上がっていた火が消されたように感じる。ふたたび心の平安を得る。

M（師に）「世間（サンサーラ）とは何という恐ろしいところでございましょう！」

師（M、ナレンドラおよび他の者たちに）「世俗的な人の人生は本当に恐ろしいものだよ！　チャイタニヤ・

デヴァはあるときニティヤーナンダにおっしゃった、

『きけ、きけ、わが兄弟よ、

世俗的な人には、まず、救われる見込みはない！』と。

（Mの方を向いて）神を見失った世俗的な人間はほとんど救われる希望はないのだよ！　このことは、まじめに主を愛するものにはあてはまらない。主を悟った人は、恐れを知らないで世間にとどまっていることができるのだ。そのような人はときどき人気の無いところに退いて、主への真摯な帰依心と愛とを得るよう、努めるがよかろう。

まあ、そのような人は世間に暮らしていて、しかも、恐れを知らないでいることができる。チャイタニヤ・デヴァは、何人かの在家の弟子を持っていらっしゃった。彼らは世間に暮らしていても世間のものではなかった。彼らはそれに執着しないで生きたのだ」

ひる頃だ。灯明、聖水、花などを振り動かす儀式の挙行をもって朝の礼拝は終り、聖堂内の神々は休息なさるであろう。ナハバトで奏される音楽がそのことを告げている。師は食卓におつきになる。ナレンドラおよび他の弟子たちも師にともない、聖堂の神々に献ぜられ彼らが帰納なさった供え物のおさがりをいただく。

第四章　ブラフモ・サマージの指導者であるケシャブ・チャンドラ・センといっしょの汽船の旅（一八八二年）

第一節　師はサマーディに

この日は、インドでは、富と繁栄の女神（ラクシュミー）をまつる日である。ドゥルガープージャのすぐ後の、満月の日である。一八八二年一〇月二七日金曜日、シュリー・ラーマクリシュナは寺院の境内の自室に、ヴィジョイ・ゴスワーミおよびハララルとともにすわっていらっしゃった。誰かが入ってきて、「ケシャブ・センがまいりました。いま到着してガートの前にとまっている汽船に、乗っております」と言う。

それから少したつと、ケシャブの弟子たちが入ってきて、シュリー・ラーマクリシュナの前に身をかがめた。彼らは言った。「師よ、汽船がお迎えにまいっております。ケシャブ・バブーが乗っておりまして、あなたもどうぞいっしょにお乗りくださるよう、お願いをせよ、と申して私どもをつかわしました。この船旅は楽しくおぼしめすに違いないと存じます」と。

ちょうど四時である。小舟が師を汽船におつれする。ヴィジョイがおともをする。小舟に足をふみ入れるやいなや、シュリー・ラーマクリシュナは感覚意識を完全に失っておしまいになる！　サマーディだ！

Mは汽船に乗っている。師の小舟が近づいてくると、彼は神聖な光景、感覚器官の静止した、師の不動の姿――彼の魂は神聖なヴィジョンを前にしてそれを楽しみつつある――を見る。Mは三時頃汽船にのった。彼は、師とケシャブとの会見に同席し、そのような会見からは必ず生まれるはずの歓びにじかに触れたい、と切望しているのである。彼はぜひ両者の会話をききたいと思っている。Mのような若者たちの大勢が、ケシャブの言わば聖者的な性格と彼の並ぶ者のない雄弁に魅せられている。

実に、多くの者がケシャブを自分の血肉と見なし、こうして彼に心からの愛を献げていた。ケシャブはイギリス風の教育を受けたのである！ 彼はイギリスの哲学および文学によく通じている。その次には、彼はさまざまの場合に、神像の礼拝を「偶像崇拝」という名で呼んでいる。このような人がシュリー・ラーマクリシュナを尊敬と賛嘆の目で仰ぎ、しばしば寺院に彼を訪問するのは実に不思議なことだ！ 両者の一致する共通点を見出すのは、Mにとっても他の誰にとっても、この上もなく興味ぶかい仕事である。

師はたしかに、神には形がないとおっしゃる。彼はこの点ではケシャブと同じである。ところが彼は同時に、神には形があるともおっしゃるのだ！ 彼は神、絶対者（ブラフマン）を瞑想なさる。同時に、ヒンドゥの八百よろずの神および女神たちとして現れているさまざまの形の神像を、花や香や供え物を献げて礼拝することもおろそかにはなさらない。おまけに、それらの神々の前で、主への歓びに狂気してうたったり踊ったりなさるのだ。師は苦行者には似ず、寝台の上にお休みになる。身につけていらっしゃる布には、赤い縁取りがしてある。彼はまた、上着も靴下も履物もおめしになる。これらすべてにもかかわらず、彼は世俗の存在ではないのだ。彼の特徴はことごとく、在家の人とは異なる一苦行者のそれである。それだから人々は彼をパラマハンサと呼ぶのだ。一方、ケシャブは、神には形は無い、と主張する。彼は妻子に囲まれて在家の生活を送っている。彼は英語で講演をする。宗教問題を扱う新聞を出している。彼なりのやり方で世俗の事柄にも携わっている。

小舟は舷側に横づけされる。誰もが師を見ようと一生懸命だ。彼らは船上の通路に殺到する。ケシャブは、彼が無事に乗船なさるようにと気をもんでいる。師は上甲板の船室につれて行かれるために、ようやくのことでふたたび感覚の意識をお取り戻しになる。神聖な法悦状態は、いまもなお、去ってはいない。一弟子によりかかりつつ、彼は船室に導かれておいでになる。彼は機械的に歩をおはこびになる。しかし心は神に集中している。

彼は上甲板の船室にお入りになる。ケシャブをはじめとする一同は彼にお辞儀をする。しかし、わずかばかり戻った感覚意識はまたもや去りはじめて、完全に消える。船室の中には、一脚ずつの長椅子とテーブルと、そして数脚の椅子とが置いてある。ケシャブがもう一つにすわる。ヴィジョイもすわった。大方はブラフモである他の信者たちも、すわった。大部分は床の上にじかにすわった。船室はせまい。多くの者がドアや窓のところにたったままである。彼らは熱心にのぞき込んでいる。

師はふたたびサマーディに入っていらっしゃる。完全に外界意識を失っていらっしゃる！　誰も彼もが、彼の顔を見まもっている。ケシャブは、大勢が部屋に入ってきたのを見て、師に新鮮な空気を差しあげなければいけない。と気づく。近頃までケシャブの信者であったヴィジョイは、分裂後もう一つの派であるサダラン・ブラフモ・サマージの会員になっている。彼はたびたび、ケシャブに対して批判的な態度をあきらかにした。ケシャブが自分の派の有名な主義に反してまだ幼い娘を結婚させてしまった、ということに関して、である。そういうわけで、ケシャブはヴィジョイに会ったことに少々とまどっている。彼がここにくるなどとは、まったく予期していなかったのである。

ケシャブは席を立つ。窓をあけるのである。

全員が熱心に師を見つめる。彼はサマーディから降りていらっしゃる。しかし、神の現前の意識は依然として強烈である。かろうじて聞きわけられるような言葉で、宇宙の母に話しかけていらっしゃる。

彼はおっしゃる、「おお、母よ！　なぜ私をここにおつれになったのですか。彼らは垣の内にとじ込められていて、自由ではありません！　私に本当に、彼らをこの牢獄から救いだすことができるのですか」と。

師は世俗の者たちを、神意識の自由な空気の中には出てくることのできない、神の光を垣間見ることさえできない、要するに世間の仕事に手も足も縛られている、牢獄（サンサーラ）の中に閉じ込められた生きもの、と見ていらっしゃるのだろうか。世間の者たちは本当に、彼らの牢獄の中のもの——感覚や世俗の事物の楽しみ——しか見ることができないのだ。それだから彼が母に向かって、「なぜ私をここにおつれになったのですか」とおっしゃったのだろうか。

ガジプルのニルマダブが、この珍しい会見に同席している。師が外界意識を回復なさったのを見て、彼とブラフモの一信者とがガジプルの一聖者パウハリ・バーバーの話をはじめる。

ブラフモ（師に）「師よ、この人たちは幸にも、ガジプルでパウハリ・バーバーに会っております。バーバーはもう一人の、あなた様のような聖者でございます」

まだ師は、話す力も取り戻してはいらっしゃらない。彼のハートはいっぱいなのである。話すことはおできにならない。ただ、バーバーのことを話すその善良な男を眺めて、微笑んでいらっしゃるだけである。

ブラフモ（師に）「師よ、パウハリ・バーバーはあなたのお写真も持っており、それを自室に掲げております」

師はふたたび微笑し、自分の肉体を指でおさしになる。ようやく、低い声でおっしゃる、「枕の袋だ！　枕の袋にすぎない」

枕と枕の袋！　魂と肉体だ！　師は、肉体だけが死ぬのであって魂は死なない――写真は永久に続かない肉体のものである――と言っていらっしゃるのだろうか。それだから、「肉体の写真などをあまり尊重せず、内なる魂の支配者である彼を礼拝せよ」と言っていらっしゃるのだろうか。

師（つづけて）「しかし一つ心にとめておくべきことがある。信者（バクタ）のハートは主の聖堂だ。主は大なり小なりすべてのものの中に現れていらっしゃる、ということはたしかに事実だ。しかし彼は、特別な意味で信者のハートの中に現れていらっしゃるのだ。たとえば、地主には、彼の持家のどこででも会うことはできる。それでも人々は言うだろう、どこそこの応接間に行けばたいていあの地主に会うことができる、と。信者のハートは主の応接間である。もし主にお目にかかりたいと思ったら、応接間で接見をお願いした

方がよい。（笑い）

ヴェーダーンティスト（非二元論者）がブラフマン（絶対者）と呼ぶのと同一の実在を、ヨギはアートマン（普遍霊）と呼び、バクタはバガヴァーン（人格神）と呼ぶのだ。

高いカーストのブラーミンはいつでも同一の人間だが、その勤めが主をまつることである場合には聖職者と呼ばれ、同じ男が台所に雇われるとコックとよばれる。

絶対者なる神を悟ろうとするヴェーダーンティストは、『これではない、これではない』と言って、つまり絶対者は『これではない、あれではない』、いかなる有限の対象でもない、個別の魂でもない、外部の世界でもない、と言って推理をする。このような推理の結果として心が欲望によって動かされなくなるとき、実に、限定された心が消滅するとき、人が真の知識（ブラフマ・ギャーナ）を得るのはそのときである。人がサマーディに入るのはそのときである。このような人は本当に絶対者である神を悟り、したがって現象の宇宙は非現実であることを見いだすのだ。彼は、有限の対象についている名と形は夢のようなものである、ということを悟る。絶対者なる神は言葉では言い現せないものである、ということを、神は人格であるとさえ言うことはできないのだ、ということを、悟る。

このようなのが、非二元論者の見解である。しかし信者たちつまり神の愛人（バクタ）たちは、別の考え方や感じ方をする。非二元論者とは異なり、彼らは目のさめている状態を真実の状態と見なし、外部世界は実在のものとして、夢のような存在とは見なさない。彼らはまた名と形を信じる。彼らは、われわれを取りまく宇宙の事物は、人格的存在であってさまざまの属性をそなえていらっしゃるところの神の御わざである、と言う。星空、太陽、月、山々、海、人々、鳥獣、すべてが彼の輝かしい御わざである、彼は富者でいらっしゃり、これらは彼の富なのである。彼は、われわれの内にも外にもいらっしゃる。信者たちの中でも最も深い人々は、さらにこう言うのだ、『人間の魂となり、外部の世界となり、哲学者（サーンキヤ）の言う二四の宇宙原理となってわれわれの前に現れていらっしゃるのは彼である』と。信者は、砂糖になりたいとは思わない、むしろその味を楽しみたいと思うのだ。（笑い）

信者は実際にはどのように考えたり感じたりするものか、お前たち知っているか。彼は、『おお主よ！　あなたは御主人、私はあなたの召使です。あなたは私のお母さん、私はあなたの子供です』と言う。あるいはまた、『あなたは私の子供、私はあなたの父親または母親です』とも。信者は、『私は神（ブラフマン）である』とは言わない。

ヨギ（神との交流を求めて修行をする人）もやはり、普遍霊（アートマン）を悟ろうと願う。彼の目的は、自制の力によって有限の人間の魂（ジヴァートマン）を無限霊（ブラフマン）に融合させることである。彼はまず、感覚の世界を追って散乱するわが心を一つにまとめようと努力する。次にそれを普遍霊に集中させようとする。それだから、心の集中を妨げない姿勢で人気を離れたところにすわり、彼を瞑想することが必要なのだ。

しかし、名が異なるだけで、それは同一の実体だ。人々が絶対者（ブラフマン）とよび、宇宙霊とよび、神性をそなえた人格（バガヴァーン）とよぶ同一の実在である。第一はヴェーダーンタの哲学者（一元論者）がもちいる名、第二はヨギが、そして第三は信者（バクタ、二元論者）たちがもちいる呼び名である」

第二節　人格神なる全能の母（シャクティすなわちカーリー）および彼女の力

汽船はすでに出発し、カルカッタへと戻る途中である。多くの者がシュリー・ラーマクリシュナをじっと見つめ、彼の聖なる口からもれる言葉の甘露を飲みこんでいる。彼らは、汽船が動いていることも感じない。寺院の前はとうに通りすぎてしまい、あの美しい聖堂の影ももう見ることはできない。下には、青空を映す聖河が流れている。しかし、汽船が水をわけて進むにつれ白い泡となって消えて行く波のつぶやきも、信者たちの耳には入らない。神聖なヴィジョンの魔法が、彼らを魅惑してしまっている。彼らは眼前に驚くべき存在をあおぎ見ているのだ。人なる神、神なる人、主の愛に輝く美しい顔には微笑をたたえ、その目は神の愛という目薬によってさらに一段と美しく。彼らはまるで魅せられたように、世界とその快楽とを棄てた人を、主の愛に酔いしれている人を、主以外の何ものをも求めない人を、眺めている。

会話はつづく――

シュリー・ラーマクリシュナ「シャンカラが説いているように、非二元論的ヴェーダーンタ哲学によると、絶対者（ブラフマン）なる神が唯一実在であって、われわれの前に現れている世界は非実在である。われわれの前に創造者、維持者および破壊者として現れていらっしゃる人格神、すなわち母なる神も、絶対的な意味においては、つまり絶対者が実在なのであるとする意味においては、実在ではない。しかし、普通の人間にとっては、どんなに彼が『これではない、これではない』と言って推理をしても、人格神の管轄圏外に出ることは不可能なのである――彼の相対的な感覚的性質が除かれ、魂がサマーディと呼ばれるあの恵まれた法悦状態の中で絶対無制約の神（ブラフマン）と一体になるまでは――。

人が『私は神を瞑想している』と言っているとき、そのときでさえも、彼はこの管轄区域内を行ったりきたりしているのだ。人は、属性をそなえた人格神という観念をふりすてることはできない。

こういうわけで、絶対者なる神（ブラフマン）と、全能の人格神とは同一のものである。一方を信じるということは、もう一つの方を信じることでもあるのだ。たとえば、火はその燃える力をぬきにしては思うことはできないし、燃える力は、火をぬきにしては思うことができない。太陽の光線は太陽をぬきにしては思うことができないし、太陽はその光線をぬきにしては思うことができないのだ。

ミルクは何に似ているか。まあ人々は、それは白いものだ、というだろう。さて、お前たちは、ミルクをぬきにしてはミルクの白さを思うことはできないし、ミルクの白さをぬきにしてはミルクを思うことはできない。

このように神、絶対者は、属性を持つ神、人格的な神の観念をぬきにしては思うことができないし、その逆も同様なのである。一方には、無条件の絶対の存在、本体、実体があり、他方に限定された、現象、属性があり、両者たがいに関連しあっている――他方をぬきにして、一方だけを思うことはできないものだ。

属性を持つ人格神——われわれはこの存在を本源の神力と考えているのだが——は、創造し、維持し、そして破壊をする。聖典（タントラ）はこの存在を宇宙の母（カーリーまたはシャクティ）と呼んでいる。

こういうわけで、人格神と超人格神とは同一の実体である。私はこの存在を、私がそれを活動的なものとして、すなわち創造か維持か破壊をなしつつあるものとして、思い浮かべることができないときには、絶対者とよぶ。私がそれを活動的な、創造、維持または破壊をおこなう——しかも可能な限りのあらゆる形で——ものとして思い浮かべるときには、私はそれを人格的な、属性を持つ存在とよぶのだ。

存在は同一のもの、ただ面のちがいに応じて名と形が変わるだけである。同じものが言葉のちがいからジャルとか、ウォーターとか、パーニとかヴァリとかアクアとか呼ばれているようなものだ。一つのため池に四つのガート（階段になった上がり場）があるとする。ヒンドゥたちは一つのガートで水を飲み、それをジャルとよぶ。回教徒たちはもう一つのガートで水を飲み、それをパーニとよぶ。第三のガートで飲むイギリス人はそれをウォーターとよぶのだ。

神は一つ、名前が異なるだけだ。ある人々は彼をアラーと呼び、ある人々はゴッド、ある人々はブラフマン、他の人々はカーリー、さらに他の人々はラーマ、ハリ、イエス、ブッダなどと呼ぶのだ」

ケシャブ（微笑しつつ）「ぜひもう一度話してください、尊師よ、どのようにさまざまのやり方で、宇宙の母カーリーが、彼女のお遊びであるこの世界にご自分を現していらっしゃるかを」

シュリー・ラーマクリシュナ（微笑して）「おお！　母はさまざまの姿と名前で、彼女の玩具であるこの世界でお遊びになるのだよ。まず彼女は、無制約の、絶対の、無形の女神（マハー・カーリー）だ。また、彼女のおつくりになったものとは異なり、彼女は永遠（ニティヤ・カーリー）である。さらに別の姿をおとりになると、彼女は火葬場の女神（スマサナ・カーリー）、死をつかさどる、恐れられている存在だ。今度はまた彼女は、彼女の子供たちを祝福しようとして、護ろうとしてわれわれの前にお立ちになる（ラクシャ・カーリー）。もう一つの姿をおとりになると、彼女は暗青色の肌色をした信者たちの目をよろこばせる、母（シャーマー）である。永遠と無限の神（シヴァ）の配偶者だ。あの数々の聖典タントラは、無制約の女神（ダーキニ）、絶対者のことをのべている。何ものも存在しなかったとき――太陽も月も星もなかったとき――深い闇しか存在しなかったとき、わが母なる神だけがいらっしゃったのだ、無形の！　ヒンドゥの家庭で礼拝されている、暗青色の肌色の母（シャーマー）という形で、彼女はより親しまれていらっしゃる。彼女は恵みをたずさえ、彼女の子供たちに向かって『恐れるな』と言いながら近づいていらっしゃるのだ。彼女は、ヒンドゥの家庭でまつられている女神だ。維持者として、疫病の流行のとき、飢饉、地震のときやひでりまたは水害のときに姿をお現しになる。河岸の火葬場では、彼女は死という姿でお現れになる。死骸、ジャッカル、破壊の亡霊（ジョギニ）などは、彼女の恐るべきおともである。彼女はこのような恐ろしい光景、このような恐ろしい環境のただ中に住んでいらっしゃるのだ。血の流れ、彼女のくびにかかる人の頸の輪、死人たちの手でできた腰帯などは、彼女を恐ろしい母として、いっさいを破壊する神として、きわだたせる象徴である。

さて、彼女の創造のなさり方を見てごらん。一周期の終り――世界の滅亡のとき――にはわが母は、何しろゆきとどいた、貫禄のある主婦でいらっしゃるから、創造のためのさまざまの種子をお集めになるのだ。一軒の家の女主人は、家事に役立つさまざまの品物を入れておくために、自分用の、雑多な物を入れるつぼを持っているだろう」（ケシャブをはじめ一同笑う）

シュリー・ラーマクリシュナ（微笑しつつ）「そうだよ、みなさん、本当にそうなのだよ。家の女主人は自分でそういうつぼを持っている。その中にはイカの甲だとか、キュウリやヒョウタンなどの種子の小さな包などが入っている。彼女は必要があるとそれらを取りだす。それと同じように、わが母は一周期の終りに世界が滅亡したあと、創造の種子をとっておおきになるのだ。（笑い）

わが母、本源の神エネルギーは、この現象世界の内と外との両方に存在する。この世界を生み、彼女はそれの中にお住みになるのだ！　彼女はクモであり、この世界は彼女がお張りになったクモの巣だ！　クモは彼女自身の内部からクモの巣をだし、それからその中にすむ。わが母は器であって同時に中身である。この世界組織の動力因であり、そして、質量因である。

母カーリーは濃い褐色の肌色をしていらっしゃるのか。おお、いや！　彼女は人間の視界から非常に遠く離れていらっしゃるものだから、ただそのように見えるのだ。

空は遠くからは青く見えるではないか。空もわれわれに近いところは無色だ。海の水の場合もこれによく似ている。遠くから見ると濃紺色をしているが、そばに行ってごらん。少し手のひらにすくい上げてみると、無色だということがわかるだろう。これと同じように、カーリー（母なる神）のそばに行って彼女を悟るなら、彼女は属性を持たぬ絶対者なる神と同一の姿をしていらっしゃるだろう」

こうして師は、神の愛の酒に酔っておうたいになった。

歌

母と絶対者なる神とは同一であること

わが母なる神は黒いか？
おおわが心よ！　お前はなんと思うか？
彼女がお召しの長衣は無限だ！
黒いが、彼女はハートの蓮華をお照らしになる！

シュリー・ラーマクリシュナ（ケシャブや一同に）「束縛も自由もともに彼女のなさるところだ。人が『女と金』の鎖で縛られるのは、わが母なる神が彼女の宇宙の計画の一部として創造なさったマーヤーという、幻想的な力によるのである。人が彼女のかせから自分を解放することができるのもまた、わが母なる神という同一の存在の慈悲と恩寵とによるのである。彼女が、その子供たちをつれてこの世界という海を渡らせ、彼らが手も足も縛られている鎖を、はずしておやりになるのだ」

そして師は、その美しさにおいて、天国で至高者の栄光をうたう神々（ガンダルヴァたち）の声にもまさるあの声で、神々しくおうたいになった——

歌

母なる神と解放された魂

(一) おお、暗青色の肌色のわが母、あなたはこの世界という市場で、人間という凧をあげていらっしゃる！その凧は希望という風に乗って飛び、マーヤーでできた糸に結びつけられています。

(二) 凧の枠は骨格——人間のからだの肋骨、血管および内臓器官。凧は純粋にあなたの属性（サットワ、ラジャスおよびタマス）だけでできており、それ以外の細工は単なる装飾です。

(三) 糸は世俗性というガラスの紛糊で強靭にされている。百千の凧の中の、たった一つか二つが糸を切って自由になる。おお、そのときあなたがどんなに、笑って手をおたたきになることか！

(四) プラサードは言う、「こうして、解放された凧は追い風にのってすみやかにはこばれ、ついにこの世の海の彼方、無限者の中に落ちて行く。

「わが母なる神は、いつも戯れ気分でいらっしゃる。この世は本当に彼女の玩具なのだ。彼女はご自分の思い通りになさるだろう。百千のご自分の子供たちの中のたった一人か二人を牢獄から取りだして、自由にしてやるのが彼女のお楽しみなのだよ！」

一ブラフモ「師よ、彼女は、しようとさえお思いになれば誰も彼もを自由にしてやることがおできになるのでしょう。ではなぜ、私たちを手も足も、世間という鎖で縛っておおきになるのでしょうか」

シュリー・ラーマクリシュナ「まあ、私が思うには、それが彼女のお楽しみなのだろう。ご自分が創造なさったこれらすべての生き物たちといっしょに、遊戯をおつづけになるのが彼女のお楽しみなのだ。遊んでいる子供たちの中で、『お婆さん』に触れたものはもう走りまわる必要はない。彼はもはや、まだつづいているとてもおもしろい『隠れんぼう遊び』の仲間に入ることはできないのだ。

まだ目標に触れていない他の者たちは走りまわって遊ばなければならない。それで、『お婆さん』は大喜びなのだ。誰も彼もが同時に彼女の体に触り、遊戯を終わらせてしまったのでは、彼女は決してお喜びにはなるまい。百千の中の一人が、人間の魂という凧を世間に結び付けている糸を引きちぎるからこそ、彼女は喜んで手をおたたきになるのだよ！（信者たち大よろこび）

人間の魂にむかって目くばせしながらないしょ話のように、『行って次の命令があるまで世間に暮らしておいで』とおっしゃったのはわが母なる神である。たしかに、人間の魂は責められるべきではない。彼女がお慈悲によって心を世間の事物から向き変えさせ、それにもう一度、自由と彼女の蓮華の御足への純粋な信仰とをおあたえになるに違いないのである」

そして、師はおうたいになった。ご自分を世俗の人々の地位におき、彼らの心の悩みを母なる神の前にさしだして――

歌

母なる神と彼女の子供たち

(一) これこそ、わが胸に重くのしかかる悩み、わが母なるあなたがここにいらっしゃって、私ははっきりとめざめている、それなのに見よ、盗賊(欲情)がいて、私のものすべてを奪うのです!

(二) しばしば、私はあなたの聖き御名をとなえようと決意する。しかし、まさにとなえるべきときにそれをするのを忘れる!

おお、いまはわかる、私は、これらすべてがあなたのトリックであることを感じます。

(三) あなたはくださらなかった、だからあなたはお受けにならない、持つものも食べるものも。このことに対して私が責められるべきでしょうか。

あなたがもしあたえていらっしゃったのなら、あなたはたしかにお受けになったでしょう。また私はあなたからの賜りものの中から、あなたにさしあげたことでしょう!

(四) 名声も中傷も、甘いも苦いもすべてあなたのもの!

おお、すべての優しい感情の支配者でいらっしゃるあなた! なぜ、それらが私の内部によびさまされたとき、それを働かせないでお壊しになるのですか。

(五) プラサードは言う、「あなたは私に心をおあたえになったが同時に、目くばせとともにそれに秘密をおあかしになった。

そのために私は苦いものを甘いと思い、非実在のものを実在と思い、あなたのお造りになった世界に喜びを求めてさまよい歩くのです。

「人を、世間というこの海の中でもがくに任せているこのまどわし、それをお造りになったのはわが母なる神だ。プラサードは言う、「おお母よ！　あなたは私に魂をくださったとき、それにこっそりとお命じになったのですね、『世間に執着して生きよ』と」

第三節　無執着の働き・世間に暮らす人の難問題の解決

一ブラフモ会員「師よ、世を棄てなければ神を悟ることはできない、というのは本当でございますか」

師（微笑みつつ）「そんなことがあるものか。何もかもを放棄するということは決してお前たちのためにはならないよ。お前たちはいまのままでたいそううまくやっている。世間には純金と合金の両方がある。そのどちらも役に立つではないか。（笑い）

おお！　お前たちは本当にうまくやっている、と私は思うよ。ノックス（カルタ遊びの一種。一七点とると勝ち）を知っているかね。必要以上の点数をかせいだものだから、ごらん、私はゲームからはずされてしまったのだ！ 遊び手としてはお前たちの方がずっとりこうだ。ある人々はたとえ五点でも満足している！ りこうだからそれ以上の点数を欲しがらないのだ。それだからゲームからもはずされない。遊びはなおつづけられる。結構なことだ。そうは思わないかね。（笑い）

よくきくがよい、お前たちが在家の人であるかいなか、つまり世間の人であるかいなかということは問題ではないのだ。ただ、お前たちは常に神を思っていなければいけない。片手で仕事をし、もう一つの手で主の御足をさわっておいで。仕事のないときには、両手で彼の御足を自分の胸にかたく抱きしめるようにしなさい。

心がすべてだ。心が自由を失えば、お前も自由を失う。心が自由なら、お前も自由だ。心は赤であれオレンジであれ黄であれスミレ色であれ緑であれ、何色の染料にでも浸して染めることができる。それは洗濯屋から戻ってきたばかりの白い布のようなものだ。この白い布をお前たちは自分の好きな何色にでも染めることができる。英語を勉強してごらん。すると思わず英語でしゃべるに違いない（笑い）――ブーツをはき、口笛を吹き、ようするに本当のイギリス人のように振舞おうと最大の努力を払うだろう。サンスクリットを研究するパンディットは、聖句を引用するに違いない。もし心が悪い仲間に交わっていれば、それが、その人の思いと会話とをゆがめるだろう。信者たちのまん中におかれれば、人の心は神を瞑想し、神のことしか語らないようになるのだ。

心がすべてだ。それは対象に応じてその性質を変える――その中でそれが生きかつ活動するところの事物に応じて、である。妻への執着は一種のもの、そして子供への愛情はまったく別の性質のものだ。片側に妻がおり。もう一方の側に子供がいてその両方を愛撫するとしても、それはまったく異なる衝動によるものなのだよ！」

罪悪感、キリスト教とブラフモ・サマージへの教え

シュリー・ラーマクリシュナ（ブラフモの信者たちに）「束縛は心のもの、自由もやはり心のものだ。私は自由な魂である。世間にいようと森の中にいようと、私は縛られてはいない。私は神の息子、王たちの王の息子である。誰が私をかせに縛りつけたりなどするものか。もしヘビにかまれると、その毒に犯されないためには意思の力を活用して『毒などはない、毒などはない』と言うだろう。それと同じようにお前たちも、『私はかせなどに縛られてはいない、私は自由だ』と言わなければいけない。意思の力を呼びさまし、働かせれば、お前たちは自由になるのだ。

彼らがあるとき私に、クリスチャンたちによって書かれた一冊の本をくれた。私は彼らに、その中の一部を読んで説明してくれと頼んだ。信じられるかね。その本の唯一のテーマは――始めから終わりまで――罪、また罪だったのだよ！

（ケシャブに）ブラフモ・サマージの会員たちもやはり、罪と罪びとのことしか話さないねえ。絶え間なく『私は束縛されている』と言っている馬鹿者は、ついには本当に束縛されるのだよ！　いつまでも『私は罪びと

です。私は罪びとです』と言い続ける哀れな奴は、罪びとになってしまうのだよ、本当に！

神の御名は、罪びとが信仰をもってそれをとなえると、彼に救いをもたらすのだ。『何！私は彼の聖なる御名をとなえたではないか。それでもまだ私が罪びとでなければならないと言うのか。まだ縛られていなければならないと言うのか』というのが、主を信じる者の言葉である。クリシュナ・キショレは敬虔なヒンドゥ教徒だった。ひたむきな信仰をもって主を礼拝する、ブラーミン中のブラーミンだった。彼はブリンダーバンに巡礼をした。ある日、方々の聖堂にお詣りをしているうちにたいそうのどがかわいた。近くの井戸のそばに一人の男が立っているのを見て、彼は尋ねた、『そこのお人！私に水を少しくんでくださらないか。何階級に属しておられるのかね』と。すると男は、『おお、尊い旦那様、私は身分のいやしい者でございます。靴屋でございます』と答えた。クリシュナ・キショレはそこで彼に言った。『別に差支えはない。主の御名をとなえなさい。「シヴァ、シヴァ」と言って、私に水をくんでおくれ』と。

神の御名をとなえてそれにすがれば、身も心も魂も聖らかになるのだ。

なぜ、一生涯罪や地獄の火のことばかり言い続けるのだ。一度でよいから、『おお主よ、私は、してはならないことを致しました。そしてしなければならないことをしませんでした。おお主よ！私を許してください！』と言いなさい。

こう言って、彼の聖き御名を信じなさい。お前たちはすべての罪から浄められるのだよ」

こう言って師は、神の聖き御名の力をたたえる歌を、おうたいになった――

歌

神の聖き御名とその力

（一）おお母よ！　私に、あなたの聖き御名をとなえつつ死ぬことだけをお許しください。それによって、おおわが母よ！　あなたがこの哀れなあなたの子供をお救いになるかならぬかがわかります。

（二）もし私が神聖な牝牛を殺したとしても、信心深いブラーミンか、母の胎内にいる赤児まで殺したとしてもかまいません。おお、酒を飲むか、女を殺すほどの罪をおかしたとしてもかまいません。

（三）このような極悪の罪を犯しても私は、世界の創造主という、あなたがご指名の高い神の役に、楽につくこともできるし、それを要求することもできます。

私の母なる神に、私は純粋なる信仰だけをお願いした。合わせた手に花をもって、『どうぞ、おお母よ、私に純粋な、まじり気のない信仰をお授けください』と祈った。『ここに罪があり、またここに徳があります。おお、両方ともお取り上げてください。私はこれらをあなたの御足のもとにおきます。ここに知識（さまざまの事物の）があり、またここに無知があります。おお、両方とも取り上げて信仰だけをお授けください。またここに、片手には浄めがあり、もう一つの手にはけがれがあります。私はどちらも欲しくありません。ここに善行があり、ここに悪行があります。両方をあなたの御足のもとにおきます。おお、どうぞ私が信仰だけを、そしてあなたへの愛を持つことができるようにしてください！』と。

（ブラフモの信者たちに）ラームプラサードの歌をききなさい――」

歌

わが母なる神と、心の訓練

（一）おいで、おおわが心よ、散歩しようではないか。わが母なる神、カルパの樹（天国にある、祈りをかなえてくれる木）の下で、四つの果実（ダルマ＝善業、アルタ＝富、カーマ＝欲望、およびモクシャ＝魂の解放）を集めよう。

（二）お前は、おお心よ、二人の妻を持つ。樹に行くときにはニヴリッティ（非俗性）の方をつれて行け。非実在なる現象世界から実在（神）を見分けることのできる彼女の息子ヴィヴェーカに、（主のことを）尋ねよ。

（三）おお、いつお前は天井の住家で、スチ（浄め）とアスチ（けがれ）の両方をかたわらにして寝ることができるだろうか。

この二人の妻の間の相違がなくなったとき、その瞬間に、お前は母なる神を見るだろう。

（四）お前の両親、アハンカーラ（エゴーティズム）とアヴィディヤー（無知）とを追い出してしまえ。

モハ（わがもの意識）がお前を自分の穴に引きずり込もうとしたら、我慢の柱にしがみついていよ。
（五）ダルマ（正義）とアダルマ（不正義）という二匹の山羊は、無価値の柱に縛りつけておけ。手に負えぬことがわかったら神の祭壇の前で、知識の剣で殺させよ。
（六）おおわが心よ、お前の第一の妻、世俗性の子供たちは、安全な距離から戒めてやれ。もし言うことをきかなければ、ギャーナ（真の知識）の海で溺れさせるようにせよ。
（七）プラサードは言う、もしこのようにやって行くなら、お前は自分の満足すべき報告を、死の王に提出することができるだろう。
そして私は喜んでお前を、「わが子」とか「私の可愛い子」とか「お父さんのアイドル」とか、その他の愛称で呼ぶだろう。またそのときお前は本当に、私の心にかなった心であると。

世俗の人にとっての人生の難問

「在家の人でも神を見ることはできる。あの偉大な王であった賢者、ラージャ・ジャナクの場合がそうだ。ある偉大な信仰者があるときこの世界を『夢の建造物』と呼んだ。しかし、もう一人の偉大な信仰者プラサードによると、それは完全な真理ではない。また人は世間のものになってはいけないが世間の中にいることは差し支えない」

そして師はおうたいになった――

歌

神の愛人にとってのこの世界

（一）この世はまさに歓びの存在、食べて、飲んで、楽しませてくれ。

（二）偉大な王の賢者、ラージャ・ジャナク——彼のどこに、世を捨てた修行者より劣った点があったか。

おお否、物質と霊の両方に、忠実だったのは彼だった。神を悟り、同時にカップのミルクも飲み干した。（笑い）

「しかし、人は突然ひと跳びにラージャ・ジャナクの境地に行けるものではない。ジャナクは長い年月を、この世の騒ぎを遠く離れた場所で霊性の修行に没頭してすごしたのだ。それだから誰でも、しばらくは人気のまったくないところに行かなければいけない。もし人が三日間、人里離れた場所にこもり、主を求めて一心に泣き叫ぶことができるならそれは偉大なことだ。一日でもそのように過ごせたなら、大きな収穫だろう。人々は、妻子のためには水瓶一杯ほどの涙を流すことをいとわない、だが、誰が主を求めて泣くか。世間に暮らす人々がもし、神を見かつ悟るために時おり人里離れたところにしりぞくなら、それは彼らに量り知れない利益をあたえるだろう。

求道者の霊的生活の最初の段階には無数の困難がある。これらの困難は、世間とその魅力からくるものである。歩道のわきに植えられた木には、それが牝牛や山羊に食われてしまわないように囲いを作ってやらなければならない。木の若い間は、その囲いをはずすことはできない。幹と根が太く丈夫になれば、そんなものはいらなくなるだろう。幹につながれたゾウも、そのような木をいためることはしないだろう。

世俗の人の病は重症である。彼の機能は完全に狂ってしまっている。自分の父である主の姿を見失って、『女と金』に執着している。これが彼にこれらすべての難儀をもたらしたのだから、彼には、休むことと人気を離れることが必要なのだ。

お前たち、チフス患者の寝かされている部屋に大きな水瓶や風味のよい漬物などを置くかね。もしその病人を治してやろうと思うなら、水瓶や漬物を動かすことができなければ、彼を別の部屋に移してやらなければなるまい！

世俗の人、つまり在家の人はこのような病人だ。世俗の事物は水瓶にあたる。それらを楽しみたいという欲望は、病人ののどの渇きである。酢漬けを思っただけで、それが目の前に持ってこられなくても、口中に唾液がわくだろう。肉欲的な目で見られる女性はこのようなものなのだ。それだから、隔離が最上の薬なのである。

第一に、何が実在で何が非実在かということを知る分別を持ちなさい。そして第二には、世間に執着しないで生きるというのはどういうことか、知りなさい。この二つ、つまり識別力と離欲とを持っていれば、われわれは家庭生活をしてさしつかえないのだ。世間という海には、色欲および貪欲というワニがいる。もしその海に入りたいと思ったら、体にターメリックのどろどろをこすりつけよ。そうすればワニもお前たちを傷つけはしないだろう。ターメリックは識別力、つまり非実在から実在を見分ける力、および離欲である。神が唯一の実在、現象の宇宙は非実在なのである。

これと同時に、もう一つのことが必要だ——つまり神への強烈な信仰である。ブリンダーバンのゴピーたちはそのような信仰を持っていた。彼らは、神の化身、シュリー・クリシュナへの強烈な愛を持っていた。ここに、あの神人への彼らの強烈な愛をうたった歌がある」

歌

主へのあこがれ

(一) おお、甘美な笛がまた、向こうの森で奏でられている！　私はぜひ、あそこに行かねばならぬ！　黒褐色の肌色の、わたしの愛しい御方があそこに、私を待って立っていらっしゃる。
おお、きかせて、私の愛する人たちよ、あなた方もいっしょにくるのかどうか。
(二) 私の愛しい御方——おお、彼はあなた方にとっては単なる言葉、空虚な響きなのではないかしら。私の友たちよ、
しかし私にとっては、彼は私の急所です。おお、彼はまさに私の生命、私のハート、私の魂です！

シュリー・ラーマクリシュナはうたいながら涙をお流しになる。彼はケシャブをはじめとする信者たちに、深い感情をこめてお話しになる。「お前たちはブラフモの会員だ。神は無形であると信じ、神の化身は信仰しない。まあ、それはどうでもよい。お前たちは別に、ラーダーとクリシュナ、または誰でもを最高実在の化身と認めなくてもよろしい。しかしゴピーたちがシュリー・クリシュナに対して感じた執着、強烈な愛、あこがれは、お前たちもわがものとした方がよいものだ。

あこがれは、悟り――見神――の直前の段階だ」

第四節　師と弟子。唯一の師なる神

引き潮である。汽船はカルカッタに向かって流れを急速に下って行く。それはハウラー・ブリッジの反対側、カルカッタの真下、植物園の見えるところに着く。船長は、もう少し下れという命令を受ける。汽船が実はどの位、河を下ったものか、シュリー・ラーマクリシュナの話に耳を傾け、彼の動作を見つめている人々にはわからない、彼らは忘我の状態で聴き入っているのだ！　時間のことも距離のことも忘れている！

ケシャブはいまや、ココナッツを添えたふくらし米を師に献げる。同行の全員が相伴を受ける。彼らはそれを着衣の折り目の中に受けとり、楽しそうに食べる。まるで船の上で祭礼がおこなわれているようである。

師は、ヴィジョイとケシャブとがたがいに十分には打ち解け合っていないことに注目なさる。地には平安を、人々の間には善意を見ることが彼の使命なのだもの。

師（ケシャブに）「これ、よくききなさい。ここにヴィジョイがいる。お前たちのけんかについては――まあこのことではあまりくよくよしないがよい。シヴァとラーマだってずい分争ったのだからね」（笑い）

シヴァはラーマの霊的先達だったのだ！　少しばかり争った後に二人は仲直りをし、ふたたび前と同じような親友になった。ところが、彼らの信者たちの間ではなお争いが続いた。幽霊どものわけのわからぬ文句とサルどものおしゃべりは、容易には静めることができなかったのだ。お前たちもやはり、またたいそう仲よくなるだろう。しかしお前たちの信者たちは――まあ、多分、彼らはお前たちをまねるだろうよ。（みな笑う）

わが血肉！　彼（ヴィジョイ）のお前との関係はそのようなものだ。例の意見の違いは、おわかりだろう、避けることのできないものなのだ。父親と息子の間にだって決戦はあるだろう。ラーマと、彼の息子たち、ラヴァとクシャ、のことを考えてごらん。もう一つの例を挙げよう。母親と娘の幸せは同じだ。それなのに彼らは、火曜日の断食とお祈りを別々におこなっている。まるで、たがいのしあわせは相反するものででもあるかのように。

同様に、お前、ケシャブは自分の宗教団体（サマージ）を持っているだろう。ヴィジョイもやはり、彼自身の団体を別に持たなければならないのだよ！（笑い）

まあ、神の摂理の内にはあらゆる種類のものが――争いや相違さえもが――入るだけの十分な余地があるのだ。ブリンダーバンに現れたのが神の化身自らであったあのときに、『なぜジャティラーとクティラーが彼の愛の使命の邪魔をしたのか』という疑問が出るのももっともだろう。私が思うには、もしジャティラーとクティラーのような連中の妨げがなかったなら、神なる恋人としての彼の御遊びは、養分の不足から自然に消滅してしまっただろう。（笑い）反対は、物事に刺激をあたえる。ラーマーヌジャは限定非二元論の教義を主張した。しかしながら彼の霊性の師は妥協を許さぬ非二元論者だった。それだから両者の間には考えの違いがあり、師と弟子とはたがいに相手を批判した。この種のことは少しも珍しいことではない。それはそれとして、やはり師にとって弟子は彼の身内なのだ」（きく者みな喜ぶ）

シュリー・ラーマクリシュナ「お前の弟子たちがお前から離れて行くのはふしぎではない。彼らを受け容れる前に、お前は彼らの性質をよくしらべないのだもの。

人間は姿かたちは同じだ。しかしその性質は違う。ある人々は神に向かう性質を持つ。またある人々はますます忙しく働こうとする性質だ。第三の種類は、心を神から遠ざけるところの無知をもたらす性質だ。丸パンのプーリは、外観はどれも同じだが中身はちがうだろう。あるものには甘いコンデンスミルクが入っている。あるものには、砂糖か糖蜜で味つけしたココナッツの芯が入っている。またあるものには、何の甘味もつけないで煮たカライ豆が入っているだろう。（笑い）

わが母なる神が私にさせておいでになるものの考え方と感じ方は、いく分かちがっている。私は母なる神の子供なのだから、私は食べて遊んで回っているだけだ。あとの面倒をご覧にならなければならないのは彼女だ。

実に、私の心を深く刺す言葉が三つある。霊性の指導者と行為者または自由な管理者という言葉、および父親という言葉である。私は自由な管理者ではない。管理者はわが母なる神である。私は彼女の御手の中の粗末な道具にすぎない。私は、家庭生活をして子供たちの父親になりたいなどとは思わない。むしろ自分の時の全部を神に献げ、ある特定の人間家族の人員としてだけでなく、すべての彼の被造物として現れていらっしゃる彼に仕えたい、という願いの方がはるかに強いのだ。そして、神が、われわれの唯一の霊性の師である。師としてお教えになるのは彼だけである。私は、母親の姿が見えないとすぐ心細がる子供のようなものだ。

霊性の指導者と称する人は幾千万というほどいる。誰も彼もが教師になりたがる。弟子になろうとする人は何人いるだろうか。

弟子を教える師の仕事は本当に、たいそう難しいものなのだ。もしその師が主を見たのであれば、そして彼から教えることを委託されたのであれば、それはまったく別の話だ。ナーラダやシュカデヴァはそのような委託を受けたのだ。シャンカラーチャーリヤも同様である。

このような委託を受けているのでなければ、誰がその教えに耳を傾けるものか。お前たち、カルカッタが最近のセンセイションを喜んだことは知っているだろう。鍋の中のミルクは、もちろん火にかけられるやいなやふくれ上がるだろう。しかし鍋の下から火が除かれれば、それはすぐに静まる。カルカッタの人々はたいそう一時的な興奮がすきだ。彼らは一ヵ所で井戸を掘りはじめる。しかしそこの土が堅いとわかるとたちまちあきらめて別の場所で仕事をはじめる。そこは土が砂まじりだとする。すぐにあきらめて別の場所を探しまわるだろう。実にこれが、あの人々のやり方なのだ。彼らの意見にはさっぱり値打ちがない。

また、ある思想を自分で考えてそれを神の命令だと信じる人々がいる。このような考えはまったく間違ったものだ。神の命令は、彼を見、彼と語った後にはじめて期待し得るものであって、それまでは駄目だ。神の御言葉！　それはどれほどの、驚くべき重みを持つものか！　山も、それによって動かされるであろう！　神の直接の命令がなければ、説法それ自体は何の力を持つものでもない。人々もほんの少しの間はそれを覚えているだろう。それがすぎると何もかも、彼らの記憶からは消え去ってしまうのだ。教えられたことを実地に生きる、という段になると――まあ、彼らの関心はさらにうすいだろう！

あの地方（注＝師の誕生の地カマルプクルのこと）にハルダルプクルという池があるのだ。その池のほとりに汚物を散らす連中がいた。朝の沐浴にきた人々は立腹して大声で無礼ものたちの名を呼んだが、何の効果もなかった。無礼は翌朝もくり返された。そこで彼らは、その旨を地域の役所へ届けた。腰のまわりにバッジをつけた係りの者がしらべにやってきた。彼は、例の場所すべてに、『大小便無用』という制札を立てた。信じられるかね！　無礼はただちに止まったのだよ！（笑い）

神の真理の教えには、権威のバッジが唯一の不可欠のものだ。これ無しに、人間が他者を教えるなんて――それは馬鹿げたことだよ！　自ら知らない人間が教えなければならない――めくらがめくらを導かなければならない――などということを考えてごらん！　利益よりもむしろ害をあたえるだろう。神を見たときにはじめて、他の人々を見透し、彼らがどんな病気（魂の）にかかっているのかを教えてやることもできるのだ。お前たちは、神の直接の命令を受けなければならない。そうでなければ『私は教える』とか『私は師であってお前たちは私の弟子である』などということは、自分を主張することだ。自己主張は無知から生まれるものなのだ。人は、この世界という仕組の中の唯一の行為者は神である、自分たちは彼の御手の中の道具にすぎない、ということを悟ったときにはじめて、この世界に生きながら真の自由を楽しむことができるのだ。すべての苦労、すべての不安は、『わたしが主である――私が自由な管理者である』という考えから生まれるのである」

働きについての西洋的な考え

働きは人生の目的か、それとも目的に到る手段か。

シュリー・ラーマクリシュナ（ケシャブをはじめとする信者たちに）「お前たちはよく、世の中のために善をなす、ということをしゃべる。お前たちが善をあたえたいと思っている世界――それは殻の中に入っているのかね。その次には、世の中に善をなすというお前はいったい誰なのか。まず第一に、信仰上の修行をして神を見なさい。霊感と力とがお前たちの上に下り、お前たちが善をなすことを語ってもよいようになるのはそれからのことである。それまでは駄目だ」

一ブラフモの信者「師よ、私たちは神を見るまではすべての仕事をすてなければいけない、とおっしゃるのでございますか」

シュリー・ラーマクリシュナ「いや、よくききなさい。何ですべての仕事をすてなければならないのだ。瞑想、賛歌の朗唱、主の御名の反復、その他のさまざまのお勤めをしなければならないのだよ」

信者「私は世間と関係のある仕事のことを申すのでございます。では私たちは、世間の務めは全部すてなければならないのでございますか」

シュリー・ラーマクリシュナ「いや、この世に暮らすに必要なだけの仕事は、やってさしつかえないのだ。しかしお前たちは同時に、現世または来世におけるいかなる報いに対する期待もなしに、また罰に対する恐れもなしに自分の務めをおこなうことができるよう、目に涙を浮かべて、主に慈悲と力とをお願いすべきである。祈るときにはこう言いなさい、『主よ、私のこの世の仕事と世のための仕事が日増しに少なくなるようお導きください。仕事が増えると、私はどうしてもあなたの御姿を見失いがちなのです。ときどき私は、自分は勤めを無執着の態度でおこなっている、と思います。しかし、私がどんなに自分を欺き、反対に執着心をもってそれらをおこなっているか、私にはわかりません！　私は施しをします。するとご覧ください！　私は名声を求めているのです。おお、どれほど求めているのか、私にはわかりません！』と。

シャンブー・マリックがあるとき、すべての人々のしあわせのために病院や施薬所、学校や大学を建てる話、道路を開いたり井戸を掘ったり池を造ったりする話をした。私は彼に言ったのだ、『よろしい、しかしお前は、他人に善を施す間中、無執着の態度でそれをしなければいけない。そして、自分の前に現れた仕事――ぜひしなければならない、と思われる仕事だけを取り上げるようにしなければいけない。仕事を探すな――自分がよくなしうる以上の仕事を求めてはいけない。それをすると、お前は神の姿を見失うだろう』と。宇宙の母カーリーの聖堂に行くとする。至聖所を拝する前に、つまり参詣の途中で、施しをしてもさしつかえはなかろう。しかしもしお前が、日が暮れて聖所の扉が閉まるまで施しを続けていたら、母なる神を拝むことはできないだろう。賢い人々は、まず、寺門に集まる群衆を押し分けて聖なる母におめにかかり、そのあとで、施しやその他の善事に目を向けるだろう。

まず神を見、それから自分の仕事のことを真剣に語りなさい。

自分の勤めをおこないつつある者にとって、何が最後の目的であるべきだと思うか。仕事、つまり自分の勤めの遂行は手段であって、神が、目的なのである。手段を目的だと思ってはいけないよ。だから私はあるときシャンブーに言ったのだ、『かりにお前が神を見たとする、つまり神がお前にご自身をお現しになったとする。その時お前は彼に向かって、「主よ、どうぞ私にたくさんの施薬所と病院と学校と大学とをお恵みください」とお願いするかね。（笑い）いや、それらはお前が、永遠の生命にくらべたらかりそめのものにすぎないこの世界にいる間だけ必要なものなのだ』と。真の信仰者はむしろこう祈るだろう、『おお主よ、どうぞ私を、あなたの御足の蓮華のもとにすわらせてください。常にあなたの聖き御前に住む特典を得て、あなたへの深い、真実の、純粋な信仰を持つことができますように』と。

執着心なしに働くことは実に難しい。この物質的な時代に、聖典がわれわれに命じているすべての勤めを実行することは実に困難だ。この時代には生命はまさに食物から生まれてくるのだもの！　仕事と勤行――おお、それらを果たすだけの時間はほとんど無い！　現代世界の高熱に病んでいる病人に旧式のヒンドゥ医師の行なう緩慢な手当てを施していたら、病人の方がまいってしまうだろう。人々は短命になっており、熱病は数時間のうちに病人をはこび去ってしまうのだ。現代用の特効薬は、ドクター・グプタの特許解熱剤だ。これは即座に効能が現れるものだ。

そうだ、この時代には、神を悟る唯一の方法は、彼へのまじめな信仰と愛——そして熱心な祈りと、彼の御名をとなえ、彼の御徳を讃えることである。

（ケシャブをはじめとする信者たちに）お前たちの道もやはり、信仰と主への帰依をむねとするものだ。お前たちのように彼の御名をうたう人々は本当にしあわせだ、お前たちの道は明確で合理的である。人はエゴイズムを完全にすてることはできないのだからね。お前たちは非二元論者のように極端に走り、『絶対者である神が唯一の実在、この世界は夢のような非実在である』などとは言わぬがよろしい。お前たちは哲学者ではなく、信仰者なのだ。お前たちは人格神を信じている。それが正しい。この道を行きなさい。ただ、主へのあこがれを持ちつづけ、それに依存しなさい。彼が現実に存在していらっしゃることを見るであろう」

第五節　一弟子の家で

汽船はカヤラ・ガート（カルカッタ）に帰ってきた。全員が上陸の準備をする。船室から出た彼らは、満月がその美しい光を、ガンガーの河面と岸辺にふり注いでいるのを見る。

師は、Mを含む数名の弟子たちとともに、岸辺に待っている馬車にお乗りになる。ケシャブの甥のナンダラルも乗る。彼は、途中まで師といっしょに行きたいと言うのだ。

全員が席についたとき、シュリー・ラーマクリシュナは「彼はどこだ?」と、ケシャブのことをお尋ねになる。すぐにケシャブが微笑みながらよってきて「誰がおともをして行くのか」と尋ねる。その答えに安心した様子で、彼は師に向かって地に低く身をかがめる。師は愛情をこめて、彼に別れをお告げになる。

馬車は出発した。そこは例の、ヨーロッパ人の住む地域である。美しい、よく水のまかれた街路の両側には、見事な邸宅が並んでいる。満月である。宮殿のように立派な建物は、柔らかな月の光を浴びて休んでいるように見える。門のそばにはガス燈が灯っている。家の内部には明るく照明された部屋々々があり、甘美な音楽が響いてくる。明らかにヨーロッパ人の婦人たちが、ピアノの伴奏でうたっているのだ。

師は、馬車が進むにつれて主の喜びに満たされていらっしゃる。突然、「私はのどが渇いた。どうしたらよかろうか」とおっしゃる。ナンダラルはインド・クラブの前に馬車をとめさせ、階上に水をとりに行く。ガラスのコップに入った水が持ってこられる。師は微笑みながら、「コップはよく洗ってあるかね」とお尋ねになる。ナンダラルは、「はい」と答える。師はコップからお飲みになる。

彼の無邪気さは子供のようでいらっしゃる。身をのり出して、道の両側のさまざまのものをご覧になる。人々、動物たち、馬車、家々、月光、照明された街路などを眺めて、際限もなく喜んでいらっしゃる。

ナンダラルはコルトラーで下りる。馬車はスレシュ・ミトラの家の前で止まる。スレシュは非常に深く師を慕っているのだが、今日彼はいない。カンクルガチに新しく買った庭園を見に行ったのである。

家の人々は一階の一室をあけて一行を招き入れる。

馬車賃を払わなければならない。誰が払うのか。スレシュが家にいたら、彼が支払っただろう。師は一人の弟子におっしゃる。「この家の婦人たちに、賃金を払ってくれと頼みなさい。彼らは、自分たちの夫たちが始終われわれのところにきていることを十分に知っていると思うよ」（笑い）

ナレンドラ（スワーミー・ヴィヴェーカーナンダ）がこの近くに住んでいるので、迎えにおやりになる。その間に、家の人々が彼を二階の客間にお通しする。床の敷物は、一枚のカーペットと白い敷布とでおおってある。三つか四つの長枕がそこらに置いてある。壁には、スレシュが描かせた見事な油絵がかかっている。諸宗教の調和を表す絵である。そこには、ヒンドゥイズムであれ、マホメット教であれ、仏教であれ、キリスト教であれ、あるいはそれらのさまざまの分派であれ、あらゆる宗教は同一の目標、すなわち神に到るさまざまの道なのである、ということをシュリー・ラーマクリシュナがケシャブに示していらっしゃるところが描かれているのだ。

彼が口元に微笑みを浮かべながら話していらっしゃるところにナレンドラが上がってくる。師の喜びは倍加される。笑いながらナレンドラにおっしゃる、「私たちはケシャブ・センといっしょに汽船の旅をして本当に楽しかったのだよ。ヴィジョイもいたし、ここにいる大勢もいた」Ｍを指して、おっしゃる、「Ｍにきいてごらん、私がケシャブとヴィジョイに、母娘が火曜日の断食を別々にする話や、ジャティラーやクティラーの様な邪魔が入らなかったらこの世での神の御遊びはうまく行かなかっただろう、という話をしてやったことを！

（Mに）そうではなかったかね。M」

M「仰せの通りでございました」

だんだんおそくなる。しかしスレシュはまだ帰らない。師はダックシネシュワルにお帰りにならなければならない。もう一〇時半だから、お立ちにならなければならない。

街には月の光が溢れている。馬車が入口にくる。師はお乗りになる。ナレンドラとMとは、それぞれ師の前に低く頭を下げ、各自の家に帰る。

第五章　シュリー・ラーマクリシュナ、リリー・コテージにケシャブ・チャンドラ・センをお訪ねになる。（一八八三年）

第一節　母なる神と、彼女の現れ彼は恋こがれつつ、あなたのおいでを待ち受ける。ジャイデヴァの歌

一八八三年一一月二八日、午後二時すぎであった。一人の若い男が、リリー・コテージの前の環状道路の歩道を行きつ戻りつしていた。歩道はコテージのそばを南北に通っているのだ。リリー・コテージはマンガルバリー――ケシャブのサマージに属するブラフモの信者たちの定住した地域――の南にある。ここに、ケシャブが家族とともに住んでいるのだ。しかし、ケシャブは重い病にかかっている。友人たちは、彼の回復の見込はほとんどない、と言っている。

シュリー・ラーマクリシュナはケシャブを愛していらっしゃる。彼は今日、彼に会いにおいでになるのだ。今頃は、カルカッタにむかってドッキネッショルの寺院をお立ちになったはずだ。それだから、彼の弟子であるこの若者が、愛する師の到着を待ちわびて歩道を行きつ戻りつしているのである。馬車が後から後からとくるたびに、彼は師がきたのではないかと見上げている。

彼は待つつもりだ。通りすぎる人々を見つめている。彼は向かい側の建物に目をやる――ヴィクトリア・カレッジ、ブラフモ信者の娘たち婦人たちが教育を受けるところである。カレッジの建物の北に一軒のガーデンハウスがある。あるイギリス人紳士の住居である。若者は、この家の全景も見ることができる。

そこには、何かただごとではないことがある。長いこと観察していると、家人が忙しげに往来し、しかも彼らの表情は悲しげだ。まもなく、そこに不吉な霊柩車と、黒衣に身を包んだ御者と召使たちが現れる。彼らは死の制服を着ているのだ。この家を訪れたのは「彼」だったのである。一個の魂が世を去ったのだ。人間の魂がこの土くれの肉体を去ったのである！ それは、永遠の中からこの世界にやってきた。それはこの世界を去った！

「どこへ？」とこの弟子は、行きつ戻りつしながら自分に問う、「魂はこの世を去ってどこへ行くのだろうか――まさに、それは永遠から永遠へと呼びさまされるのだ！」

馬車は何台も、弟子の前を通りすぎる。彼は目を上げる。しかし師はいらっしゃらない。

午後五時である。師がいらっしゃった。ラトゥと、他の二、三の弟子たちがおともをしてきた。ラカールとMもそこにきている。

彼はケシャブの人々に迎えられて二階にお通りになる。客間の南にある廊下におすわりになった。

師はサマーディに

彼は長いことお待ちになった。彼は、奥の間で病床に臥しているケシャブに会いたいとお思いになる。彼は待ちきれないご様子だ。しかし、ケシャブはいまちょうど、激しい病苦の間で少しまどろんでいるところだ。それだから彼の人々は非常にへりくだって、彼はまもなく、師におめにかかりにここへまいります、と言う。ケシャブの病状は重いのである。それだから彼の弟子たちは非常に大事をとっている。ところがシュリー・ラーマクリシュナは、次第に彼に会いたくてたまらなくおなりになる。彼はケシャブの弟子たち――プラサンナ、アムリターおよびその他にお訴えになる。

シュリー・ラーマクリシュナ（ケシャブの弟子たちに）「まあ、彼がここにでてくる必要はない。私を奥に入らせて彼に会わせておくれ」

プラサンナ（へりくだって）「師よ、どうぞいましばらくお待ちくださいませ。彼はじきにここにまいります」

シュリー・ラーマクリシュナ「おお、何ということだ、邪魔をしているのはお前たちだよ。私はどんなに彼に会いたいか！」

プラサンナは師の心をまぎらせるためにケシャブのことを話はじめる。

プラサンナ「師よ、大きな変化が彼の上に起こりました。あなたのように、彼はしばしば、母なる神にむかって話をしております！　あなたのように、彼は彼女の御声を聞いてときどき涙を流しております！」

ケシャブが母なる神に語りかけ、子供のように笑ったり泣いたりするのだって？　このよい知らせは師にとってはあまりに大きすぎる。彼は感覚意識を完全に失い、サマーディの状態にお入りになる！

ここにこの神に酔った人が、微動もせず、彫像のようにすわっている。寒いものだから、彼は緑色のカシミヤのコートを着ている。手を合わせてすわっている。胴はまっすぐだ。目は動かない。ふかいサマーディに入っている。彼はこの状態を長い間つづける。この比類のない神的法悦状態が、彼から去る気配はまったくない！

日暮れである。人々は客間に灯火をつけた。彼は、感覚世界に戻ろうとしていらっしゃる。彼らは、彼を室内におつれしようと試みている。

彼は灯火のついた部屋の、長椅子におすわりになった。しかし、神意識の状態はまだ完全には彼を去っていない。彼は、酔った人のように微笑していらっしゃる。長椅子やソファや鏡やその他のものを眺めていらっしゃる。彼は自分に語り、また、彼の母なる神に語りかけていらっしゃる！

シュリー・ラーマクリシュナ（長椅子その他を見て）「これらは本当に、少し前には使われていました。しかしいまは？　ほとんど用がありません」

シュリー・ラーマクリシュナは彼の内的視力によって、すでにケシャブの時がきていること、彼がこの世を去って母なる神のもとに行くであろうことをごらんになったのだろうか。

彼は若い弟子ラカールに眼をおとめになり、愛情をこめて、「ラカール、お前か」とおっしゃる。

彼は母なる神に、「ここにおいでになるのですね、おお母よ！　何と美しく着飾っておいでになること！

ご心配なく、おお母よ！　どうぞおすわりください！」

　この頃には、部屋はブラフモ信者でいっぱいである。彼の弟子ラトゥ、ラカールおよびMは彼のそばにすわっている。彼は、魂の不滅のことをお話になる。ケシャブの魂が行かねばならぬことを、はっきりとしたヴィジョンで見ていらっしゃるのだろうか。

　シュリー・ラーマクリシュナ「肉体と魂！　肉体は始めを持っている。それは終りを持たなければならない。肉体は死ななければならない。魂は死なないのだ！

　魂は、肉体からは離れて存在するものだ。神を見るまでは、人は、魂は肉体と同一のものだと信ぜずにはいられない。この考えは無知な人々、つまり神を見たことのない人々にはくっついて離れないものだ。知識の人々にとっては、魂は肉体とは別のものだというのは明白なことである。

　未熟なビンロウジュの実の殻は、中身にくっついている。両者を引き離すことはたいそう難しい。熟した実であればそんなことはない。殻はくっついていないから、振ると殻の中で果実がころがるのがわかる」

　いま部屋にっ入ってくるのは誰か。骨と皮からなる姿、まぎれもない幽霊が、師の方に近付いてくるではないか！　彼は壁につかまって身を支えている。彼は長椅子のそばにくる。彼は、いまは敷物をしいた床の上にすわり、なお神意識の状態にあられるシュリー・ラーマクリシュナの、聖き御足のもとにひれ伏す。彼の前にある姿はケシャブか、それともむしろ、かつてケシャブであった彼の残骸か――無数の演壇上のヒーロー、すべての聴衆の注目の的、若きベンガル人たちのアイドル、彼がブラフモ・サマージの礼拝を司会し、母なる神への祈りに――実に力づよく、実に真摯な、実に甘美で魅力的な、忘れることのできない言葉の中に――子供のように彼の魂を吐露したときにはしばしば、彼がそこにいるだけで人々が鼓舞された、あの人物の残骸か！

まだ、法悦状態の中に！　彼は、知らない人を見るような目でケシャブを眺めていらっしゃる。ケシャブはすわり直し、大きな声で言う、「ここにおります、師よ！　私はここにおります！」ケシャブは静かに、師の左手をなでる。

しかしなお、感覚世界には戻っていらっしゃらない！　不滅の至福の泉で、したたかに飲んでいらっしゃるのだ！　少したつと自分に話していらっしゃる――気の狂った者のように！　これは神の狂気か。彼はおっしゃる、

「私が自分の真の自己の知識を持っていないときには、実在が外観の陰に隠れて見えなくなっているときには、私はさまざまの物やさまざまの人――ケシャブやアムリタやプラサンナのような――を認識する。完全な知識は一者の知識だ――さまざまのものの背後の唯一実在の知識だ、現象の宇宙の背後の唯一の神の知識だ。

知識の人はさらに、この実在――この宇宙霊――が。それ自らを生きとし生けるものとこの宇宙に――つまり哲学者の言う二四のカテゴリーに――分化させたのだ、ということを知る。

それ自らを大なり小なり一切所に現しているのは、神エネルギーである。実に唯一の霊が、それ自らをさ

まざまのものに分化させたのである。しかし、そのエネルギーはあるものには大きく、あるものにはより少なく現れている。ヴィッダシャーゴルが私に、『神のお与えになる力は均等ではないのですか、神は不公平なのですか』と言った。私は答えたのだ、『もしそうでないなら、ある者は一〇人、ある者は四〇人の敵をむこうにまわすことができるのはどういうわけか。私たちがはるばるダックシネシュワルからあなたに会いにきたのはどういうわけか。不均等は神の創造の中の一つの事実であり、ふかい意味を持っているに違いないのだ。それはけっして、神の不公平を示すものではない』と。

内に主の神性の現れている人は、他の何者よりもはるかに大きな力を持っている。

金持ちは何軒も住む家を持っているだろうが、それでも普通は、彼が一番好んでいる客間に行けば会うことができるだろう。主を愛する人の魂は、主のお客間だ。そこには、至高者からの特別の力が下るのだ。

そのような人の特徴は何か、と尋ねるか、そう、主の御名によって、彼がおこなった偉大な仕事である。まさに、それらこそが偉大な力の果実である！

創造主なる神の本源エネルギー（母なる神）は、絶対者なる神（ブラフマン）と一つのものである。一方が暗示されなければ、他方を考えることはできないだろう。宝石の輝きは、宝石そのものが暗示されなければ考えられない。宝石そのものも、その輝きを思い浮かべることなしには考えることはできない。さらにへビとそのうねりを取り上げてみよう。一つの観念を呼びださなければ、他を思うことはできないだろう。

絶対者なる神と創造者なる神とは一体である、という真理は、言葉ではっきりと言い現すことはできない。

たとえによる推理はそれに若干の光をあたえるだけである。

さて、創造主なる神、すなわちわが母なる神は、哲学者の言う二四のカテゴリーとして彼女自身を現していらっしゃるのだ。それは、内含（包み込むこと）と展開（進化）の一つのケースだ。彼女の内に、人間の魂（ジヴァ）と永遠の世界（ジャガット）は包み込まれていたのだ。なぜ私はラカールやナレンドラ（ヴィヴェーカーナンダ）をはじめとする若者たちに会いたいとこがれるのか。彼らがまだ世間に触れていないからだ——まだ『女と金』に触れていないからだ。まさに母なる神が、肉体の中に現れていらっしゃるのだ、未顕の神エネルギーがこの世界という形の中に。特にこれらの人々の姿の中に。彼女自身を現しているからだ。

ハズラーは本当にしばしば、こう言って私を叱るのだ、『あなたはなぜ、この若い連中のことを思ってうろうろなさるのですか。そんなことで神を思うひまがありますか』（ここでケシャブも他の者たちも笑う）まあ、ハズラーにこう言われて私はこのことを真剣に考えた。母なる神に、『母よ、ハズラーが言うことは本当ですか。私は本当にあなたを見失いつつあるのでしょうか』と言って祈った。さてまた私はボラナートにも尋ねたのだが、そのことはマハーバーラタにはっきりと書いてある、と教えてくれたのは彼だった。そこにはこのように指摘してあるのだ、『サマーディに入って神を見る人は、この非実在の現象世界には心を止める何ものも持たない。それゆえ彼は、神を愛し「女と金」を愛さない純粋な魂との交際を求めずにいられない』マハーバーラタのこの断言はただちに私をホッとさせた。それは私にとって、法廷に出た訴訟関係者にとっての判例のようなものだった。（笑い）

ハズラーを責めるべきではない。神を見るまでは、人は『これではない』『これではない』と言って推理をしなければならない――つまり、神は人からも自然からもまったく離れて存在する実在なのだ。神を見た人の場合はまったく違う。彼は内含と展開の事実を悟っている――現象世界と人の魂は絶対者なる神の内に包まれていたものだ、ということ、それらは神が彼自身を現していらっしゃる姿、彼自身から展開してきた姿なのだ、ということを悟っているのである。はっきりとした別の品物としてのバターを得るためには、バターミルクは除かれなければならない。しかしついに人は、バターミルクにとってバターは身内である、ということ、両者はつながりあった存在だ、ということを思わずにはいられないのだ。そうだ、人と自然とは彼の現れである。ただ、ある被造物の中には彼が他におけるよりも多く現れていらっしゃるのだ。

悟りの後に人の魂の中で神への愛が深まれば深まるほど、より容易くあらゆる物の中に彼の存在を感じることができるようになる。洪水がきて河があふれるまでは、海にでようと思ったら曲がりくねった川筋をたどらなければなるまい。洪水の間は陸一面が深い水におおわれるから、どこからでもカラスが飛ぶようにまっすぐに、船をこいで海にでることができるだろう。

収穫のときがきて作物が全部刈り取られた後には、人はもう、あぜみちを迂回する必要はない――畑をよぎってどこへでもまっすぐに歩いて行くことができる。

一たび主を悟った者は、彼がすべてのものの中にご自分を現していらっしゃるのを見る。すべてのものにまして人の中に。特にあのような純粋な魂たち――おのずから神に心を集中してこの世のつまらぬ事物から

は顔をそむけている、『女と金』からは顔をそむけている魂たちの中に現していらっしゃるのを見るのだ。（完全な沈黙）

神を見た人がサマーディから下りてきてこの世のつまらぬことを思うのは実に難しい。それだから彼は、このような純粋な魂との接触を望むのだ。彼らはまだ世間にも、金、名誉、肩書、力、または快楽と言うような世間があたえる事物に触れていないからである。

母なる神は、絶対者なる神と同一の存在である。非活動の存在と考えられたときに、彼は絶対者（ブラフマンまたはプルシャ）と呼ばれる。そして彼が活動的な――創造し、維持し、そして破壊する――存在として考えられたときに、それは神エネルギーまたは母なる神（シャクティまたはプラクリティ）と呼ばれるのだ。相対者を現す言葉で表現された絶対者が母なる神で――父なる神と同じものなのである。父親は世帯の管理を母親に一任するだろう。母は、彼女の力と権威のすべてを父から受けているのだ。

宇宙の背後にある絶対者なる神は、宇宙の神つまり母なる神を思うことなしには思うことができない。一つを思うものには必ずもう一つを思わなければならないのだ。

宇宙の男性原理を思うには必ず女性原理を思わなければならないし、女性原理を思うには男性原理を思わなければならない。『父』とは何であるかを理解しているものは、『母』とは何であるかも理解しているだろう。（ケシャブ笑う）

闇の観念を持つ者はそれに相関する光の観念も持つ。夜の意味を知る者はそれに相関する昼の意味も知る。

喜びの感情を持つ者はそれに相関する悲しみの感情も持つ。このことがわかるか」

ケシャブ（微笑して）「はい、わかります」

シュリー・ラーマクリシュナ「何の母のことを私は言っているのか。宇宙の母のこと――創造し、また維持なさる御方――常に彼女の子供たちを悪から護り、またどのようにこの世に生き、どのようにして解脱と真の知識とを得るか、ということを教えてくださる御方のことを言っているのだ。真の子供は母親から離れては生きられない。彼は何も知らない――しかし彼の母親は何もかも知っている。子供はただ、母親の手から食物をもらい、楽しく遊びまわっているだけだ。心配ごとは全部母親におしつけてしまっている」

ケシャブ「おっしゃるとおりでございます、師よ」

第二節　ケシャブ・センとの最後の言葉

この頃には、シュリー・ラーマクリシュナは感覚世界に下りていらっしゃった。客間に集まった人々は、微笑みつつケシャブと話をなさる師を熱心に見まもる。不思議なことに、ケシャブからも師からも、「ご機嫌いかが」とか、「気分はどうか」というような言葉はまったくでない。神のこと以外の言葉は話されないのである。

シュリー・ラーマクリシュナ（ケシャブに）「ブラフモ・サマージの会員たち――なぜ彼らはあんなに神の御わざの栄光を強調するのだろう。『おお主よ、あなたは太陽をおつくりになりました、あなたは月をおつくりになりました、あなたは星をおつくりになりました』なぜこんなに、こういうものを強調するのかね。庭園の美しさ――見事な花や甘い香り――にうっとりとする人はたくさんいるのに、その庭園の主に会いたがる人はほとんどいない！　二つのうちのどちらが偉大だろう――庭かね、庭の主人かね。まことに、われわれのまん中に死が忍び寄ってくる限り、庭園は非実在なのだ。しかし庭園の主は唯一の実在なのだよ！

居酒屋でグラスに二、三杯を傾けたあとで、店にまだ何トン分の酒樽が残っているか、などと誰が知りたいと思うか、ビンが一本あれば十分ではないか。

ナレンドラの姿を見ると、私は喜びに酔いしれてしまう。『お前のお父さんは誰か』とか、『彼は何軒の家を持っているか』などと、私は尋ねたこともない。

人々は自分の持ち物を大切に思う。金や家や家具などを大切に思う。それだから彼らは、主も彼の御わざ――太陽や月や星――を同じ目で見ておいでになる、と思うのだろう！　彼の御わざをほめたら彼がお喜びになる、とでも思うのだろう。

シャンブー・マリックがあるとき、『師よ、私の富の全部を母なる神の聖き御足のもとに残して死ぬことができるよう、私を祝福してください』と言った。私は答えたのだ、『お前何を言うのだ。すべてがお前にとっては富だ！　母なる神にとっては、それはお前がふんで歩いているちりほどのものでもないのだよ！』と。

あるときヴィシュヌ神の聖堂に泥棒が入って、神像を飾っていた宝石が盗まれた。モトゥル（寺院の支配人、ラーニ・ラシュマニの女婿）と私とが状況を見に行った。モトゥルが大声で、『あなたは仕様のないお方だ！

彼らはあなたのお飾りを全部持って行ったのに、何をすることもおできにならなかったのですか』と言った。これに対して私は厳しく言ってやったのだ、『そんなことを言うとは何という愚かさだ！　お前の言う宝石は、お前がこの御像を通して拝んでいる宇宙の主にとっては土くれ位の値打ちしかないものなのだよ！　富の女神は彼からすべての力をいただいているのだ、ということを覚えていなさい！』と。

主は、人が彼に献げるすべての富のことなどを気にとめていらっしゃるかね。おお、いや、彼の恩寵は、愛と信仰を献げる者の上にだけ輝くのだ。彼が尊重なさるのは純粋の愛、離欲、および彼のためにする放棄だけだ。

人の持つ神の観念はその人の性質によって異なる。ある人は肉が好きなので、神にも、動物の犠牲を献げる。もう一人はうつり気だから、供物もさまざまだ。第三の人は、見せかけの礼拝することを好まない。彼は花とベルの樹の葉とガンガーの聖水を献げる。もっとも単純なもの――甘い菓子とか、ミルクと米と砂糖で作ったものなどを献げる。

まだもう一つの種類の信者たちがいる。彼らは子供のようだ。彼らの魂は、心身を形成するための要素には執着しない。彼らの礼拝は純粋に、主の御名を信じ、帰依心をもってそれをとなえる、ということで成り立っている。そうだ、主の御名だけ、それ以外に何もないのだ！」

シュリー・ラーマクリシュナ（ケシャブに微笑みかけながら）「お前は病気だ。まあ、そこには深い意味があるのだよ。主を求める、さまざまの深い宗教感情がお前の肉体を通りすぎた。お前の病気がそれらの感情を証明している。それらが体にあたえる破壊作用は、それが起こったときにはわからないのだ。

大きな舟がガンガーを通りすぎても、誰もそれには気づかない。少したってから、大きな波が岸を打ち、ときにはその一部を洗い去られるのが見られるのだ。

ゾウが小屋に入り込むとそれをぐらつかせ、ついには引きずり倒してしまう。主への愛は、その偉大さにおいてはゾウのようなものだ。それは非常にしばしば、人間の体と呼ばれる、土でできたもろい家を引きずり倒してしまうのだ。

家に火事が起こったときには、まず最初に中にある品物の一部が燃えつき、それから火が家に移って全部が燃える。神を悟ったときにも、それとよく似たことが起こるのだ。神のヴィジョンという火がまず色情、怒りなどというような感情を、次に『私がおこなっているのだ』と主張する偽りのエゴを焼き滅ぼし、最後に家全体、つまり肉体を焼く。

お前はもう、神のおぼしめしのままになれ、と思っているかも知れない。しかしそうは行かない。医者は、患者が完全によくならなければ退院させないのだ。お前の名は一患者として病院の名簿にのっているのだから、担当の医師（先生様）が治ったと認めてくれるまで出るわけには行かない。なぜまたそんなところに名前をとどけてしまったのだね」（笑い）

ケシャブは、師のおっしゃる主の病院のたとえに、しばらく笑いがとまらない。

シュリー・ラーマクリシュナ（ケシャブに）「リドイがよく言ったものだ、『こんな神への愛を見たこともないが、それに伴うこんな病気も見たことがない』と。当時私はひどい下痢に悩まされていた。そして、無数のアリが脳髄にくい込みつつあるような感じがしていた。

それでも、私が常に話すのは主に関することばかりだった。ナタゴル村のヒンドゥ流の医師ラームは——よばれてやってきたときに——説教最中の私を見て、『この男は本当に気が狂っているのだろうか。まったくの骨と皮になって、なおこういうことをしゃべる続けているとは！』と言ったものだ

師（ケシャブに）「いっさいのことは彼女のおぼしめしによってなされるのだ。『あなたはあなたのおぼしめすことだけをなさる、おお母なる神よ！　あなたがあなた自身のお仕事をしていらっしゃるのだ。それなのに愚かな人間は、それを自分の手柄にし、それをしたのは私だ』、と言う！

園丁は、普通のバラはどのようにせわをするかということも、また特別上等のバラ、バッソラはどのようにするかということも心得ている。後者の場合は、夜露にあてるために根もとの土までよく払いのける。それが木に新しい活力をあたえるからだ。お前の場合もこれと同じなのだろう。神なる園丁は、お前をどう扱うべきかを知っておいでだ。彼のインスピレーションという夜露が十分にお前をうるおしてお前がもっと浄く、強くなり、お前の仕事が更に偉大な恒久的なものとなるように、お前のまわりを根本まで掘り起こしていらっしゃるのだろう。

お前が病気だときくたびに、私の心はひどく痛むのだ。この前にお前が悪いときいたときには、私は毎日暁方に起きて母なる神に、『おお母よ！　もしケシャブに万一のことがありましたら、私はカルカッタに行ったときに誰と、あなたのことを話したらよいのでしょう』と言って泣きついてものだった。カルカッタにく

ると、私は真剣にお前の幸せを祈って母なる神に果物と砂糖を差し上げた。彼女にこれらの献げものをする、という誓いを立てていたのだ」

そこにいる者すべてが、ケシャブにたいする師の言いようのない愛の深さを思い、驚嘆の目で彼を見まもる。彼はお続けになる——

「本当のことを言うと、このたびの病気に対する心配は、前のときほど強烈ではないのだ。それでも、この二、三日は少し心配した」

客間の東のドアのそばに、ケシャブの年老いた母が立った。ウマナートが大きな声で師に言った、「師よ、母親でございます。ごあいさつを申し上げております」

師は微笑なさる。ウマナートは続ける、「師よ、母親が、お願いしております。じきによくなりますよう、どうぞ彼を祝福してやってくださいませ」

師はお答えになった、「あなたの祈りは、永遠の至福そのものでいらっしゃる母なる神にお献げなさい。すべての苦悩——肉体が受けるすべての病苦——を除いてくださるのは彼女です」

ふたたびケシャブむかって、こうおっしゃる、

「奥の間にはあまり長いこといない方がいいよ。婦人たちや子供たちに囲まれていると、無知の海に沈んで主の御姿を見失うおそれがある。友人たちから主の話をきく方が気分がよいだろう」

厳粛な態度で、師はこのことをおっしゃる。まもなく、厳かな教師の態度から正真正銘の子供のそれにお

移りになる。彼は微笑して、「ケシャブ、お前の手を見せておくれ」とおっしゃる。彼はその手を自分の手のひらにのせ、まるで目方を見るように、やさしく、上げたり下げたりなさる。ついに、こうおっしゃる、「いや、よろしい、お前の手は十分に軽い。よからぬことを考える人の手はそうは行かないのだ。（笑い）

母がいっさいを命令していらっしゃるのだ。ところがいまここにいて次の瞬間には永遠の中に姿を没する愚かな男が、すべてを自分の手柄にしようとする！

主がお笑いになるのは次のような二つの場合だ。あるとき、二人の兄弟が一本の縄を張って父親の残した地所を二つにわけ、『こちらが私の分、そちらがお前の分だ』と言っていた。彼はこう言ってお笑いになるのだ、『愚か者は土地を自分のものだなどと言う、宇宙は私のものであることを知らないで』

そしてまた、主はお笑いになる。医者が危篤状態の子供の前で泣いている母親にむかって、『心配なさるな、お母さん、私が責任をもって、子供さんがよくなるようにして上げます』と言っているのだ。医者と言う愚か者は、お殺しするのは主であるから人間の力では救えるものではない、ということを知らないのである！」

（完全な沈黙）

咳の発作がケシャブを襲う。それは長いこと続く。尊敬する病人の苦しみは、そこにいる者すべての心を打つ。みなが、息をひそめて発作の静まるのを待つ。苦しみは非常なものであった。ケシャブはもう、部屋を去って病床に帰らなければならない。彼は師の足下にひれ伏す。そして、ひたいを床につけてお辞儀をする。

ケシャブはきたときのように壁につかまり、客間をでて自分の部屋に帰る。

人々はシュリー・ラーマクリシュナに、ダックシネシュワルの寺にむかってお発ちになる前に茶菓をおとりになるようお願いした。彼はそこにいる人々と話していらっしゃる。ケシャブの長男が、彼のそばにいる。

アムリタが言う、「これが彼の長男でございます。あなたの祝福をあたえてやってはいただけませんでしょうか」アムリタは、この少年をやさしくなでていらっしゃる師を見つめる。彼は重ねて言う、「師よ、御手を彼の頭にのせ、祝福してやってくださいませんか」師はお答えになった、「祝福することは、私には許されていないのだよ。それをなさるのは母なる神だ。すべての祝福は彼女からくるのだ」

彼は微笑み、相変わらず少年を愛撫しつづけていらっしゃる。すべてケシャブの弟子である、アムリタをはじめとするブラフモの会員たちにむかって師はケシャブのことをお話しになる——

「人について、『彼の病気がなおるように』と言うとは私には許されていないのだ。母なる神にむかって、わたしは一度もそのような力をお願いしたことはない。わたしの不断の祈りは、『おお母よ！　どうぞ私にバクティをおあたえください。肉体の福利、快楽、金、名声のようないかなる種類の世俗の願望も混じってはいない、あなたへの純粋な、真摯な愛をお授けください』と言うものだ。まだ一度も、病気治療のような奇跡をおこなう力をお願いしたことはないのだ。

ケシャブは何と偉大なのだろう——富を願う世俗の人々からも、神の愛を求めるサードゥたちからも同じように敬われている。

私はあるとき、ある別荘でダヤーナンダに会った。その日は彼のところにケシャブがくることになっていたのだが、彼は会う人ごとに、ケシャブはきたかと尋ねていた。ケシャブを待ちかねて、たびたび部屋を出ては問い合わせていた。

ダヤーナンダはベンガル語をゴウランガ・バシャ（ゴウルすなわちシュリー・チャイタニヤの言葉）と呼んでいたよ。

ケシャブは、ヴェーダの神々やヴェーダの説く犠牲供養の効果を信じなかったのだろう。そこでダヤーナンダは言っていた、『主はこんなにさまざまのものをおつくりになったのだもの、神々はつくれなかった、などということはずはない』とね」

師はケシャブの弟子たちの前で、彼は称賛なさる。

シュリー・ラーマクリシュナはつづいて、「ケシャブは、自分は指導者である、というような、俗世間的なプライドは持っていない。たびたび、弟子たちの中の大勢にむかって、『ダックシネシュワルの寺院に行け。君たちの疑問は解決するだろう』と言っている。私の行き方も、『ケシャブの上に栄えあれ』というものだ。名声などを得て何にしよう。

そうだ、ケシャブは偉大だ。世間の人々からも、神のみを求める人々からも同じように敬われている」

お茶がすんだので、彼は寺にお帰りになる。ブラフモの信者たちは彼を見送るべく、ともに階下におりた。

階下におりてきて、師は、階段の下あたりに灯火がついていないのをご覧になる。彼はアムリタおよび他の人々におっしゃる、「この辺は全部、明るくしておかなければいけない。母なる神はどの家にも宿っておいでになるのだ。このような手抜かりは貧しさを招来する。二度とこんなことがないよう、気をつけなさい」

二、三の弟子たちとともに、シュリー・ラーマクリシュナは、馬車で寺院にお帰りになる。

第六章　ダックシネシュワル寺院シュリー・ラーマクリシュナのもとでのある一日（一八八三年）

第一節　ヴェーダーンタ

一八八三年八月一九日は日曜であり、また満月の翌日である。それゆえ、信者たちは暇を得て、ドッキネッショルにある宇宙の母、すなわち永遠の霊（シヴァ）の配偶者（カーリー）を祀る寺院に、彼らの愛する師を訪ねてやってくる。誰でも自由に、師に近づく。彼は訪ねてくる誰とでもお話になるのだ。彼の訪問者たちは、サンニヤーシン、パラマハンサ、ヒンドゥとクリスチャンとブラフモ、シャクタ（シャクティ信仰者）とヴァイシュナヴァ（ヴィシュヌ信仰者）としてシャイヴァ（シヴァ信仰者）、男ばかりでなく女も、というようにあらゆる種類を含んでいる。この神人を拝するためにかくも人々が集まってくる、この高貴な寺院を建立した、ラーニ・ラーシュマニに栄光あれ。

昼である。師は自室の小さい方の寝台の上にすわっていらっしゃる。朝食の後しばらくお休みになったのだ。ここにMがきて、彼の聖き御足のもとにひれ伏してごあいさつする。師はこれにそこにすわれと命じ、愛情こめて彼とその家族の安否をお尋ねになる。少したつと、彼にむかってヴェーダーンタの話をおはじめになる。

シュリー・ラーマクリシュナ（Mに）「さて、アシュターヴァクラ・サムヒターは、自己（アートマン）の知識について論じている。自己を悟った人は、『私は彼である』すなわち『私は最高の自己である』と断言するのだ。これは、ヴェーダーンタ派に属するすべてのサンニヤーシンの考えである。しかし、世間に住む人がこのような考えを持つのは良くない。世間に住む人はあらゆることをするだろう。それなのにどうして、それと同時に、すべての活動を超越した最高の自己、絶対者なる神、などでありえよう。

ヴェーダーンティストは、自己は何ものにも執着しない、と考える。快楽とか苦痛とか徳行とかいうものは、いかなる形ででも自己に影響をあたえることができないだ。しかし、自分の魂は肉体と同じものだ、と考えている人々には、それらは大いに影響をあたえるだろう。

煙は、壁だけを黒くすることができるが、立ち昇る途中の空間を黒くすることはできない。

クリシュナ・キショレという、常に自分は『真空』つまり空っぽの空間だ、と言っている信者があった。彼は、自分は至高の自己、つまり、属性とされるものがないのでしばしば空っぽの空間にたとえられる絶対者なる神、と同一である、と言おうとしていたのだ。彼は本当の信仰者だったから、そのように言う若干の権利は持っていた。他者に至っては、そんなことを口にする資格はない。

しかし、自分は自由だ、という考えを心に抱くのは、誰にとっても良いことである。『私は自由だ、私は自由だ』もし人が絶えずこう言うなら、彼は必ず自由になる。これと反対に、自分は束縛下にある、と絶えず思っている人は、ついには本当に束縛されるようになる。

『私は罪びとである、私は罪びとである』と常に言っている心の弱い人間は必ず堕落する。人はむしろこう言うべきだ、『私は神の聖き御名をとなえている。私にいかなる罪も、世間の束縛もあるはずがない』とね」

それからＭの方をむいて、彼はおっしゃる、「今日、私の心は安らかではないのだよ。リドイからきいたのだが、彼がたいそう患っているのだそうだ。この心配は執着からくるのだろうか、それとも慈悲心だろうか」

Ｍは答える言葉を知らず、黙っていた。

シュリー・ラーマクリシュナ「お前、マーヤーとは何か知っているか。自分の父母、兄弟、姉妹、妻子、甥、姪などに対する愛情をマーヤーといい、すべてのものを愛するのを慈悲心と言うのだ。さて、私のこの心配はどちらからくるのだろう。執着だろうか、慈悲なのだろうか。

しかしリドイは私のためにたいそう尽くした。本当によく仕えてくれた。私のためにはどんなつまらぬ奉仕でもすることをいとわなかった。しかし最後には、苦しみの種となった。実にひどく、そのような扱いに堪えかねて、あるときはガンガーに身を投げて死のうと思い、城壁に行った位だった。だがそれはもうよい、いまはもし彼がいくらかの金を手に入れることができたら、私の心は安まるだろう。

さて誰に金を頼んだらよいものか。誰が、この目的のためにバブーたちにアピールなどをしてくれるだろうか」

午後二時か三時頃に、アダルとバララームという二人の弟子が入ってきた。彼らは師の前にひれ伏した後、席についた。彼らは師のご機嫌を訪ねた。師は、「まあ、からだは無事だが心はそうでもない」とお答えになった。リドイの病気については何もおっしゃらなかった。

第二節　師と弟子

会話の途中、話がバラバザールのマリック家が祀る女神シムハヴァーヒニ（獅子の背に乗る女神）のことにおよんだとき、彼はおっしゃった、「あるとき、私はこの女神を拝しに行った。彼女はカルカッタの一地域チャシャドパパラに住む、ある家族のもとにおいでになったのだ。家は荒廃しきっていた。家族がたいそう貧しくなっていたのである。ある場所には汚物が散らばっており、他の場所には苔がむしているのが見られた。塀のセメントはくずれ落ち、壁からは少しずつ、レンガ粉と砂が落ちていた。マリック一族の住む他の家々はみなさっぱりとしてきれいなのに、この家はそうでなかった」

このときMの方を向いて、彼はおっしゃった、「さて、なぜこんな有様だったのか、説明できるかね」

説明することができないので、Mは黙っていた。

シュリー・ラーマクリシュナ「つまり、誰でもが、自分の過去の行為の結果は刈り取らなければならないのだよ。われわれは、過去世から受けついでいる傾向等々の法則は信じなければならない。

一つのことを、私はその荒廃した家の中で見た。女神の御顔は栄光に輝いていたのである。われわれは、神の御像には神が宿っておいでになるということは信じなければならない。

私はヴィシュヌプルに行った。そこのラージャ（王）がいくつかの見事な聖堂を持っているのだ。その一つにムリンマイーという名の神像がまつってある。聖堂の前に大きな池がある。（Ｍの方に向いて）ところがどうしたこと、私はその池の水の中に、女が髪につける香油の匂いをかいだのだよ。私は、女たちが参詣したときにそのような香料を供えた、ということは知らなかったのだ。池のほとりに行ったとき――そのときまだ神像を拝してはいなかった――私は水の上に腰までの、彼女の神々しい御姿を見てサマーディに入った。宇宙の母がムリンマイーとして、サマーディの中で私に姿をお示しになったのだ」

この頃には他の信者たちも到着した。話はカブール戦争とそのあとに起こった内乱のことにおよんだ。信者の一人が、ヤクブ・カーンが王位を剥奪された、しかも彼は深い信仰者である、という知らせを提供した。シュリー・ラーマクリシュナ「まあ、快苦、幸不幸は、肉体から切り離すことのできないものだ。カヴィ・カンカンの『チャンディ』を読むと、偉大な信仰者であったカルーヴィルが牢獄に閉じこめられた、と書いてある。彼らは、彼の胸の上に重い石をのせたのだ。しかし、カルーは宇宙の母の深い愛を受けた愛し子だったのだ！

ようするに、快、苦とか幸、不幸とか言うものは、肉体についてくるのだ。

シャリマンタはどんなに深い信仰者だったことか！　母なる神は彼の母クラナをどんなに寵愛なさったことだろう！　それなのに、彼はどれほどの苦労に会わなければならなかったことか！　彼らは、彼を処刑台につれて行って処刑したのだ。

ある木こり——深い信仰者——は幸いにも母なる神を拝することができた。そして彼女は、彼を愛し、非常な親切をお示しになった。それでも彼は相変わらず、木こりの仕事を続けて行かねばならなかった。生きて行くために薪をつくって売らなければならなかったのだ。

信仰ぶかい神の愛人は必ず結構な暮らしができるというものではない。この世の事物においては貧しいかも知れないが、霊において豊かなのである。デヴァキーは牢獄の中で、四本の手にホラ貝と円盤と鎚鉾と蓮華とを持つ、人間の姿をした神を見た。しかし、このような見神をしても、牢獄を出ることはできなかった。

M「牢獄を出る！　彼女は自分の肉体からも出るべきであった、と私には思われます。それが彼女のすべての悩みの原因だったのですから」

師「問題は、肉体は自分の過去の行為の果実である、ということだ。それだから人は、その行為が清算されるまでは我慢しなければならないのだ。盲人がガンガーの聖水を浴びてすべての罪を洗い浄めたとする。それでも彼が盲人であることは変わらない。それは彼の前生における行為の結果なのだ」

M「弓を離れた矢は、飛ぶはずの距離は飛ばなければなりません。人がそれを止めるわけには行きません」

師「肉体は幸か不幸か知らない。しかし真の信仰者は常に、霊において豊かであろう——知識において、主への愛において豊かであろう。

たとえばパーンダヴァたちの場合、彼らがどれほど多くの危険と困難とに直面しなければならなかったか！　どれほどの窮乏と試練とを経なければならなかったか。しかし、それらのまっただ中にあって、彼らは決して神への愛と信仰を失わなかったのだ。あれほど賢く、しかも信仰ぶかかった人々を他の見い出すことができるか」

第三節　ヴィヴェーカーナンダとともに、そしてサマーディに

このとき、ナレンドラとヴィシュワナート・ウパディヤーヤとが入ってきた。ヴィシュワナートは、カルカッタ駐在のネパール公使だった。師が彼をキャプテンとお呼びになったので、弟子たち全部がこれにならっていた。ナレンドラは当時二二歳位、大学に学んでいた。ときどき、特に日曜日に、師を訪れていた。師の前にひれ伏した後に、彼は席についた。

師は彼に、うたってくれとお頼みになった。部屋の西側の壁に一個の弦楽器がかかっていた。ナレンドラはそれを取りおろし、バワとタブラ（何れも楽器）に合わせて弦の調子を整えはじめた。誰もがかたずをのんで、歌をきこうと彼を見まもった。

師（ヴィヴェーカーナンダに微笑みかけて）「この楽器はもう、前のようには響かないのだよ」

キャプテン「それはいっぱいになっているのでしょう。ですから、ふちまで水で満たされている器と同じように、音を立てないのでしょう」

師「しかいそれでは、ナーラダのような神の教師たちの生涯をお前はどう説明するのかね。彼らは神を悟っていたけれども話した。満たされていたが音をだした」

キャプテン「彼らは人類をたすけるために話したのです」

師「そうだよ。ナーラダやシュカ・デヴァは、サマーディの最高境地から下りてきた。彼らのハートは不幸の重荷を負いつつ神を知らない人々を憐れみ、他者の福利のために話をしたのだ」

ヴィヴェーカーナンダは次の歌をうたった――

歌

われらはいつ、ハートの聖所の中の唯一実在、善そのもの、慈悲そのものなる神の御姿を悟るのだろう。常に彼を見つめながら、我らはいつ、あの神の美の海の底深く、潜るのだろう。

あなたは私の魂の中に、絶対知識、無限の神として入っておいでになるだろう。仰天してものも言えない心は、強烈な歓喜に落ちつきを失い、あなたの御足の元に避難するだろう。至福が、甘い、生命をあたえる甘露水があふれるように、魂の大空にわき上がるだろう。このようにしてわれわれに御姿をお示しになるあなたを見たてまつって、私は喜びに狂気するだろう。ちょうどチャコラ鳥が月影を見て喜びに狂うように。

私はあなたの御足のもとで自分を殺そう。おお愛しいお方よ！　そのとき私は、人生の目的を悟るだろう。あなたは王たちの王、第二なき一者、平安そのもの、慈悲そのものでいらっしゃる。

このようにして、この世にいながら、私は天上の至福を楽しむのだ。おお、何という輝かしい特典！　いつ私は、あなたの聖く純粋な自己を見たてまつるのだろうか。おお、その栄光の前に、すべての不純性は私からとび去ってしまえ、まさに光の前に闇がとび去るように！　どうぞあなた、私のハートに、燃える信仰の火を点じてください。北極星のように、常に導いて誤らぬ信仰の火を。おお、あなた、弱い者たちの友、こうして私の愛の無限の至福に没入して、私は自分を完全に忘れるでしょう。昼も夜もあなたをわがものとしたてまつって！　おお、そのときはいつ、やってくるのだろう。

シュリー・ラーマクリシュナは、「至福が、甘い、生命をあたえる甘露水があふれるように！」という言葉をきくやいなや、深いサマーディに没入しておしまいになった。彼はそこに、両手の指を組み合わせ、まっすぐに、顔を東の方にむけてすわっていらっしゃった、美の大海——至福そのものなる母——の中に深く沈んで。外界意識はまったくない！　呼吸はほとんど止まっていた。手も足も、動く気配はまったくない。目もまたたかない。絵に描かれた姿のように、そこにすわっていらっしゃる！　この国を、この感覚の世界を去ってどこかに行っておしまいになったのだ！

サマーディは終わった。一方ナレンドラは、彼がサマーディにお入りになったのを見て、部屋をでて東のベランダに行っていた。そこではハズラーが、毛布の上にすわって数珠をくっていた。ナレンドラは彼と話をはじめた。

シュリー・ラーマクリシュナの部屋はその頃には信者たちでいっぱいだった。サマーディが去ると、師は部屋の中にナレンドラをお探しになる。彼はいなかった。タンプーラが床に置き去られていた！ 信者たち全部が、師をじっと見まもった。

師（ナレンドラに）「彼は火をつけた。いまは彼が部屋にいようといまいと問題ではない！（それからキャプテンその他の信者たちの方をむき）神を瞑想しなさい。たった一つの永遠の存在であり、知識であり、至福である神を、そうすればおまえたちも、永遠の喜びを持つことができる。

知識であり至福であるこの実在は、常にここにあり、至るところにあるのだ。ただ、無知によって視界から隠されているだけだ。感覚への執着が少なければ少ないほど、お前たちの神への愛は深まるだろう」

キャプテン「カルカッタのわが家に近づけば近づくほどカーシー（ベナレス）からは遠くなり、カーシーに近づけば近づくほど、わが家からは離れます」

師「シュリマティ（ラーダー）がシュリー・クリシュナに近づくと、彼女は彼の甘美な体の魅力的な香気を感じた。そうだ、人は神に近づけば近づくほど、ますます神への愛が深まるのだ。河は海に近くなればなるほど、より多く潮の干満の影響を受ける。

賢明な人（ヴェーダーンティストのこと）の魂の中を流れる知識のガンガーは、一方にしか流れない。彼にとっては、全宇宙は夢だ。彼は常に、彼の真の自己の中に生きている。しかし、信仰者のハートの中の愛のガンガーは一方的な流れではない。それは干潮と満潮を持っている。信仰者は笑ったり、泣いたり、踊ったり、うたったりする。彼はときどき、彼の愛しい御方の中にとけ込むことを欲する。彼は、「彼」の中を泳ぎ、水の上で踊る氷の塊のように楽しげに、歓喜にみちて「彼」の中を浮きつ沈みつするのだ。

しかし実を言うと、絶対者なる神（ブラフマン）と創造主なる神（シャクティ）とは同一の存在だ。絶対の存在・知識・至福なる神（サチダーナンダ）は知恵そのもの、至福そのものなる宇宙の母と同一の存在なのだ。輝く宝石とその輝きとは心中に別々に考えることはできないだろう。その輝きを思わずに宝石を思うことはできないし、宝石を思わずにその輝きを思うこともできないだろう。

絶対者（Knowledge-Intelligence-Bliss）（分化しない者）が、一者と他者に分化させられるのだ。彼は、そこに現れた力の種類に応じてさまざまの名で呼ばれる。それだから、彼はさまざまの形を持っているのだ。したがって信仰者が、『おおわが母なる神、あなたはまさにそのすべて』とうたったのだ。創造、維持、および破壊と言うような、およそ活動のあるところにはシャクティ、すなわち神エネルギーがある。しかし、それが動こうと動くまいと、水は水だ。あの唯一絶対のサチダーナンダもやはり、宇宙を創造し維持し破壊する神エネルギーに他ならない。こういうわけで、彼が何もせずにいても、また祭祀をおこなったり、総督を訪問したりしいても、それは同一のキャプテンなのである。それらは単に、彼のさまざまのウパーディ、つまり付属物にすぎない」

キャプテン「師よ、たしかにそうでございます」

師「私はこのことをケシャブ・センにも言ったのだ」

キャプテン「まあ、師よ、ケシャブ・セン氏は、われわれヒンドゥの習慣や規則を敬いません。どうして彼を真の聖者などと言えましょう。彼は要するにバブー（紳士）です、サードゥ（修行者）ではありません」

師（笑って信者たちの方をむき）「キャプテンはいつも私に、ケシャブ・センのところに行くなと言うのだよ」

キャプテン「それでもあなた様はおいでになるに違いない。私にはどうしようもありません」

師（きびしく）「お前は、お前の聖典にしたがえばムレッチャ（非ヒンドゥ、異教徒、野蛮人）である総督のところに、しかも金のために、行くではないか！　それなのに私がケシャブ・センのところに行ってはいけないのか。彼は神を瞑想する。「彼」の御名をとなえるのだ！『分化によって人間の魂と世界そのものとおなりなったのは神である』とよく言うお前に、そんなことを言う資格はないぞ！　口で言ったことは、心に思わなければいけない。心で思うことを、口に言わなければいけない！」

このあとで、シュリー・ラーマクリシュナは突然、部屋をでて東北のベランダにいらっしゃった。キャプテンをはじめ信者たちは、部屋でおかえりをお待ちしていた。Mだけがおともして、ナレンドラがハズラーと話をしているところに行った。シュリー・ラーマクリシュナは、ハズラーが徹底的な一元論者——完全にドライな——を気取っていることをご存じだった。彼は始終、「宇宙全体が、単なる夢である。礼拝や供物はすべて妄想のなすところです。神は唯一普遍の実在、人は『彼の自己』以外何者も瞑想すべきではない」などと言っていたのだ。

師（笑いながら）「やあ！　お前たち何を話しているのかね」

ナレンドラ（笑いながら）「私たちは、普通の人間どもには難しすぎるほど深遠なことを話し合っています」

師（笑って）「しかし、お前たちはどう話してもよいけれど、純粋無私の信仰と純粋無私の知識とは同一のものなのだよ。行きつくところは同じだ。神に至る信仰の道が、平坦で楽なのだ」

ナレンドラ「そうです、哲学者をまねて推理をする必要はありません。『あなたへの愛に私を狂気せしめたまえ、おお母よ』（Mにむかって）私はハミルトンを読んでおりましたが、彼はこう言っています、『学識ある無知は哲学の終わり、宗教のはじめである』と」

師（Mに）「それはどういう意味かね」

ナレンドラはそれをベンガル語で説明した。シュリー・ラーマクリシュナはお笑いになり、彼に英語で「サンキュー」とおっしゃった。誰も彼もがこれをきいて笑った。師の英語の知識はごく限られたもので、この種の表現をせいぜい半ダース位しかご存じなかったのだ。

第四節　夕暮れの情景

日暮れが近づきつつあった。信者たちは一人、また一人と師に暇を告げた。ナレンドラも暇を告げた。

この日も終わりに近かった。ほとんど日が暮れようとしていた。寺院の召使たちは灯火をつけて廻っていた。カーリーとヴィシュヌに仕える二人の神職は、ガンガーの流れに腰までつかり、しきりに祈りをとなえながら心身を浄めていた。やがて彼らはそれぞれの担当の聖堂に入り、灯明その他を神像の前で振るアーラートリカ（夕拝の儀式）やその他の祭事をおこなうのである。ダックシネシュワルに住む若者たちが、友人をつれてこの庭に散歩にきていた。彼らはステッキを携えて城壁のあたりを歩きまわり、花の香りをはこぶ甘美な夕風を楽しんでいた。彼らは、流れの速い八月のガンガーの、かすかにゆれ動く河面を見つめていた。あの中の何人か、おそらくやや考え深い連中は、パンチャバティと呼ばれる聖樹の茂み、人気を離れたあたりを自分たちだけで歩きまわるのを見られるかも知れない。シュリー・ラーマクリシュナも、西のベランダからしばらくの間、ガンガーを眺めていらっしゃる。

日は暮れた。担当の召使いは、大寺院の中のすべてのランプに火を灯した。年を取った女の召使がきて、シュリー・ラーマクリシュナの部屋のランプに火をつけ、線香をもやした。一方では、シヴァに献げられた一二の聖堂でアーラートリカがはじまった。それはまもなく、宇宙の母の聖堂およびシュリー・ヴィシュヌの聖堂でもはじまった。ドラや鈴やシンバルの荘重な響きがまじり合ってガンガーの流れにこだまし、いっそう厳かな、甘美な趣を添えた。

満月の翌日だったので、日が暮れるとすぐに月が昇った。やがて、樹々の梢や広い境内は一面に穏やかな月の光を浴び、ガンガーの水面は彼女の魔法のひと触れによって歓喜に踊りつつ銀色に輝いた。

師は、日が暮れるとすぐ、宇宙の母に向かって頭をお下げになった。彼は手をたたいて拍子をとりながら、神の御名（複数）をおとなえになった。彼の部屋には、神のさまざまの現れの絵や神人たちの絵がかかっていた。信者たちといっしょに神の讃歌をうたっているゴウランガや、母ヤショダとともにいる幼児クリシュナや、学問の女神サラスワティや、母カーリーや、ドゥルヴァや、プララーダや、王冠をつけたシュリー・ラーマやシュリー・ラーダークリシュナなどの絵があった。彼は絵に描かれた神の現れのおのおのの前に頭をさげ、その聖なる御名をおとなえになった。彼は、すべてその根底に壮大な統一的原理をもつ、彼のお好きな言葉をおくり返しになった――

「ブラマー――アートマー――バガヴァーン。（絶対者なる神つまり哲学者の神、ヨギの神、および信仰者の神は、一つの中にある三つ、三つの中にある一つである）

バーガヴァター――バクター――バガヴァーン。（言葉、信仰者、および信仰者の神は、一つの中にある三つ、三つの中にある一つである）

ブラマー・シャクティ、シャクティ・ブラマー。（絶対者なる神と母なる神とは同一存在である）

ヴェーダ・プーラーナ・タントラ。（さまざまの聖典とその唯一主題、すなわち神）

ギーター・ガーヤトリ。

サラナガタ。（私はあなたのもの、私はあなたのもの）

ナハム、ナハム――トゥーホゥー、トゥーホゥー。（私ではない、私ではない、あなたです。あなたが本当の行為者、私はあなたの手の中の道具にすぎません）

アミ・ヤントラ、トゥミ・ヤントリ。（私は道具、あなたがその道具を使う者）」など、など。

このような朗唱が全部終わると、彼は手を合わせて母なる神を瞑想なさった。

何人かの信者たちは、夕方の庭園を散歩していた。聖堂内でアーラートリカが終わった頃、彼らは次々とシュリー・ラーマクリシュナの部屋にやってきた。彼は寝台の上にすわっていらっしゃった。M、アダル、キショリなどが彼の前、床の上にすわっていた。

師「ナレンドラ（ヴィヴェーカーナンダ）、ラカール、バヴァナート——この連中はニティヤシッダ（生まれたときにすでに完成されていた魂）だ。彼らは修行を必要としない。彼らがおこなう修行は、彼らが必要とする以上のものだ。ごらん、ナレンドラは誰のことも気にはしないだろう。この間、彼は私といっしょにキャプテンの馬車で出かけた。キャプテンが彼を上席に請じたとき、彼はいささかも遠慮する風を見せなかった。おまけに、彼は私にはけっして、自分がものを知っていることを示さない。私に人前で彼をほめさせないためだ。彼はマーヤーを持たない、執着を持たない。あらゆる束縛を脱しているように見える。彼はその態度が実に上品だ。一個の人間であって、読むこと、書くこと、うたうこと、楽器を奏すること、という風に、非常に多くの良い、高貴な資質を備えている。同時に、彼は自分の感覚を制御するすべを心えている。彼は、自分は結婚しない、と言った。ナレンドラとバヴァナートとは似ている。ナレンドラは始終は私のところにはやってこない。これは良いことだ。私は彼に会うたびにサマーディに入ってなすところを知らないからだ」

第七章　スレンドラの庭園訪問

（一八八四年）

第一節　弟子たちとともにうたい踊る師

一八八四年六月一六日日曜日、ジャイシュタ月の六日（黒月）、シュリー・ラーマクリシュナは彼の愛弟子の一人である在家の信者スレンドラに招かれて、カルカッタに近いカンクルガチの彼の庭園で催された祝祭においでになった。この種の招待は例外なく、彼の弟子たち信者たち、崇拝者たちの集いあう機会であった。ムリダンガムをはじめとするさまざまの楽器の伴奏でみなが神の御名をうたい、楽しみと喜びとをつくす機会だった。このようなときには師は最上のごきげんで、主の歓びにうたいかつ踊り、しばしば、神意識を楽しみつつあの、サマーディと呼ばれる恵まれた境地に没入なさるのだった。

このときには、讃歌とそれにともなう霊的興奮がすぎると、一同は師から、人間の霊的幸福のための教えにみちた、あの神々しい談話の一つのもてなしを受けた。まぎれもない「高論清談であり、しかもこの上なくうちとけた交わり」であった。これに優るまれな幸運、まれな特典をえた人々は、長くそれを忘れることができないであろう。

その日の前半はサンキルタン（主の御名を讃えうたう）にあてられた。歌は、マトゥラーに去った主、シュリー・クリシュナからのゴピーたちの別れを語るものだった。

ゴピーたちはブリンダーバンの乳しぼりの乙女であって、当時羊飼の少年として彼らの中で暮らしていた主、シュリー・クリシュナを深く愛したのである。シュリー・クリシュナは、神の化身として崇められている。彼はあらゆる人を愛し、あらゆる人から愛された。彼は神の愛の人格化されたものである。一一歳のとき、ブリンダーバンを去った。

歌の途中で、彼はいくたびもサマーディの状態にお入りになった。

彼らはうたっている。突然彼は立ち上がり、「おお、わが友よ、どうぞここに、私の愛しいクリシュナをつれてきて。さもなければ私を、彼のいるところにつれて行って」とおっしゃる。

師はゴピーたちの第一人者ラーダーの人格の中に自分の個人性を没入させておしまいになった。彼は、彼とラーダーとが一体であることを悟っていらっしゃる。

こう言うと、彼は黙って不動の姿でお立ちになる。なかば閉じた目を一点にすえ、あきらかにすべての感覚意識を失って。意識をとり戻すと、きく人々に涙を催させるような声でお叫びになる、「おおわが友よ、どうぞそうしてください。そうすれば私はあなたの、最も忠実な召使になりましょう。忘れないで。愛しい人への私の愛を、教えてくださったのはあなたなのですよ」

コーラスはつづく。ラーダーは歌の中でこう言う、「おお！　私は水をくみに、ジャムナの岸には行きたくない。カダンバの樹のそばに行くと、愛しい人を思いだすから」

師は深いため息をついて、「ああ！」とおっしゃる。コーラスが主の御名を声高にとなえると、シュリー・ラーマクリシュナはふたたび立ち上がり、サマーディにお入りになる。

感覚意識を取り戻しても、彼は不明瞭に、クリシュナではなく「キッスナ、キッスナ」とお言えになるだけだ。歌は、「ラーダーに勝利あれ、ゴヴィンダに勝利あれ」という、あのよく知られた一節の合唱を師みずからが音頭を取られてひと区切りになる。彼は、輪になって彼をとり巻く弟子たちとともに、お踊りになる。

歌と踊りはすべて、大広間で行われる。師はそれから、西側に続く次の間の一つにおしりぞきになる。

師は弟子たちの一人であるMにむかい、ゴピーたちについてお話しになる、「彼らの信仰の何と深いこと！タマーラの樹を見ただけで愛の狂気に捕らえられたのだ」

弟子「チャイタニヤ・デヴァの場合もそうでございました。森を見ただけで、彼は自分の前にあるのはブリンダーバン――シュリー・クリシュナの生まれた聖都――だと思ったのでございます！」

師「おお！　誰でもよい、この忘我の愛（プレマ）のたとえ一かけらでも恵まれていたら！　何という信仰だろう！　この信仰においては、彼らはその全量（一六アナ）どころか、それを遥かに上まわるほどもっていた。ラーダーとクリシュナが化身であることを信じようと信じまいと、それは問題ではない。人は（ヒンドゥやクリスチャンのように）神の化身を信じてもよい、また信じなくてもよい。しかしすべての人が恋い慕う心——主へのこの熱烈な愛を持ちたいものだ。これが、たった一つの必要なものなのだ。

熱狂的になるなら、この世の事物に対してではなく主への愛に熱狂的になりなさい」

彼はそれから、（弟子たちを後ろにしたがえて）広間に戻り、おすわりになる。

彼の御用にと、そこに長枕がおいてある。それに触れる前に、彼は、「オーム、タット、サット」（主が唯一の実在である）とおっしゃる。枕はもちろん世俗の人々に使われて汚れているものだし、師は浄らかさそのものでいらっしゃるのだ。

時がたつ、しかしまだ晩さんがでてこない。師は少し待ち遠しくお感じになる。彼は子供のようだ。

スレンドラが招待主である。彼は、シュリー・ラーマクリシュナの愛弟子だ。

師はおっしゃる、「スレンドラの性質は見事なものになった。彼は実に率直である。常に大胆に真実を語る。それから、寛大だ。彼のところにたすけを求めに行った者は、けっしてむなしく帰ってはこない」

師（Mに）「お前、バガヴァーン・ダスのところに行ったのだね。彼はどんな人物か」

そこにシュリー・ラーマクリシュナの若い弟子ニランジャンがやってくる。師は立ち上がっておっしゃる、「おお！　やはりきた！」彼は喜びでいっぱいにおなりになる。

師（Mに）「この若者はきわ立って真正直なのだよ。うわべ作りをしない率直さは、前生において莫大な宗教的修行をおこなった結果である。

トゥルシダースのあの有名な歌、『おおわが兄弟よ！　神にしがみついていよ』の中に、『うわべ作りとずるさとをすてよ』という言葉がでてくるだろう。神が人の姿をおとりになるときには必ず、この真正直という偉大な徳が現れているのを見ないか。ラーマの父のダシャラタをごらん。またシュリー・クリシュナの父のナンダ・ゴーシュをごらん。彼らはみな、真正直だった」

師（ニランジャンに）「まるで世間の人々のように、お前は職業についた。しかしお前は、お前のお母さんのために働いているのだ。そうでなかったら私は、『恥を知れ！　恥を知れ！　お前は主だけに仕えなければならないのだぞ』と言うところだった」

師（マニ・マリックに）「この若者は非常に率直で正直だ。ただ、この頃は少しばかり、罪のないうそを言う、それだけだ。この間は、私に会いにくる、と行ったのにこなかった！」

この弟子について、師はおっしゃる、「彼の顔つきは少し悪くなった。暗いかげにおおわれているように思われる。これはすべて、会社勤めのせいだ。計算その他さまざまのことをしなければならないからねえ！」

バヴァナートは彼のもう一人の弟子である。彼は、相弟子であるMに話をしている。

バヴァナート（Mに）「あなたは長いこと、主のところにいらっしゃいませんでしたねえ。師は私に、あなたのお見えにならないことをおっしゃって、私が嫌いになったのだろうか、と言っていらっしゃいましたよ」

それをおききになったシュリー・ラーマクリシュナは、Mにむかって親切におっしゃる、「まったくそうなのだよ、なぜこなかったのかね」哀れなMはどもりながら、言い訳にならぬ言い訳をする。そこにマヒマがくる。

師（マヒマに）「これは本当に思いもかけぬお客だ！　われわれのこの小さな川は、くるのはせいぜい小舟だと思っているのに、汽船がやってきた！　だが、今は雨期だねえ」（みな笑う）

会話は次に、饗宴の霊的面の話にうつる。

師（マヒマに）「祝祭で人々に食物が提供されるのはなぜか、これは結局、すべての生きものの内なる生きた火でいらっしゃるところの神に犠牲を献げる、ということになるのだ、とは思わないかね！

しかし悪い人々、神を恐れなかったり、不義や密通をするような人々は、決して祝祭に招くようなことをしてはいけない。彼らの罪は実に重く、彼らが物を食べた場所は地下数キュービットまで汚されるからだ。

あるときリドイが宴会を開いた。招かれた人々の中のかなり大勢が罪ぶかい人々だった。私はリドイに言ったのだ、『これ！　こんな悪い人々にものを食べさせるなら私は直ちにこの家を出て行くぞ』と」

師（マヒマに）「前にはお前もしばしば宴会を開いた、と誰かが言っていた。たぶんその後は世帯の経費その他の出費が増えてしまったのだろうね」

第二節　仕事についてのヨーロッパ人の考え

ブラフモ・サマージの会員プラタープ・モジュンダーがきてシュリー・ラーマクリシュナに敬礼をする。師はいつものつつましさをもって、深く身をかがめて彼にあいさつをお返しになる。

プラタープ「師よ、私は最近、ダージリンに行っておりました」

シュリー・ラーマクリシュナ「それでも、お前はたいしてよくなったようには見えない。どうしたことだ」

プラタープ「彼（ケシャブ・チャンドラ・セン）がやられたのと同じ病気でございます」

そこでケシャブの生涯に関する話となり、プラタープが一くさり話す、「ケシャブはすでに若い時から、世間への無執着をはっきりと示していました。彼はまれにしか、楽しそうな快活な様子を見せたことがありませんでした。ヒンドゥ・カレッジに在学中、Sと非常に仲よくしました。Sの尊父デヴェンドラナート・タゴールと出会ったのはその関係からでした。彼は、瞑想と信仰との両方によって、熱心に神との交流を深めました。彼は過度の信仰によって時おり意識を失うことさえありましたが、しかし常にそれをよく抑制しました。彼の生涯の偉大な目的は、宗教を在家者の手のとどくものとすることでした」

話は次に、あるマラタ人の婦人のことにおよぶ。プラタープは、彼女がイギリスに行っていたこと、キリスト教信者になったことを話す。プラタープは師に、この婦人のことをご存じか、と尋ねる。師はお答えになる、「いや、知らない。しかし、お前から聞いたことによって私は、彼女は名声を欲する女に違いないと思うよ！」

師（一同をかえりみて）「この種のうぬぼれは、非難すべきものだ。名声を欲する人々は妄想にかられているのだ。彼らは、いっさいのことは、すべての事物の偉大なる処理者――至高実在――によってなされるのである、ということ、したがってすべての手柄は主に帰せられるべきであって他の何者にも帰せられるべきではない、ということを忘れているのだ。常に『それはあなたです。それはあなたです。おお主よ！』と言うのは賢い人々である。しかし無知であって妄想に捕らえられている人々は、『それは私だ。それは私だ』と言うのである。

仔牛は、『ハマー』すなわち『アハム（私は）』と言う。さて、彼が『私は、私は』と言うために起こる苦しみを見てごらん。まず第一に、畑につれて行かれて鋤（すき）にくびきでくくりつけられる。そこで、照っても降っても朝から晩まで働かされる。彼の苦しみはそれでは終わらない。大方は屠殺人に殺され、肉は牛肉として食べられる。皮はなめされて靴になる。仔牛の不幸はこのように際限がないのだが、それでもこれで終わったというわけではない。皮で太鼓が作られ、それはこのように情け容赦もなく手でたたかれたり棒で打たれたりする。この哀れなやつの苦しみがようやく終わるのは、その腸から綿をすくのに使う弓の弦が作られたときだ。なぜかと言うと、もうそれは『ハマー、ハマー』とは言わず、『トゥーフム！トゥーフム！（それはあなたです、おお主よ、それはあなたです！）』と言うからである。

完全な解脱は、神がいっさいのことをなさるのだということを信じて完全な自己否定と完全な『私は』と『私に』と『私の』の忘却という教訓を学んだ人だけが、到達できるところである。

真に賢い人は、神を見た人である。彼は子供のようになる。子供はたしかに個人性、独立性を持っているように見える。しかしその個人性は見かけだけで本当のものではない。子供の自己は大人の自己とはまったく違う。

彼は神を見たのだから、今や別の存在である。

鉄の剣は、賢者の石に触れるやいなや黄金に変わる。それは相変わらず剣の姿をしているが、もはや何ものをも傷つけない。われわれのエゴも、もし神の悟りによって浄められるなら――もし神を見たために純粋になるなら――誰を害することもできないだろう。

子供のエゴはまた、鏡に映った顔のようなものだ。鏡の中の顔は本物とまったく同じに見える。ただそれは、誰にも害をしない。

神を見た人のしるしは次のようなものである。彼の振る舞いは子供のそれのようだ。時には不浄な霊魂のようにも見える。彼は自分の体には注意を払わない。浄不浄の区別をしないように見える。一切物の中に神を見るからだ。そのような人は狂人のように見える。いま笑ったかと思うと今度は泣き、次の瞬間には独り言をいう。いま紳士のように衣服を整えていたかと思うとまた、身につけていたたった一枚の布もとって小脇に抱え、子供のように裸で歩き回る。次には多分、知覚を失った状態になったように見えるだろう――不活発な、生命のない、物質的な肉体の状態だ」

師（プラタープ・モジュンダーに）「お前はアメリカとイギリスに行った。お前の経験を話しておくれ」

プラタープ「師よ、イギリス人の民族的性格は一言でもうしますと、あなたがおっしゃるカーンチャン（黄金）の崇拝でございます。しかしそこには、わずかばかりの尊敬すべき例外もございます。全体としては、ラジャス、つまり世間的活動が、至るところに見られる唯一のものでございます。アメリカでも、だいたい同じことが見られます」

シュリー・ラーマクリシュナ「お前がイギリス人とアメリカ人のおもな特徴だという仕事への執着は、すべての人間社会の特徴だ。しかし、覚えておいで、それは生命のもっとも初期の段階の特徴なのだ。自分の世間的福利――富、名誉、評判――のための働きは人を堕落させるものだ。世間の活動はますます無知をつのらせるだけである。それは人に神を忘れさせ、彼は『女と金』に執着させる。それだから、イギリスやアメリカに見られる仕事への執着――霊的堕落に導く執着――はよくないものだ。

お前たちは仕事をやめることはできない。天性が働くようにできているのだから。それだから、すべての仕事をあるべき形でおこなうようにしなさい。もし、仕事が無執着の心でおこなわれるなら、それは人を神に導く。そのような態度でなされる働きは、目標に至るための手段である。そして神が、その目標なのである。

無執着の心で働く、というのは、この世での、または来世での、いかなる報いに対する期待も、いかなる罰に対する恐怖もなしに働く、ということだ。

しかしながら、執着なしに働くということは、ことにこの時代では、この上もなく難しい。実は、人は神の真の知識または愛を持っていなければならない。理想的な人だけが、執着しないで仕事の人生を生きることができるのだ。他の人々は自分で気づかぬうちに、大なり小なり世間の事物に執着するようになってしまう。それだから不完全な人間としてのわれわれの義務は、できるなら、人生の目標である神に至る、もっとも短い道を見いだすことだ。われわれは真剣な祈りと自己放棄とによって、仕事をできる限り少なくするようにしよう。

このように、この時代には執着なしに働くということが難しいものだから、祈りと信仰と愛による——ナーラダのバクティ・ヨーガの実践による——霊交が、働きによる霊交や知識すなわち哲学の道による霊交よりこの時代にはよく合っている、と教えられているのだ。

（神への）愛による霊交は、他のどの道よりも容易く、われわれに神を見ることをえさせるだろう。

しかし、誰も仕事をしないでいることはできない。あらゆる神の作用は『働き』だ。『私は感じる』とか、『私は思う』という意識はすでに働きを含んでいる。働きに関連して『信仰の道』がどのような意義があるかと言うと、働きが、信仰すなわち神への愛によって単純化されるのだ。

まず第一に、この神への愛が、人の心を彼の最高理想すなわち神に集中させることによって、彼の仕事の分量を減らす。第二には、人が執着なしに働くことをたすける。人は主を愛して、同時に富や快楽や名声や力を愛することはできない。一たび上等の氷砂糖で作った飲みものを味わった人は、糖蜜でできたものを飲もうとはしないだろう。

働くことを人生の全部であり最終的なものであると見なす位大きな間違いはない。働くことは人生の第一章、神はその結論である。

あるとき、在家の信者であるシャンブーが私に言った、『私は、もし自分が病院や施薬所を建て、道のないところに道を造り、干ばつの時期に人々の役に立つよう井戸を掘り、学校や大学を設立することができたらしあわせだろうと思います』と。それで私は彼に言ったのだ、『そういうことをするのはたいそう結構だ、しかし、お前はそれらを無執着の心ですることができるか。もしできるなら、それは神に通じるだろう。そうでなければ、神には通じない。しかし、無執着で働くことはこの上もなく難しいのだ。とにかく、気をつけて、手段を目的と混同しないようにしなさい。仕事は、もし無執着でおこなわれるなら、一つの手段である。しかし人生の目的は、神だ。もう一度くり返して言うが、手段を目的と混同してはいけない――道の第一段階を目的地だと思ってはいけない。

いや、働きを人生のすべてであり最終的なものであると思ってはいけない――人間としての存在の理想だ、と思ってはいけない。バクティ（神への愛）をあたえたまえと祈りなさい。かりにお前が幸いにして神を見奉ったとする。そのときお前は何をお願いするか。施薬所や病院を、ため池や井戸を、道路や宿泊所をお願いするかね。いや、いや、このようなものは、われわれがまだ神を見たことがない間だけ、われわれにとって実在なのだよ。一たび神のヴィジョンとむきあってごらん、あるがままのそれらを見るようになる――夢以上の何ものでもない、はかない事物だ。もうそのときにはわれわれは、もっと光を――もっと最高の意味の知識を――もっと神への愛を――われわれを人から神へと高めあげる愛を、自分たちは本当に最高実在の息子なのだ、とわれわれに悟らせる愛を、あたえたまえとお願いするだろう。最高実在について言いえるのは、彼は実在する、ということ、彼は最高の意味での知識そのものでいらしゃる、ということと、彼は愛と至福の不滅の源泉でいらっしゃる、ということだけであると。

それだから、けっして、私が指摘したこの人生の目標を見失ってはいけないよ。これに関連して、一つのたとえ話をしてあげよう。ある男が森で木を切っていると、一人のブラマチャーリンに呼びかけられた。(ブラマチャーリンは、人生の次の段階、すなわち一家の主人の生活か、または出家の生活に入る準備として禁欲の生活をおこなっている修行者である) この修行者は、『前進せよ！』と言った、木こりは切った木をはこんで家に帰ってきたが、あの賢者がなぜ自分に前進せよと言ったのか、ふしぎに思った。いく日たったある日、彼はこの言葉を思いだし、その日に心を決めていっそうふかく森の中に入った。すると驚いたことには、その辺一帯は白檀の森だった！ もちろん、彼はおびただしい量の白檀を市場にだして、たちまち大金持ちになった。このようにしてまた数日かたつと、彼はふたたび、『前進せよ！』と言った修行者のあの言葉を思いだし、もう一度、森のもっと奥ふかくに入る決意をした。すると驚いたことに、ある河の河床のそばに銀の鉱脈を発見した！ 彼は夢の中でさえ考えたことのなかったことだ。彼はそこで働き、何トンもの銀を持ち帰って莫大な金をえた。それ以後はその時代の百万長者の一人になったことは言うまでもない。しかし、それから何年かたった後にまた、あの修行者の言葉が彼の心によみがえった。『彼は銀鉱まででやめておけとは言わなかった』と思って、このたびは河を越えて行き、金鉱を、ついにはダイヤモンド鉱脈を発見した。彼が富の神クベラほどの金持ちになったことは言うまでもない。

それだから，前進しなさい、私の子供たちよ、けっして理想を見失ってはいけない。けっして途中で止まるようなことをせず、目標に到達するまで進み続けなさい。ある段階まできただけで目標を達したと思い違えて、逃げだしてはいけないよ。

働きは旅の第一段階にすぎない。執着しないで行為をするのはこの上もなく難しい、ということと、それゆえこの時代には愛の道の方がよく合っている、ということと、働きは、たとえ無執着の働きであっても、目的に達する手段にすぎずお前たちの人生の目的ではない、ということを、よく心にとめておきなさい。

それだから、前進しつづけて、神を見る、という、お前たちの人生の偉大な理想に到達するまで、けっして立ち止まってはいけない」

第三節　シュリー・ラーマクリシュナ、ブラフモ・サマージおよび唯一の必要なこと

この会話の次の話題は、ケシャブの死去のあとに起こったブラフモ・サマージの分裂であった。

師（プラタープに）「私は、お前と、お前たちのサマージの他の会員たちとの間に意見の相違があると聞いている。私の見る限りでは、お前の反対者の中には大勢のホレイやパラやパンチャ（凡庸な連中）がいる」

あの、彼の顔を一種の神々しい光輝で輝かせる例の魅惑的な微笑をたたえ、師はプラタープを指して一同におっしゃった、「ねえ、プラタープやアムリタなどというホラ貝は、高い、力強い響きを出すだろう。ところが、ホラ貝またホラ貝のいること！　いること！　そのホラ貝たちはさっぱり良い響きを立てない。まったく音を出さない」

なみいる一同は大笑いをした。

会話はそれから、ブラフモ・サマージとかハリ・サバーのような宗教団体のメンバーがおこなう説法のことにおよんだ。

シュリー・ラーマクリシュナ「人がおこなう説法によって彼の価値がわかる。Sが、あるハリ・サバーの教師として説法をしていた。話の途中で彼はこう言ったものだ、『主にはまったく優しさがない、それだからわれわれは、わが本性である優しさを彼にあたえて彼を優しくしなければならない』と。優しさという言葉で、彼は愛その他の神の性質を話したのであろう。この話をきいたとき、私は、自分の伯父さんの家には馬がたくさんいる、と言った少年の話を思いだした。これについて少年は、牛小屋は馬でいっぱいだ、と言って相手をなっとくさせようとしたのだ。もちろん、賢い聞き手は、牛小舎で馬を飼うことはできるものではないから若者はうそをついているのだ。彼は馬のことは何も知らないのだ、ということを見破ったのである。

神が優しさ、愛、喜び、至福などのような性質をお持ちではない、などと言うのは、話者が自分の話していることにはまったく無知であることを証明する不条理だ。彼はいまだかつて、永遠の愛と叡知と至福の泉であるを悟ったことがないのである。

（厳粛な様子になってプラタープにむかい）お前は教育のある、聡明な人間だ。お前は気楽な性ではなく、重々しいまじめな性質だ。ケシャブとお前とは、まるでゴウル（チャイタニヤ・デヴァ）とニタイの兄弟のようだった。お前はもう――説法、論争、宗派の分裂など――この世のことは十分に経験した。そうではないか？　いまはもう、魂が疲れているに違いない。今こそ、たった一つの目的を持つ――神だけに注意を集中する──彼の愛の不死の海の中に深く身を沈める──ときだ」

モジュンダー「そうでございます。それが唯一の必要なことだ、ということが私にもわかります。たしかにそうでございます。私が願っているのはただ一つ、ケシャブの仕事を生かすことでございます」

師（微笑して）「ケシャブの仕事を続けたいと思っている、というのだね。まあ、二、三日待ってごらん、考えが変わるよ。ある男が、岩の上に建てた小屋に気持ちよく暮らしていた。彼が苦労して建てた小屋なのだ。ところが数日後に恐ろしい嵐がきた。小屋は土台の上でグラグラと揺れるように思われた。何とかしてたすけたいと思い、彼は風の神にむかって、『主よ、どうぞ私の小屋を引き倒さないでください』と祈った。神はこの祈りには耳をかさず、小屋はまさに倒れそうになった。彼はふと、ハヌマーンは風の神の息子だ、ということを思いだした。そこで叫んだ、『この小屋を引き倒さないでください、おお父よ、持ち主は他でもありません、あなたの息子のハヌマーンなのですぞ！』と。しかし風は相変わらず猛り狂った。『これはハヌマーンの家です、ハヌマーンの』とくり返しても効き目がなかった。彼はそこで新手の嘆願をした、『これはラクシュマンの小屋です！　おお神よ、おたすけください！』ラクシュマンは叙事詩ラーマーヤナの主人公である神の化身、ラーマの弟である。しかしラクシュマンの名もハヌマーンと同様少しも効き目がなく、小屋はますます危うくなった。そこで男は最後の頼みの綱として、『これはラーマの小屋です、おたすけください、おお、これはラーマの小屋です、おたすけください、おお風の神よ！』と叫んだ。

風の神は冷酷な神で、小屋はついに、ガラガラと音を立てて壊れはじめた。懇願がすべて無駄であったこと

を知ると男は小屋の外にとびでて、『これは悪魔の小屋だ！　悪魔のものだ！』と叫んで呪ったという。」（笑い）
「お前は、ぜひケシャブの名を残したい、と思うかも知れない。だが、ケシャブの名であの宗教運動が設立されたのは結局は神のおぼしめしだったのであり、また、もしその運動が一時栄えたとすれば、それもすべて同じ神のおぼしめしによるものだったのだ、と考えて自らを慰めなさい。
それだから、いまはただ、ふかく海に潜りなさい」
そして、師はおうたいになった——

歌

深く潜れ、おお心よ
（一）深く潜れ、深く潜れ、深く潜れ、おおわが心よ！　美の海の中に。
海の底、深い、深いところを探せ、お前はあの宝石、プレマ（神への強烈な愛）という富を見いだすだろう。
（二）お前のハートの中に愛の神のすみかがある。探し回れ、探し回れ、探し回れ、見いだすだろう。
そして、神の知恵の灯火をひまなく燃やせ。
（三）地の上の——固い土の上の——ボートを操る、あのお方はだれか。カビールは言う、きけ、きけ、主、神なる師の聖きみ足を瞑想せよと。

「恐れるではない、それは不死の海なのだから。私はあるときナレンドラ（ヴィヴェーカーナンダ）に言ったのだ」

モジュンダー「そのナレンドラとはだれで？」

師「おお、そういう名の若者がいるのだ。まあ、私はナレンドラに言ったのだ、『神は甘い液体の海のようなものだが、お前、この海に深く潜りたいとは思わないか。もし、わが子よ、そこに砂糖のシロップの入った、口の広い器があって、お前はしきりにそれを飲みたいと思っている一匹のハエだとする。お前はどこにとまってそれを飲むかね』と。ナレンドラはこれに答えて、自分は器の縁にとまって飲むだろう。もし背の立たないふかみにはまったら溺れて死ぬに違いないから、と言った。そこで私は彼に言ったのだよ、『わが子よ、お前は、神の海に潜っても死ぬ恐れはないし他の何の危険もない、ということを忘れているのだ。神の海は不死の海である、ということを覚えておいで。この海のシロップは、けっして死を引き起こさないばかりか、永遠の生命をあたえるのだ。どこかの馬鹿者たちのように、神を愛しすぎはしないか、などと恐れるではないぞ』と。

慈悲と自己愛とはどう違うか。慈悲は、すべてにおよび、自己自身、自分の家族、宗派または国家だけに限られない愛である。自己愛は、自分自身、自分の家族、宗教または国家への執着である。人を高め、神に導くところの前者を抱くようにせよ。自己愛は魂を破滅させ、人を堕落させるだけである。

最高の意味の知識とは何であるか、賢い人はこう言う、『おお！　主よ、あなたが、宇宙間にただ一人の行為者でいらっしゃいます。私はあなたの御手の中の賎しい一個の道具にすぎません。また、何一つ、私のものはありません。いっさいのものはあなたのものである。私自身も、私の家族も、私の富も、私の徳もすべてあなたのものです』と。

『あなたが』と『あなたの』が真の知識（ギャーナ）であり、『私が』と『私の』が無知である。

神への信仰のない働きは、この時代にはよって立つべき根拠をもたない。それは砂の土台だ。第一に、信仰を養いなさい。他のすべてのものは、学校であれ、施薬所であれ、欲するならあたえられるだろう。まず信仰、それから仕事だ。神への信仰すなわち愛のない働きは、無力で持続しない」

プラタープは、弟子たちのことについて尋ねた。彼は、師のもとにくる人々は霊的に日々に進歩しつつあるだろうか、と尋ねた。

師「私は、この世でどのように生きるべきか、を教えるに当たって、女中や乳母の生活を理想的なものとして彼らに示すことにしている。

女中は、彼女の主人の家を指して、『これが私どもの家で』と言うだろう。彼女は常に、この家は自分の家ではない、自分の家は遠く離れた村にある、ということを知っている。彼女の思いは自分の村の家にあるのだ。また、主人の子供を抱いて、彼女は、『私のハリ（これが子供の名であれば）はたいそう悪い子におなりだ』とか『私のハリはこれを、あれを、食べるのがすきです』などと言う。しかしその間もずっと、ハリは自分の子ではない、ということをはっきりと知っているのだ。私は、私のところにやってくる者たちに、この女中のように無執着の生活をせよ――世間に住みながら世間のものになるな――同時に心を常に神に、つまりわれわれすべてがそこからきているところの天上のわが家に、集中せよと話している。私は彼らに、そのように暮らすことをたすける神への愛（バクティ）を祈り求めよ、と話している」

しばらくして、会話はヨーロッパやアメリカの不可知論におよぶ。モジュンダーが言った、「たとえ西洋の人々が自分は何論者であると主張しましても、私の見るところでは、一人として心底からの無神論者はおりません。ヨーロッパの大学者たちはたしかに、宇宙の背後に知られざる力を認めております」

師「まあ、彼らがシャクティ――宇宙の背後で支配する力――を信じているならそれで十分だ」

モジュンダー「彼らはまた、宇宙の道徳的支配も認めております」

プラタープが暇をつげるべく立ち上がるので、師は彼におっしゃる、「何を言ったろう。あのようなことすべて（分裂や論争など）とは縁を切った方がいいよ」

放棄（別れに際してのアピール）

「よく覚えておきなさい、女（色欲）とそして金への執着とは、人々を世俗性に浸し、神から引き離す。誰も彼もが自分の妻を――彼女がが良かろうと悪かろうと無関心であろうと――ほめることしかしないのは、目につくことだ」

ここでモジュンダーは去った。

第八章　パンディット・シャシャダル訪問

場所　カルカッタ、カレッジ・ストリート（一八八四年）
日時　ラタヤートラー一八八四年六月二五日午後四時〜六時半
アシュダー月（ベンガル暦第三月）白月第二日

師はサマーディに

シュリー・ラーマクリシュナは、パンディット・シャシャダルの家を訪問するために馬車に乗ろうとしていらっしゃった。彼はサマーディに入っていらっしゃった。純粋な神意識がすべての感覚意識に取って代わる、あの神聖な、静寂なムード――彼が主にアヴェシュ（神意識）と呼んでいらっしゃったムードである。この状態の中で、ヨギは超感覚世界に運び去られるのだ。

午後四時頃だった。彼がイシャンの家から出発なさったときは、少し小雨が降っていた。道はぬかっていた。弟子たちは徒歩で馬車にしたがった。彼らは、興味ぶかいものに違いないこの会見にぜひ同席しようと一生懸命だった。車祭（ラタヤートラー）の日だったので、彼らは途中で、子供たちがヤシの葉の笛を吹いて遊んでいるのを見た。師の馬車は玄関につき、家の主人と身内たちが温かく彼を迎えた。

二階に上り、師は近づいてくるシャシャダルにお会いになった。彼は中年の人と見え、色が白く、頸にルドラークシャの数珠をかけていた。彼はうやうやしい態度で近づいて師に敬礼をし、彼を用意のできている客間に案内した。弟子たちおよびその他も彼につづき、できる限り彼の近くに席をとった。ついてきた大勢の弟子たちの中には、ナレンドラ、M、ラカールおよびラームがいた。

師（半意識状態で微笑しつつ、上機嫌で）「結構だ！　結構だ！　さて、お前は平素どのような講話をしておいでかね」

シャシャダル「師よ、私は聖典に教えられている真理を、あきらかにするよう努めております」

師「この時代には、せよと明示されているのは、賢者ナーラダが実践したような、愛と信仰と自己放棄（お任せ）による神との交流だ。いまは、聖典に命じられているようなさまざまの勤行をする時間はほとんどない。あの有名な草根木皮の煎薬も、現代の熱病にふさわしい薬ではないことをご存じだろう。薬がゆっくりと効果を現す前に、病人がやられてしまう恐れがあるのだ。それだから、速効のある解熱剤が、現代にあった薬なのである。

ねえ、行（ぎょう）を教えたければ教えなさい。しかし、魚のかしらと尾を取って目方を量る方式で、教えなさい。私は人々に、めんどうな思いをしてサンディヤーなどのような長い儀式をおこなうことはするな、もっと短い形のガーヤトリだけをとなえよ、と教えている。

イシャンのような行者は別だ。あのような人々には、もし必要があれば、行のことを、聖典に命じられているさまざまの勤行のことを話してやるがよかろう。

お前の講話は、俗世間に浸っている連中には恐らく何の感銘もあたえないだろう。石に釘を打ち込むことができるかね。そんなことをしても、石に孔があく前に釘の頭がつぶれてしまうだろう。

ワニは剣や槍で突かれてもびくともしない。

托鉢僧の持つヒョウタンでできた鉢は、修行者が行かねばならぬことになっているインドの東西南北の聖地に行っただろうが、それでも相変わらず苦い味がする。

それだから、そのような人々にはお前の講話は何の役にも立たないだろう。いくらきいても、世俗的であることは少しも変わらないに違いない。

しかし、お前も経験を重ねるにしたがってもっと賢くなるだろうよ。仔牛は一度にうまく立ち上がることはできない。最初は努力しつつ何回も転ぶ。だがまさにこうすることによって、彼はついには歩くことを覚えるのだ。

お前が俗心の人々と心の浄らかな人々とを見分けることができないのは、お前の落度ではない。強い風が吹くと、埃がまき上がって、どれが何の木であるかを、たとえばどれがマンゴーでどれがタマリンドであるかを、見分けるのが難しくなる。お前の内部ではいま、はじめて、最初の愛の強風が吹いている。それでお前は、俗心の人々の中から心の浄らかな人々を見分けることができないだ。お前には彼らがみな同じに見えるのだ。

神を見た人、神を悟った人だけが、勤行を完全に捨てることができるのだ。いつまで、祭祀やその他の儀式をおこなうべきであるか、という疑問が起こるだろう。その答えは、神の聖なる御名をきいて目に涙が浮かび、身の毛がよだつようになったら、儀式をおこなう時期はすぎたのだ、というものである。

お前が『オーム、ラーマ！』と言うやいなやお前の目に涙が浮かぶようになったら、行をする時期は終わったものと思ってよろしい。そうなったら、すべての祭祀、すべての日課をやめてさしつかえないのだ。お前は勤行を超越したのだ。果実ができれば、花は落ちるだろう。神を悟る愛は果実だ。勤行は花だ。

家の嫁が妊娠したことがわかると、姑は、彼女の家の仕事が日に日に少なくなるように注意する。一〇ヶ月にもなると、彼女はほとんど、働くことをやめる。

サンディヤーはガーヤトリの中に姿を消し、ガーヤトリはオーム、すなわちヴェーダに出てくるブラフマンの聖なる象徴、の中に消える。オームはついには、サマーディ（純粋な神意識）の中に消えるのだ。

鐘の音はこれらの状態を象徴している。ゴーンという響きは徐々に無限の中に消える。これは、絶対者（ブラフマン）から発して絶対者の中に消えるものとしてヨギが認識する、あの音を象徴しているのだ。

同じようにカルマ（サンディヤーのような宗教的勤行）はついにはサマーディ（純粋神意識）の中に消える。

このように、神の悟りは仕事を減らす」

師はサマーディのことを話していらっしゃる。そして、ふたたび彼のムードはいちぢるしい変化をとげる。

不思議な、神々しい表情が彼の甘美な、輝くような顔をおおう。彼は完全に感覚意識を喪失なさる。この状態でしばらく黙っていらっしゃったが、いつものように、「水を少しおくれ」とおっしゃる。

水をくれとおっしゃるのは、普通、師が感覚意識の段階に降りていらっしゃるしるしである。

彼はそれから続けておっしゃる、「おお母よ！　あなたは、私を、イシュワル・ヴィッダシャーゴルにお会わせになりました。今度は私が、『母よ、私はまたパンディットに会いたいと思います』と申し上げました。それで私の祈りをおききとどけになったのですね」

師（シャシャダルに）「私の息子よ、ぜひ、もう少し強くおなり。もう少し長いこと信仰を深める修行をなさい。お前はまだ樹に足をかけたかかけないかで、果実の大きな房をつかもうとしているのだ！　もっとも、それが他者をたすけたいというあっぱれな願いからきているのは、悪いことではないが。

（シャシャダルにむかって）最初にお前の名をきいたとき、私は人々に、このパンディットは単なる学者であるか、それとも識別力（実在すなわち神と非実在なるものとの）つまりこの世のむなしさの感覚、を得た人であるか、と尋ねたのだ。

この世のむなしさの感覚をまったく持たない学識の人は、何の値打ちもない。

神の命令があったのなら、もし、宗教の真理を説け、という主の委託があったのなら、説法しても何の害もない。そのような委託によって強化され、説法者は不死身になる。

わが母なる神、叡知の女神からくる一筋の光は、偉いパンディットたち（書物による大学者たち）を地をはうウジ虫と化せしめる力を持っているのだよ。

ランプに火がつけば、暗いところに群がっていた虫たちは、呼ばれるまで待ってなどいはしない。誰もこいと言われなくても、必ずランプの炎にむかって突進する。

神に委託を受けた人は、聴衆を待ちうけたりなどはしない。聴衆の方が彼を待ちうけるのだ。そのような人は、講演会だとかそのようなものを組織することなどは考えもしない。人々はことごとく、彼らの方からやってくる。彼の磁力的な影響は誰も拒むことができない。

それだから王たちやバブーたちがみな、彼のところに集まってきて尋ねるのだ、『主よ、何が御入用ですか。このマンゴーはいかがですか。このお菓子は？　黄金は？　宝石は？　ショールは？』というぐあいだ。彼はそのような人々に、『あちらに言ってくれ、せっかくだが私は何も欲しくはない』と言う。

たしかに、鉄片を招くのは磁石の仕事ではない。鉄片が、そうせずにはいられなくて磁石の方に走って行くのだ。

このような教師は学問がないらしいので――聖典の真理に通じていないらしいので心配か？　彼はパンディットではないというので心配か？　いや！　いや！　彼はけっして、生命の知恵に不自由をすることはない。彼は神の知恵の――書物の知恵より遥かに優れた、神が直接お示しになる真理の――決して絶えることのない供給を受けている。私の田舎ではよく、人々が山と積まれた穀物を量っているのを見かける。一人の男がますで量り続けると、その手元に穀物がなくなるやいなや、もう一人が新たな山を彼の方に押してよこす。ちょうどそれと同じように、神の委託を受けた教師は知恵の泉である母なる神から真理の供給を受けるのだ。その供給は、決して種切れになることはない。

もし、人がまれな幸運に恵まれて主から愛の一べつを賜るなら、彼は即座に、あり余るほどの神の知恵に恵まれるようになる。

それだから私は、お前が主から何か命令を受けたかどうか、尋ねるのだ」

ハズラー（パンディットに）「おお、恐らく何かそのようなことがあったに違いない、そうではありませんか」

パンディット「いいえ！　残念ながらそのようなことはありませんでした」

主人「命令はありません。彼はただ、義務感から説法をしているのです」

師「もし説法者が良い経歴——神の委託によってえた十分な人格の力を持っていなければ、説法に何の値打ちがあろう。誰かが説法の中で、『兄弟よ、私は前には酒のみでした』等々と言った。この暴露は、説法者の立場をいっそう悪くしただけだった。ある人々は心の中で、『奴を見ろ！　何のつもりで、私は酒飲みでした、などと言うのだろう』と思ったのである。バリサルからきた退職した副判事があるとき私に、『師よ、あなたは講演にお歩きになりますか。その場合には、私も一つ意を決してやりましょう』と言ったものだ。私は彼に話してきかせたのだ、『まあ、私の話をよくききなさい。カマルプクルの村にハルダルプクルという池がある。人々がよく、池のほとりを汚物でよごした。毎朝、やってきた人々が不心得の連中をののしったがいっこうに効きめがなく、翌朝になると同じことがくり返された。とうとう、役所から係りの者がやってきて、「大小便無用」の制札を立てた。この権威のある制札の効果は奇跡的だった。二度とふたたび、そのような不作法行為は見られなかった』と。

それだからね、説法をする人は普通の人ではだめなのだよ。信任状で守られている人でなければ――最高者から権限をあたえられている人でなければならないのだ。彼から委任を受けた人でなければならない。

人類の教師は、十分な霊性の力を持っていなければならない。カルカッタに、ハヌマーン・プリのようなベテランのレスラーがたくさんいる。人は、新米ではなしにそのような人々にかかって力を試さなければだめだ。

誰もが知っているように、チャイタニヤ・デヴァは神の化身だった。さて、彼の仕事の何がいま残っているか。霊性において弱く、神の委託も受けていない者の仕事がどんなに価値のないものか、これでもわかるだろう」

「それだからね」(と言って師は、神の愛の酒に酔っておうたいになった)――

歌

深く潜れ、深く潜れ、深く潜れ、おおわが心よ! 美の海の中に。

海の底、深い、深いところを探せ、お前はかの宝石、プレマ(神への強烈な愛)という富を見いだすだろう。

「恐れるではない」と、主は歌がすむとお続けになった、「私がその海の中に飛びこんで深く潜れと言ったからとて、恐れるではない。それは不死の海なのだから。

私はあるとき、ここにいるナレンドラに言ったのだ、『神は甘い液体の海のようなものだ。お前この海に潜ってみないか。そこに砂糖のシロップをたたえた口の広い器があり、お前はそれを飲みたいと思っている一匹のハエだと考えてごらん。どこにとまって飲むかね』と。ナレンドラは、自分は器の縁にとまって飲みたいと思う、背の立たない深みに入ると溺れて死ぬに違いないから、と言った。そこで私は彼に言ったのだ、『わが子よ、お前は、神の海に潜っても死の恐れはないのだということを忘れている。サチダーナンダの海（神の海）は不死の海だ、ということを覚えておいで。この海の水では、人は決して死なない。それは永生の水だ。どこかの馬鹿者たちのように、神を愛しすぎはしないか、などと恐れるではないぞ』と。

この不死の海から、チダーナンダ・ラサ——絶対の、永遠の知識と歓びの甘露水——を飲みなさい。そうだ、まず第一に、このようにして彼を見よ、彼を悟れ。そうすれば、お前は彼の声を聴く。彼はお前にお話しになり、そしてもしそのようにおぼしめすなら、お前にお仕事を委託なさるだろう。不死の海に至る道は無数にある。どのようにしてこの海に入るかはたいした問題ではない。

そこに甘露水の貯水池があるとする。どこからでも、岸辺のスロープをつたってそろそろと池に降りて行き、それを飲むことはお前の自由だ。どのみちお前は不死になる。また、人がもしその池に身を投げようと、または誰かに押し落とされようと、それが何の問題になろう。結果はどちらでも同じこと。どちらの場合にも、お前は甘露水を――生命の水を――味わうのだ。不死になるのだ。

道は無数にある。ギャーナ、カルマ、バクティ、そのすべてが神に達する。

ヨガ（主との交流）には三種類がある。ギャーナ・ヨーガ、カルマ・ヨーガ、およびバクティ・ヨーガだ。

（一）ギャーナ・ヨーガ

これはギャーナ（最高の意味の知識）による、神との交流である。ギャーニの目的は絶対者ブラフマンを悟ることである。彼は『これではない』『これではない』と言って一つまた一つと非実在のものを思いの外にすて、ついに、実在なる神と非実在なるものとの識別がやむ一点に到達する。そして、サマーディの中で絶対者が悟られるのである。

（二）カルマ・ヨーガ

これは、行（ぎょう）による神との交流である。これが、お前が人に教えているものだ。アシュタンガ・ヨーガ（パタンジャリが教えた八段階のヨーガ（注））すなわちラージャ・ヨーガは、もし執着ぬきで行ぜられるなら、カルマ・ヨーガである。それは、瞑想と精神集中とによって霊交に到達する。

（注）＝ヤマ（思いと言葉と行為の制御）、ニヤマ（行為のルール）、アーサナー（姿勢の制御）、プラーナーヤマ（呼吸を通じてのプラーナの制御）、プラティヤハラ（内観）、ダーラナ（精神集中）、ディヤーナ（瞑想）、およびサマーディ（神意識）

在家の人が自分の務めをおこなうのは――目的への執着を離れ、神の栄光の現れんがためにおこなうのは

――これもやはりカルマ・ヨーガである。

また聖典にしたがっておこなう礼拝、心の中での神の御名のくり返し（ジャパ）および他のこの種のカルマ（行為）も、執着ぬきで、神の御栄えのためにおこなわれるなら、やはりカルマ・ヨーガである。

カルマ・ヨーガの目標も同じ、すなわち超人格の、または人格の、またはその両方の神の自覚である。

(三) バクティ・ヨーガ

これは、愛、信仰および自己放棄（お任せ）による霊交である。これは、特にこの時代に適したものである。

これは、現代のための法則である。

執着ぬきの純粋な行為は、すでに言ったように、この時代にはこの上もなく難しい。第一に、すでに指摘したように、この時代には聖典がわれわれにせよと命じているさまざまの行をおこなうだけの時間がほとんどない。

第二には、たとえ、今世または来世におけるいかなる報いも期待せず、いかなる罰をも恐れずに無執着の行為をしよう、と決意しても、すでに本当に自分が完成しているのでない限り、意識的に、または無意識のうちに大方は自分の働きの果実に執着してしまうのである。

完全なる知識の道、すなわち哲学による霊交もやはり、この時代には極度に難しい。

第一に、この時代にはわれわれの生命はいわば食物の中にあるのだから。

第二には、人間の寿命がこの目的のためには余りに短かすぎる。

第三には、この時代には、われわれにくっついている自分は肉体であるという確信を捨てることはほとんど不可能である。さて、ギャーニが到達しなければならない結論は何であるか。それは次の通りである、『私は肉体ではない、幽体でもない。私は普遍の霊、絶対かつ無条件の実在と一体である。肉体ではないから、私は肉体の必然性――たとえば飢え、渇き、誕生、死、病気、悲しみ、快楽、苦痛等々――の支配は受けない』

肉体のこれらの必然性の支配を受けながら哲学者を自称する人は、トゲのある植物に刺されて激しい痛みに苦しみながら苦しくないと言い張る人のようなものだ。トゲが手を引っかき、引き裂いてそこから血がでている。それにもかかわらず、彼が言うのだ、『なあに、私の手は少しも引っかかれてはいないし。何ともない』と。

それだから、神への愛と信仰とお任せによる霊交の道（バクティ）が、すべての道の中で一番容易い道だ。それはカルマ（行）を最低に減らす。それは、絶え間なく神に祈ることの必要を教える。この時代においては、神に至る最短の道である。

ようするに、（一）すなわち唯一実在と非実在なる現象宇宙との識別、および（二）すなわち行の執行は、この時代には、神に至る方法つまり道としてバクティより遥かに困難な道なのである。

目標が異なるというわけではない。

哲学者は超人格的な神を悟りたいと思っているのだ。私が言いたいのは、そのような人もこの時代には、バクティ・ヨーガという方法にしたがった方がうまくいく、ということだ。神を愛し、祈り、自分を完全に彼にお任せしてごらん。主は彼の信者を愛しておいでになるから、もし信者が絶対者（ブラフマン）の知識を渇望しているなら、彼はそれさえもおあたえになるのだよ。

哲学者はこのようにして、人格的、超人格的、両方の神を悟るだろう。ただ、この時代には、ぜひバクタの道をたどるのがよい。

一方、バクティ・ヨギは普通、人格神を見ることで、つまり悟ることで、十分に満足するだろう。それでも主は、彼をご自分の無限の栄光の相続人となさるのだ――彼に人格的および超人格的、両方の知識をお授けになるだろう。ギャーナとバクティの両方が彼にあたえられるだろう。

だって何とかしてカルカッタまで行きつくことのできた人間は、マイダーン（広場）にも、オクテロニー記念塔にも、博物館にも行く道を見つけることができ、どれが何だということを知るではないか。

大事なことはカルカッタまでくる、ということなのだよ。

わが母なる神のところまではぜひおいで。そうすればバクティだけでなくギャーナも得られるし、ギャーナだけでなくバクティも得られる――サマーディの中でさまざまの姿でご自身を現していらっしゃる彼女を見たてまつることができるだけでなく、信者の内なる自己がわが母によって完全に払拭されてしまったサマーディ、神の姿の現れもまったくない（ニルヴィカルパ）サマーディの中では、絶対者としての彼女（シャカラ・ルパ）を悟ることもできるのだ。

真のバクタはこう言う――『主よ！　執着心をもってする働きは危険だ、ということが私にはわかります。まいた種子は刈らなければならないからです。また、執着ぬきで働くと言うことは非常に難しい、ということもわかります。私を第一の危険からお救いください。主よ、そうでないと、私はあなたを忘れるでしょう。どうぞ、私の持つ仕事を少しずつ減らしてくださいませ。そしてついには、あなたのお慈悲によってあなたを見たてまつり、なすべき仕事がまったくなくなりますように。それまでのところ、たった一つの必要なものであるあなたへの愛と、信仰と、そしてお任せの心とをおあたえください。あなたのお慈悲によって減りはしたがなお、私のなすべき務めてとして残っている少しばかりの仕事につきましては、どうぞ、それを執着ぬきでおこなうことができますよう、お慈悲をもって、私にその力をおあたえください。しかし、私が神のヴィジョンを恵まれて人生の真の目的を達するまで、どうぞ私の魂が、たとえ執着なしにでも、新しい仕事を探し求めるようなことはしないよう、お護りください――本当に、あなたからあなたのお仕事をせよとのご命令を受けるのででもない限り――』と」

パンディット「師よ、どの辺まで、聖地巡礼なさったか、どうぞおきかせください」

師（微笑して）「まあ、いくらかは歩いたよ。ハズラーはもっと遠くまでもっと高く、ヒマラヤのリシケシまでも行った。私はそれほど遠くも、また高くも行かなかった。

ハゲタカやトビは本当にたいそう高いところまで舞い上がるのだが、その間中、彼らの視線は動物の死骸のすて場に注がれている。

聖地を訪ねることが何の役に立つのか？――一たび、バクティ（信仰）を養うことができさえすれば。

巡礼のとき、私はベナレスを訪れた。驚いたことには、そこに生えている草はここに生えているのと同じ草だった。タマリンドの葉も同じだった！

神への愛と信仰がなければ、巡礼もまったく益はない。ハートに信仰を抱いているなら、聖地を訪れることは必ずしも必要ではない。お前たちのいまいる場所で、十分にうまくやっていけるのだ。

神への愛がたった一つの必要なものだ。

死骸すて場というのは世間——女（肉欲）と金（富、名誉、名声、執着のある仕事等々）の別名である——のことである。

ハゲタカやトビというのは、偉そうなことを言い、聖典に命じてある行をすることによって自分を正当化しようとする連中のことだ。その間中、彼らの心は世間の事物——富や名誉や感覚の楽しみ——に執着している」

パンディット「おっしゃる通りでございます。そのような巡礼は、ヒンドゥの三位一体の第二の神ヴィシュヌの御胸にかかる宝石を無視して他の宝石を探しまわるようなものでございます」

シュリー・ラーマクリシュナ「お前の仕事が効を奏するには、時という要因も考慮に入れなければいけない。一人一人の場合に、特定の時間がかかることを許すのでなければ、どんな教えも実は結ばないだろう。お前が教える人々は普通、お前の教えによってすぐに益を受けることはできないだろう——彼らの時期が熟さないことには。

霊性のめざめは、大いに時のかかわる問題である。教師は、ただたすけをあたえるにすぎない。

医者には三種類がある。

よばれて行くと病人を眺め、脈をとり、必要な薬を処方し、病人にそれを飲むようすすめる、という種類の医者がいる。もし病人が飲むことを拒んでも、医者はそれ以上世話をやくことはしないで行ってしまう。これは最下級の医者だ。それと同じように、自分の教えが尊重されたり実行されたりしようがしまいが大して気にとめない宗教の教師がいる。

医者の第二の種類は、患者に薬を飲めとすすめるだけでなく、相手が言うことをきかぬ場合にはさらに説得する。同様に、人々に真理の道を歩ませるために穏やかな説得によってあらゆる努力をつくす宗教の教師は、もう一段高い階級に属する、と言わなければならない。

第三の一番高い階級に属する医者は、自分の親切な言葉が容れられない場合には力をもちいる。彼は患者の胸にひざをのせてむりやりに薬を口に注ぎ込むことまでするだろう。(笑い)

この医者と同様に、弟子たちに主の道を歩かせたいばかりに必要とあれば彼らにむかって力をもちいる宗教の教師もある。これらは最高の段階に属する」

パンディット「すると、この最高級の医者のような宗教の教師もある、とすると、では師よ、なぜ時の要素も考慮に入れなければいけない、とおっしゃるのでございますか」

シュリー・ラーマクリシュナ「最高級の医者はいる。しかしもし薬が胃までとどかなければ、医者はどんなに熱心でも、どうにもしようがあるまい。

霊性の真理をつたえるには、その容れものとしてふさわしい容器を選ぶことが必要だ。私は、自分のところにやってくる者たちに、『お前の世話をしてくれる保護者はいるのか』と尋ねる。たとえば、父親が借金を残しているとする。弟子になろうとする者がこの世界に自分の面倒を見てくれる者が一人も持っていないとする。このような人が心を神に集中することは、ほとんど不可能に近いだろう。きいているかね、わが子よ」

パンディット「はい、全身を耳にしてうかがっています」

それから会話は別の問題、神の恩寵（クリパー）のことに移る。

師「あるとき、何人かのシーク教徒の軍人たちが寺にやってきた。彼らは母なる神の聖堂の前のところで私と会った。彼らが『神は非常にご親切で』と言うので私は笑いながら、『本当にそうかね』と尋ねた。彼らが『だって主は彼の被造物のお世話をなさり、彼らの必要なものをおあたえになるのではありませんか』と答えたので、私は言ったのだ、『主はすべての者の父でいらっしゃるのだよ。彼の子供たち――彼自身がお造りになったもの――の世話はなさらなければならないではないか。彼がそれをなさらないとしたら他の誰がするというのかね。神ご自身がお造りになった者たちに、他所から誰かがやってきてご飯を食べさせてやらなければならない、などということのあるはずがない！』と」

ナレンドラ「では、主を慈悲ぶかいと言ってはいけないのですか」

シュリー・ラーマクリシュナ「そう呼ぶことを禁じるわけではない。呼びたければそう呼ぶがよろしい。私はただ、主はわれわれの身内である、と言おうとしたのだ」

パンディット「はかりがたく貴いお言葉だ！」

シュリー・ラーマクリシュナ（ナレンドラに）「お前はうたっていた。しかし今日は、お前の歌は私にはまるで塩気がぬけているように味がなかった。お前の心は、家の主人の推薦で職を得たいと願う者のそれであった。それだから私は歌をきいていることができず、その場を去ったのだ」

弟子（ナレンドラ）は赤面した。

師はここで、別のコップに一杯の水を所望なさった。すでにそこにだされていたコップは、彼が手をつけようとなさらなかったので下げられた。師はそれが彼の内なる神に献げるにふさわしいものでないことをご覧になったらしい――だれかよこしまな者の熱っぽい手が触れて汚されていたのだろう。

パンディット（ハズラーに）「あなた方、みなさん、始終師のおそばにいらっしゃる方々は、常に素晴らしい歓喜に包まれておいでになるに違いない」

師（微笑して）「今日、私は二日の月を見る、という得がたい喜びを味わった。私は二日の月に特別の意味をこめて言っているのだよ。

シーターが、ラーヴァナに、『お前は満月、私のラーマチャンドラは二日の月』と言った。ラーヴァナは、その意味をきくまではたいそう喜んだ。シーターは、ラーヴァナの運命はいまが頂上であるから満月のようにこれから、しだいに欠けて行かなければならない、と言ったのだ。ようやく二日目を迎えたラーマチャンドラの運命はそうではなく、日に日に上向くにちがいない。ラーマチャンドラは栄えるにきまっているし、ラーヴァナは衰えるにきまっているのだ。

師が帰ろうとしてお立ちになると、パンディットとその友人たちは彼の前に低く頭をたれた。彼は弟子たちを引きつれてお去りになった。

第九章　寺院でのシュリー・ラーマクリシュナ

（一八八四年）

場　所　ダックシネシュワル・タクルバリ、カルカッタ
場　面　師の部屋
時　　一八八四年八月三日午後二時～九時三〇分
同席者　バララーム、M、ラカール、シブポルからきたバウルたちとバワニプルからの来訪者、ハズラー、アダル、ラーム・チャタージーその他

第一節　普遍霊への合一

師はいつものように、北にむいて寝椅子の上にすわっていらっしゃる。部屋の西と北の扉は、ガンガーの聖なる流れに向かって開けはなたれている。シブポルからきたバウルたち（字義は主に酔った人、ヴィシュヌ派の一派に属する托鉢遍歴歌手。シブポルのバウルたちのうたった歌は、いま、カーリー・キルタンとよばれている）は、床にひろげられたござの上にすわっている。彼らは、楽器の伴奏で讃歌をうたっている。

楽器の一つは、ふつうボングボンガボングとよばれる。あの有名な一弦のゴピジャントラであった。彼らは師の方をむき、西に面してすわっている。他の人々は師の方をむき、南に面してすわっている。

歌の一つは、普遍霊との合一にむかう進歩のさまざまの段階をしめす、六つの蓮華の輪をうたったものである。

歌が終わると、師はおっしゃる——

「タントラのヨーガ学説の中でのべられている六つの輪（チャクラ）は、ヴェーダが説いている七つの心の段階に符合するものだ。心が世俗性に浸っているときには、それは肛門、生殖器、およびへその位置に、順々に宿る。

四番目の段階では、心のすみかは心臓だ。その人は神の栄光のヴィジョンに恵まれ、『これは何だ！　このすべては何だ！』と叫ぶのである。

第五の段階では、心の場所はのどである。その信者は神のことしか語らず、会話中に彼の前に何であれ別の話題が出てくるともどかしく感じる。

第六の段階では、心は眉間に集まる。信者は神に直面する。いわばただ一枚の薄いガラスのようなへだてが、彼を神的存在から離しているのだ。彼にとっては、神はランタンの中の灯火か、ガラスのフレームの奥の写真のようなものだ。彼はヴィジョンに触りたいと思うのだが、それはできない。彼の認識は完全な自覚には達し得ない。なぜならそこにはある程度保持されている自我意識の要素があるからだ。

最後の、すなわち第七の段階では、それは完全なるサマーディである。そのときには、すべての感覚意識はとまり、純粋な神意識がそれにとってかわる。この状態では、その聖者の生命は三週間はとどまっているがその後は彼は死ぬ。ミルクを口に入れても流れ出て、それは決して胃には入らない。

師はさらにお続けになる——

第七の、すなわち最高の段階に達して神意識に没入したであろう聖者たちのある人々は、人類に福利をあたえるためにその霊的高みから降りてきてくださる。

彼らは知識のエゴ、または他の言葉をかりれば、もっと高い自己を保持する。しかしこのエゴは単なる見せかけである。水面にひいた線のようなものである。

ハヌマーンは有形無形の両方の神のヴィジョンを恵まれた。しかし、彼は、神の召使のエゴを保持した。ナーラダ、サナカ、サナンダ、およびサナトクマーラなどの諸聖者の場合も同様だった」

ここで、ナーラダのような聖者たちは二元論者として神を礼拝したのであって彼を絶対者なる神として悟ったのではなかったのだろうか、という問いがでた。

師はおっしゃる——

「ナーラダおよびその他の聖者たちは最高の知識を得たのであった。しかしそれでも彼らは、小川のせせらぎのように、語りかつうたうことを続けた。このことは、彼らもまた知識のエゴを保持していたことを示している。

彼らは知識の人であって、同時に信者でもあった。人々の福利のために主について語ったりうたったりしたのだ。

蒸気船は、それ自身の目的に行くだけでなく、乗っている大勢の人々を同じ場所にまでつれて行くこともするだろう。

ナーラダのような教師たちは蒸気船のようなものだ。

最高の教師たちは二種類に分けられるだろう。

第一には、至高の実在を無形であると断言する人々がいる。トライランガ・スワーミーなどはこの部類に属する。一般に、この種の聖者たちはいわば比較的わがままだ。自分の魂の解放のことしか考えていない。

第二の種類の人々は、神は無形であると同時に形も持っていらっしゃる、そして彼はご自身を信者たちに形のある存在としてお示しなる、という。

お前たち、河の流れの中に、そこに合流した別の流れを見たことがあるか。

この流れは時として河の流れとまったく一つになってしまって何の痕跡も残さない。しかししばしば、河の流れの中にそれとは別の流れであることを示すかすかな動きの認められることがあるだろう。

第二の種類の教師の場合はこの状態に非常によく似ている。彼の魂は普遍の霊と合一しているのだが、それでもそこに、この知識のエゴ——神とは別の彼の存在を示す、個別性のかすかな痕跡——が保たれている。

また、このような教師は、縁まで満たされた水がめのようでもある。同時に、その中身、または中身の一部は別の器に移すこともできるだろう。弟子がその第二の器だ。縁まで満たされた水差は最高知識（ブラフマ・ギャーナ）による完成の状態を示す。

このように、知識のエゴは他者に宗教の救いの真理を教えるために保持されるのである。

また、ある人が井戸を掘るとする。彼はのどが渇いているのでその水を飲む。このような人がくわやショベルやすきのような井戸掘の道具を、同じ目的でそれらを必要とするかも知れない人々のために取っておく、というのは珍しいことではない。それと同じように、永生の水を飲んで彼の霊的渇きをいやし、ブラフマ・ギャーナの完成に達した第二の種類の教師もしばしば、人類の福利のためにつくしたいと切望する。この目的で彼は知識のエゴ、バクティのエゴ、教師のエゴ等を保持するのである。

ある人々は、マンゴーを食べたあとタオルで口を拭い、食べた痕跡をなくそうとする。このような人々は、自分のことしか考えないのだ。しかし、マンゴーを食べるときには必ず他者とともに楽しもうとする人々もいる。

これはまさに、ブリンダーバンのゴピーたちの心境だった。彼らは常に、シュリー・クリシュナの愛を味わう力を保持することを欲した。彼らにとって、彼は霊的に楽しむものだった。彼らは楽しむ者たちになりたかったのだ。それだからラームプラサードは、『私は砂糖になるより、砂糖をなめる方がずっとよい』とうたったのだ。

それは内含と展開の一つのケースだ。お前は至高実在に向かってしりぞき、お前の人格は彼の人格の中に没入する。

これがサマーディだ。お前はそれから、歩みをもとに返す。お前はお前のエゴ（人格）をとり戻し、出発点に戻ってくる。ところがそこで、この世界もお前のエゴすなわち自己も、同じ至高実在の中にふくまれていたのだ、ということを発見する。神と、人とそして自然（世界）とは別ものではない、一つのものなのだ、したがってその中の一つを固守すればおのずから他を理解するのだ、ということを知る。

バクティ（信仰）をもって彼の聖き御名を呼べ、山ほどのお前の罪もたちまち消えてしまうだろう。ちょうど一個の火花を受けただけでたちまち燃え上がって姿を消す綿の山のように。

恐れからくる、つまり地獄の火への恐怖からくる礼拝は、初心者のためのものである。ある人々は罪、罪と、罪のことしか話さない。一般におこなわれているキリスト教やブラフモイズムを見てごらん。クリスチャンやブラフモ信者は普通、罪の感覚を宗教の全部だと思っている。彼らのいう理想的な信者は、『おお主よ、私は罪人でございます。どうぞ私の罪をお許しください』と言える者なのだ。罪の感覚は、本来われらの父母なる神への愛から成り立つ霊性の、もっとも初期のもっとも低い段階の特徴であるにすぎないことを彼らは忘れているのだ。

人々は習慣の力というものを知らない。もしお前たちが不断に『私は罪人だ、私は罪人だ』と言い続けていたら、お前たちは最後まで罪人のままでいるだろう。

年中、『私は世間に縛りつけられている、私は縛りつけられている』と言う人は、本当にいつまでも束縛されたままでいるだろう。

しかし、『私は世間の束縛に縛られてはいない。私は自由だ。主が私の父でいらっしゃるではないか』と言う人は自由である。

このように、習慣の力は大きいのだ」

第二節　神の愛の酒に酔う

それから、そこにいる者たちの中で歌をうたっていた仲間にむかって、彼は、「お前たち、神を悟った人間の魂の楽しみをうたった歌をうたってくれないか。ラカール、（これを、彼はそこにいる若い弟子の一人にむかって）お前この間ノビン・ニヨギの家でうたわれた歌、『主の歓びに酔え』というのを覚えているか」

歌をうたう仲間の一人がこのとき、「師よ、あなたのお歌の一つをうかがわせてはいただけませんしょうか」と言った。師はおっしゃった、「何をうたおうか——まあ、私もお前たちくらいにはうたうよ。よしよし、時がきたらうたおう」と。

そう言いながらしばらく黙っていらっしゃる。

彼がおうたいになる最初の五つの歌は、シュリー・チャイタニヤ・デヴァとシュリー・クリシュナのことをうたった、ヴィシュヌ派の歌である。あとの三つは、宇宙の女神の歌である。それらは次の通りだ——

歌（一）

信者と、彼の、神の化身

チャイタニヤ・デヴァへの忘我の愛

（一）ゴウルへの愛の波が私の身を圧倒する。彼の愛の海のうねりが、よこしまなものをおしたおす、いや、宇宙そのものまでがのみこまれる。

（二）私は岸に立ち止まろうと思った。しかしそこにはワニがいる――私を呑み込んでしまうゴウル・チャンドへの忘我の愛――が。誰か、私に同情し、手を持って海から引きだしてくれる人がいるか。

歌（二）

信者と、彼のチャイタニヤ・デヴァへの愛

（一）おいで、おおわが友よ、ゴウルの美しい姿を見てごらん！　見よ、それは黒雲と一つになった稲妻だ！

（注＝クリシュナは黒雲、ラーダーは稲妻。ゴウル、チャイタニヤの中で両者が合一している、との意）

（二）ここに黄金の人（それほど、彼は美しい）がいる。彼のハートの海は、不断に優しい感情の波を立てている。彼のハートの優しさは、その美しい体をやわらげて三つに曲げた。私の心はゴウルの姿に、特に彼の魅惑的な眼差しに、とらえられてしまった。

（三）私のゴウルの体は、凝乳と、赤いアルタ水（注＝北インドの女性が足のふちを彩るのにもちいる赤い液体）との混合で摩擦される。この美しい姿を見ると、私の愛の感情はかきたてられる。この美しい姿のつくり手はバンガド（シヴァ）、そして技師はラーダー。

歌（三）

深く潜れ

（一）深く潜れ、深く潜れ、おおわが心よ！　美の海の中に、海の底、深い、深いところを探せ、お前はかの宝石、プレマ（神への強烈な愛）という富を見いだすだろう。
（二）ハートの中にブリンダーバン、愛なる神の住み家がある。探してよく見よ、探してよく見よ、探してよく見よ、お前はそれを見いだすだろう。
（三）地の上を、舟をこぎ進めた者は誰か——地の上を、固い土の上を。カビールは言う、きけ、きけ、きけ！　神聖なるグルの、聖き御足を瞑想せよ。
そのとき神の叡知の灯火は、休みなく燃えるだろう。

歌（四）

母なる神、および悟ることの難しさ

（一）わが母のような富を恵まれるのは、誰にでも許されることか。

心を彼女の聖き深紅の御足の瞑想に没入させることは、シヴァが常におこなった苦行の力もおよばぬこと。
（二）王者の富も、天上の神々の力も、わが母を瞑想する者からはあなどられる。
ひとたび、暗青色のわが母が彼に一べつをお投げになれば、彼は永遠の歓喜に浮かびあがる。
（三）ヨギたちの王（シヴァ）も、苦行者たち（無言の行の行者のマウニたち）の王も、天上の神（インドラ）も、彼女の聖き御足の瞑想はなし得ない――そこにある至福を悟ることは実にむずかしい。
カマラカンタは徳のない者だ。それでもなお、その聖き御足のヴィジョンを待ち望んでいる！

歌（五）

宇宙の母、解脱と神への愛

（一）何というよい機械を、暗青色の母はおつくりになったものか、何というよい機械を、母はおつくりになったものか――永遠の神（シヴァ）の配偶者は！
何という見事なトリックを、彼女は、長さがたった三キュービット半のこの機械（体）の中に、仕かけていらっしゃることか！
（二）みずから機械の中にいて、それを動かす糸を握っていらっしゃるのは彼女だ。しかし機械は言う、「自分の力で動いているのは私だ」と。それは誰が自分を動かしているかを知らない。
（三）彼女を悟った機械はもはや、機械でいる必要はない。母ご自身がある特別の機械には、バクティ（愛）

の糸で縛られていらっしゃる。

師は、宇宙の母の歌をうたっていらっしゃる。

歌が終わると、彼はサマーディにお入りになる。

目は一カ所に集中し、なかば閉じられている。体の機能は中止している。感覚意識は去って、純粋な神意識がその場所をしめている。

第三節　師の説法

少し感覚の世界にもどってきて、彼は母なる神にこうおっしゃる、「私を困らせないでください、おお母よ！ここまで降りてきてください。静かに、おお母よ、各人のためにあなたが前もってお定めになったこと――おお母よ、それだけが起こるのです！この人々に、私は何と言ったらよいのでしょう！

実在（神）と非実在すなわち現象宇宙との間の識別なしには、そして富と名誉と感覚の快楽への無執着なしには、霊性の道では何ひとつ成就することはできない。

離欲にはさまざまの種類がある。その一つは、この世での不幸にもとづく深い悲しみが動機となっているものだ。しかしもっと良い種類は、この世のしあわせはたとえ手に入っても一時的なものであって楽しむ価値はない、と悟ることから生まれるものである。こういう場合には、彼はすべてを持っていながら何も持っていないのだ。

いっさいは時にかかっている。すべての霊的めざめを、われわれは（時期を）待たなければならない。同時に、宗教の師の言葉には耳を傾けておかなければいけない。将来なにかの場合にこれらの教えを思いだし、『おお！ そうだ！ これこれのときに、これこれの人からこのことをきいたっけ』と叫ぶことがあるだろう。もう一つのわけは——くる日もくる日もそのような教えをきいていると、われわれの世俗性はその結果少しずつすり減って行くのだ。われわれの俗心は酒の酔いのようなもので、酒の酔いは、おも湯をくり返し服用すると少しずつさめて行くだろう。

神の知恵のひらける人の数はごくわずかなものだ。だからギーターには、『幾千の中の一人が、知識を得ようと努力する。得ようと努力する人々一千人の中のたった一人が、目標に達する』とある」

そこにいる者たちの一人が、ここでギーターの本文を引用する。

「世間への執着が強ければ強いほど、神の知恵を得ることは難しい。執着が少なければ少ないほど、神の知恵を得る可能性は大きい」このように、知恵は、世間、その富それの快楽等々への無執着とは正比例し、世間への執着とは逆比例すると言えるだろう。

バーヴァというのは、至高実在（絶対の実在・知識・至福としか形容しようのないもの）の思いに打たれて言葉を失った状態だ。バーヴァが、普通の人間が到達できる最高境地である。

神への忘我の愛（プレマ）はごくわずかの人しか得ることはできない。そのような人たちは並外れた本源力を持ち、神の委託を受けている人だ。神の力と栄光の世つぎとして、彼らは彼らだけのクラスを形成している。

このクラスには、チャイタニヤ・デヴァのような神の化身たちと彼らの信者中の最高級の人々が入る。

この愛の二つの特徴は、第一が外界を忘れること、第二は、人にとってもっとも大切なものである自分の肉体を忘れることだ。

バーヴァは未熟なマンゴーのようなもの、プレマは熟したマンゴーのようなものだ。この愛は、信者が手に持っていて神を縛るひもだ。信者は言わば、主を自分の支配下においている。彼が主によびかければ、主は必ずこなければならないのだ。

ペルシャの書物には、肉の内に骨があり、骨の内に髄がある、髄の内に何があり、さらに何があり、ときて、最後に、一番奥にこの神の愛がある、と書いてある。

クリシュナはトリバンガ・ムラリ（三つに曲がっているもの、の意）とよばれている。その形を変えることができるのはやわらかいものだけだ。それだから、クリシュナのこの姿は、彼が何かの形で少しやわらかになったに違いないことを示している。この場合の軟化は、この愛によるものと思われるのだ。

どのように祈るか、ということが次の問題だ。この世の事物を求めては祈らず、聖者ナーラダのように祈るがよい。ナーラダはラーマチャンドラに、『おおラーム、どうぞ、あなたの御足の蓮華へのバクティ（愛と信仰とお任せ）をお恵みください』と言った。『その願いはかなえられたぞ、ナーラダ！』とラームは言った、

『しかし、他に何か欲しいものはないか』ナーラダは答えた、『主よ、どうぞ、世界中をこんなにも魅惑するあなたのマーヤーに、私がひきつけられないようにしてください』ラーマチャンドラはふたたび、『その願いはかなえられたぞ、ナーラダ、しかし他になにかほしいものはないか』と言った。ナーラダは、『いいえ、主よ、私がお願いするのはこれだけでございます』と言った。

知識は、程度と種類においてさまざまである。第一に、世間の人々――普通の人間たち――の持つ知識がある。この知識には十分な力はない。それは、部屋の内部だけを照らすランプの炎にたとえられよう。信仰者の知識はもっと強い光であって、部屋の中のものと同時に部屋の外のものも照らす月の光にくらべられるだろう。

しかし、神の化身の知識はさらに力が強い。それはもっと強い光、さんぜんたる太陽の光輝にくらべられるだろうよ！　そのような光は部屋の内外を問わず微細なものまでも見せるのだ。彼にとって、難問題などというようなものは一つもない。彼は人生や魂のもっとも困難な問題を、世界一簡単なことのように片づけてしまうのだ！　人が関係しているもっともこみいった問題に対する彼の説明は、子供でもわかるように簡単なものだ。彼は神の知識という太陽であって、その光は、幾百年にわたってつみ重ねられた闇をたちまちに取り去ってしまう！

最後に、月日光――月光と日光とがいっしょになった光――とよんでもよい、あの独特な合成光がある。この光には、チャイタニヤ・デヴァのような知恵と愛の両方にすぐれている化身たちの、ユニークな叡知がたとえられるだろう。それはまるで、太陽と月とが同時に天空にあらわれたような、比類のないものである。世俗に浸りきっている人は神の知恵を得ることはできない。彼は神を見ることはできない。泥水が太陽とか周囲のものなどを映すか。

こういう状態を救うみちはないものか。世俗的な人間には手の施しようがないのか、いや、あるのだ。泥水の中に浄化作用のある薬、たとえばミョウバンの一かけらをいれると、水はきれいになって不純物は全部器の底に沈むだろう。非実在のもの（すなわち現象宇宙）からの実在（神）の識別、および世間に対する離欲は、二つの浄化剤である。これをおこなえば、世俗的な人も俗心をはなれ、純粋になるのだ。

第一段階――よい友と、すなわち徳の高い人々と交わること。

第二段階――より高尚な事物、つまり霊に関する事物を讃美すること。

第三段階――自分の理想へのひたむきな帰依。その理想は、彼の霊性の師でもよい、形なき者でもよい。理想は人格神、すなわち彼の無数のあらわれの中のどれかであろう。それはその人の守護神か守護の女神であろう。ヴィシュヌの信仰者は、彼らの守護神であるヴィシュヌかシュリー・クリシュナに、この帰依をささげるだろう。シャクタ、すなわちシャクティ（宇宙を支配する女神）の信仰者は、カーリー・ドゥルガー等々ともよばれているシャクティに、このニシュター（ひたむきな信仰）をささげるだろう。

第四段階――神を思い驚嘆して言葉をうしなった状態。

第五段階――この状態は、神を見て信仰感情が最高頂点に達するとき、強化される。信者は狂人のように、ときに笑い、ときには泣く。彼は、自分の体を支配することができなくなる。この段階には、肉欲を克服することのできない普通の人間は、到達することはできない。そこには、人類救済のためにこの世に現れる神の化身だけが到達するのである。

第六段階――プレマは、マハーバーヴァと手をとりあって行く。プレマは、大悟の後のもっとも強烈な神の愛であって、霊性の最高の段階である。この段階の二つの特徴は、第一がこの世界の忘却、第二が、自分の肉体をもふくめた自己の忘却である。

この段階に達したチャイタニヤ・デヴァは、神への愛に深く没入してしばしば自分を忘れ、かつて訪れた場所がどこにあるかを忘れた。目の前にある森を見て、それをブリンダーバンと思うほど自分を忘れた。プリにいたとき、海を見てそれをジャムナ河だと思った。彼の友人たちや弟子たちはそれで二、三回、彼はいなくなったものとあきらめたのである。この状態は、信者を目標、すなわち神につれてゆく。信者は神を見る。彼は人生の目的を遂げる。彼は神の御姿を拝するのだ」

（注）＝右の六段階の哲学上の呼び名は――（一）サードゥ・サンガ、（二）シュラッダー、（三）イシュタ・ニシュタ（グル・バクティを含む）、（四）バーヴァ、（五）プレマ、（六）マハーバーヴァ

ここで師は一同にむかって、「もし何かききたいことがあるなら、少しもかまわないからききなさい」とおっしゃった。しかし誰一人質問しようとはしなかったので、師はさらにお続けになった。

「知識は、突然に伝達できるものではない。その達成は、時の問題である。熱病が激しい症状であるとしよう。

そのような状態のもとでは、医者もキニーネとあたえることはできない。彼は、そんな療法はよくない、ということを知っている。まず熱が下がらなければならない。それには時を持つほかはない。下がったときに、キニーネは効を奏するであろう。時おりは、病人にキニーネも他の薬もあたえないでも熱が下がることがあるだろう。知識を求める人の場合もこれとまったく同じである。彼が世俗に浸りきっているときには、宗教的教示はしばしばまったく効を奏さない。ある期間、世間の事物を楽しませておくがよい。世間に対する彼の執着は、徐々に弱まって行くだろう。このときがまさに、どんな宗教的教えをあたえても成功するときである。それまでは、そんなものは投げすてられるも同然であろう。

大勢の人々がここにやってくる。見ていると、その中の何人かは私の言葉をきこうとして一生懸命である。しかし仲間の中の一人か二人は私の前で落ちつかず、辛抱し切れないように見える。彼らは友だちにささやく、『帰ろうよ、帰ろうよ――まあ、君がもっといたいなら、私たちは舟に乗って待っているよ』と。

レンガの壁に釘を打ち込むことは難しい。壁に穴があく前にくぎの頭がつぶれるだろう。剣でワニをたたくのは無益なことだ。剣で切れる見込みなどはない。

それだから、こういう事柄では時という要素がたいそう重要である、と言うのだよ。

霊性のめざめは、時の問題が非常に大きくからんでいる。教師はただたすけをするだけだ」

ここで、会合は終わった。

師（Mに）「知識への、つまり解脱へのこの願望は、非常に大きくその人の過去生のカルマに依存している、というのが事実なのだ」

弟子「はい、師よ、自分というものを理解するのは実に難しいことでございます！　私どもは自分の、自分たちに見えているところだけしか見ません。その背後にはたぶん百もの前生がひかえているのでございましょう。私どもは家の床の上を歩いても、その床がどのようにできているか、またどのようなものがその下にあるか、などということは見ようともしないのでございます」

師は弟子を見て微笑し、席をおたちになる。彼は部屋の西側のベランダにでて、一とき、地平線にむかって急速に沈みつつある太陽をごらんになる。彼は眼前の聖なる河の流れをお眺めになる。

第四節　師と弟子

弟子はたった一人で、聖なる母ガンガーに接する寺院の堤防を歩いている。彼は、バララームをはじめとする人々がカルカッタに帰ろうとして舟に乗り込みつつあるのを見ている。真夏の一日である。聖河の水は波だっている。日は暮れようとしている。五時すぎだ。空は曇り、雲はとくに北の方で実に魅惑的な姿を見せている。この弟子は目の前に、前景として、一列の高いヤナギの樹を背に負い右手に銀色の流れをひかえたパンチャバティを見ている。背景には美しい暗青色の雲がひろがり、下方はるかに、暗い空の色を映す河の流れもつづいている。

弟子はこの魅力ある背景に見入っている。突然彼の視線は、南の方からパンチャバティと例の松林（ジャウ・トリーズ）の方にむかって歩いておいでになる師にうばわれる。

師が五歳の子供のように笑ってこちらに近づいていっらしゃると、このチャーミングな一幅の絵は完璧以上のものとなった！　ここに宇宙があり、またここに、その宇宙を反映し、同時にそれを真実あるがままに見ている一個の魂がある。そうだ、弟子はその前で、人生の難問が可能な限りほとんど解決していることを感じる。この存在なのだ――いっさいのものを、神々と女神たちの像を、男たち女たち子供たちを、樹々や花々や葉を、この寺院の敷地の隅から隅までを、霊性で満たし主の歓びで満たしているのは、この存在なのである。そうだ、と、彼は魂の奥底から感じる――この驚嘆すべき場所にあるいっさいのもの、神的なものの人間的なもの、有情非情、肉眼で見られるものも内なる眼で見られるものも、彼の聖き御足の下のちりから、聖堂の中で礼拝されたり他の聖堂の中に望み見られたりする諸々の神像にいたるまでの、いっさいのものの上に抵抗しがたい魅力を投げかけているのは、彼の前に立つこの神人なのだ、人間の体、まぎれもない「生身の中に示された神の姿」なのだ。彼はその前にあって、魔法の力に縛られた者のように感じる！

師はこの弟子におっしゃった、「お前、夕立がくると思うか？　では、私の傘を持ってきてくれないか」

彼は師の部屋に走り、やがて傘を持って帰ってくる。彼らはパンチャバティの下にまできた。

師（この弟子に）「一つ頼みごとをきいてくれないか。B（バブラーム、後のスワーミー・プレマーナンダ）に、ラカールがここを発ったらぜひ、きて一日か二日泊まってくれと言ってもらいたいのだ。そうでないと私は非常にみじめな思いをするだろう。お前、あの子はどういう子だと思うか」

弟子「彼は非常に温和で優しうございます」

師「彼はまっ正直な性質だろうか、どうだろうか」

弟子「見たところは完全にあけ放しの性質というわけではございません。しかしこのことは説明ができると思います。温和な性質の者は、自分の思いや感情を内に秘めておくものでございます。彼は決してそれを露骨には表しません」

このころには、師は自室に帰っておいでになった。

ハズラーの前で

ある医師がきている。この紳士は、ある薬のすぐれた調合をする。彼を見ると師はおっしゃる、「彼の薬は私には実によくあう。この男はまちがいのない男だ」するとハズラーが言う、「おおせのとおりです。しかし彼は、世間のわずらいにまきこまれています。彼はそれをどうすることもできないのです」

ハズラーは、年とったナバ・チャイタニヤが黄土色の衣を着ていることを厳しく批判した、「世間に暮らしている者がゲルアを着るとは！　なんというけしからぬこと！」と言って。師はおっしゃる、「私は本当に、なんと言うべきか知らないのだよ！　しかし私には一つの慰めがある。私はすべての人間を――実際にはすべての生きものを――神の生まれかわりと見ている。私はすべてのものの内にやどる神を、すべてのものの中に――人と自然との中に――現われていらっしゃる神を見るのだ。私には、神ご自身がわれわれの目の前に、この宇宙間に現われている無数のさまざまの形をとっていらっしゃるのが見えるのだよ！」

ハズラー「ナレンドラはまたしても、訴訟にまきこまれております」

師「そうだ、それでも彼は、宇宙の女神（人格神）を信じない」

ハズラー「まさにそのとおりです、彼はこう申してます、『もし私がシャクティを信じたら、すぐに私のまねをする連中に、悪い手本を示すことになるだろう』と」

師「さて、彼がここ（師自らをさす）から得ている利益はどの程度のものだとお前は思うかね」

ハズラー「あなたは彼を愛していらっしゃいます」

師（Mに）「お前は最近彼に会ったか。家に訪ねてちょっと会ってきてくれないか。おお！馬車でいっしょにここへつれてきておくれよ。いいかね？」

それからハズラーの方にむいて、師はおっしゃる、「お前は、バヴァナートと彼の私への執心をどう思うか。これもやはり、人が前生で獲得した傾向の一例ではなかろうか」

ハリシュとラトゥのことを話し、たえず瞑想をする彼らの習慣のことにふれて、師はハズラーにおっしゃる、「これはいったいどういうことだ。瞑想の終わるときがない！お前、なんと思うか」

ハズラー「まったくそうです。あなたに奉仕するためにきたのなら、これとはまったくちがったふうであるべきです。」

師（弁護して）「まあ、たぶん、彼らの訓練の時期は終わったので誰かがかわって働くことになるのだろう。

お前、私のことをどう思うか。私がときどきはたとえば宇宙の女神にひたむきな帰依をささげ、ときどきはそれをしないのを、見てはいないかね？　それからあらゆる種類の神々や女神たちを追いかけて、同じ程度の帰依心で彼らを崇めるだろう！　ときどきはまた、絶対者なる神を瞑想する。私は時には貞節な妻であって時にはそうでない！　このことはおかしくはないかね？　他の人々は、彼ら自身の持つ特別な感情によって動いている。たとえば、ある人を支配する感情はクリシュナへの愛であり、またある人のそれはラーマへの愛、第三の人のは絶対者なる神との交流である、等々というように」

ハズラーは黙っていた。

＊　　＊

夕方だった。信仰ぶかいヒンドゥに命じられている、いつもの祈りと勤行の後に、弟子はもう一度師にお目にかかった。そのときに次の会話が交わされた。主題はヒンドゥたちの間に見られる、たがいに矛盾するように見える信仰体系、であった。

弟子「主よ、ヒンドゥの中のある人はシュリー・クリシュナはすなわち宇宙の母であると主張し、またある人は、シュリー・クリシュナは絶対者なる神でありラーダーが宇宙を支配する女神、すなわち創造者、維持者および破壊者である、と主張するのは矛盾でございましょうか」

師「第一の見解は『デーヴィー・プゥラナ』のそれである。それはそれでよい。べつにそこに矛盾があるわけではない。神は無限。彼がご自分をおあらわしになる形も無限だ！ 彼に達するための道の数も無限なのだよ！」

弟子「おお、わかりました！ 結局どのようにして家の屋根に登るか、ということなのでございますね。方法はいろいろございましょう。それは、主よ、あなたがよくおっしゃるように、一本の縄でもよし、竹竿でもよし、木のはしごでもよいし、立派な手すりのついたレンガの階段でもよいのでございます！」

師「そうだよ。お前がこのことをすぐに会得したのは神の特別の恩寵によるものだ。彼の恩寵がなければ、疑いは決してはれるものではない。結局、神に関してのわれわれの態度はハヌマーンのそれのようでなければならない。彼はラーマチャンドラにこう言ったのだ、『主よ、私は今日の月が何日であるか、星のめぐりはどうであるか、などということは少しも気にしません。たった一つ心にかけているのは、どのようにしてラーマを瞑想するか、ということだけです』と。

お前がもしマンゴーを食べるために果樹園に行ったら、第一に幾千本という果実の数や、幾万本という枝の数や、幾一〇万枚という葉の数を数えなければならないかね。そんなことはない。お前はただちに食べるべきなのだ。同様に、時間とエネルギーの浪費でしかない、神に関するあらゆる種類の議論や論争にはいることは無益である。そんなことに時間をすてるより——人の目の前のもっとも重要な務めは、神を愛すること、バクティ、すなわち信仰をやしなうことである」

弟子「私は、自分の世間の勤めがいまよりもう少し減るよう、深く願っております。仕事の圧力が、人が神を思うことの邪魔をするのです。そうではございませんか」

師「おお、そうだ、たしかそのとおりだ。しかし、賢い人は執着しないで働くだろう。そうすれば、仕事は少しもその人の邪魔にはならない」

弟子「しかし師よ、それは見神、つまり神の悟りから得られる巨大な意志の力があってはじめて可能なことでございます。第一に神の悟り、それから無執着の働きそうではございませんか、主よ？」

師「お前の言うとおりだ、と言わなければならない。しかし、おそらく、お前は前生においてそのような仕事を望んでいたに違いない。お前の務めはいまは、たゆまずにバクティ、すなわち神への愛を祈ることだ。そうすれば仕事の束縛は徐々に減って行くだろう」

弟子（ため息をつきながら）「私にはそれは、馬が逃げてから馬小屋の扉に鍵をかけるのと同じことのように思われます！」

師「つねに主の喜びを感じるのだよ！」

＊　＊

師「それを得ようとする努力なしに、自然に自分のところにやってきたものだけを利用するようにせよ、という戒めを守るように努めなさい。『雨の日のために蓄える』などというようなことは考えるな。・・・・」

師「人々は、私の言うことの魅力にひかれて私のところにやってくるのかね？　私のことをなんと思っているのだろう？　お前は私を見てどう感じるか」

弟子「ここで私は一人の人の中に、高い神の知識と、もっとも強烈な神への愛と、最高の放棄と、そしてそれと同時に、驚嘆すべき素朴さを見いだすのでございます。この素朴さが、人々をひきとめるものでございます。大衆は、こんな素朴な、そして彼らの目にうつったところではこんな普通の、人からはそっぽをむきます。ところが、ごくわずかの選ばれた人々をあなたの方にひきつけるものが、まさにこれなのでございます！　彼らにとって、一人の人が人間の理解を絶する規模の霊的認識を持ちながらこの素朴さをたもち得ている、と言うことは、驚異でございます！　多数の軍艦がこの河を通過した、というのに、その河はなお、小さな掘割か小川のようにしか見えないのでございますから」

師（微笑して）「ヒンドゥ教の中に、ゴシュパーラー派からでた、ヴィシュヌ派の一派がある。彼らは言うのだ、『お前自身がサハジ（素朴なもの、の意。神）にならなければ、サハジのもとには行けない』と」

師「私はエゴティズム（自分中心性）を持っているか」

弟子「はい、少しばかり。そしてその少しは、いつもおっしゃいますように、第一にはお身体を維持するため、第二にはバクティつまり神への信仰をやしなうため、第三には信者たちの仲間とお交わりになるため、第四には他者をお導きになるために保持しておいでになるのでございます。同時に、あなたはこれらのすべてを、たくさんのご祈願をなさったうえでお持ちになっていらっしゃるのだ、ということ申しあげなければなりません。師よ、私が思いますのに、あなたの御霊の本来のご状態は、サマーディという言葉でしか説明できないものでございます。ですから、あなたがお持ちのエゴティズムはご祈願の結果得られたものである、と申しあげるのでございます」

師「そうだ。しかしそれを――つまりこのエゴを――保持しているのは私ではない。私の母なる神なのだよ！」

弟子「先日、あなたはパンディット・シャシャダルと彼の自己について話していらっしゃいました。あなたは、『人はすべての願いをききとげてくれる天上の樹のところに行き、そこで祈らなければいけない。人がうける恵みのいかんは、彼の祈る祈りの種類による。神は天上の樹である』とおっしゃいました」

師「そうだ。しかしその祈りをおききになるのは、わが母なる神だ」

＊　＊

師「バブラームは言うのだよ、『世間！　おお、おお、なんと恐ろしい！』と」

弟子「おお、それはただうわさをきいて言うだけのことでございましょう。自分で経験したわけではございません。まだ子供なのですから」

師「そうだ、そうだ、それはそうだ。ニランジャンのなんとまっ正直なこと！」

弟子「彼のようすを見ただけで心をひかれます。あの目の何と美しいことでございましょう！」

師「目だけでなく、どこもかしこもだ。結婚の申し込みがあったとき、彼は家の人々に言ったそうだ、『なぜあなた方は私を溺れさせようとなさるのですか。ひとたび結婚したら、私のいっさいはおしまいです！』と」

後に、次のような会話が師と弟子との間で交わされた。ラカールがそばにいた。

師（笑いながら）「人がその日の激しい仕事のあとで彼の奥さんといっしょに一ときを過ごすのはこの上もなく楽しいことだ、と人々が言うが」（笑い）

弟子「自分の妻を最大の幸福の源泉と見ている人々の場合にはたしかにそうでございましょう。（ラカールの方をむいて）私はいま厳しいおたずねを受けようとしているのだよ。師のいまのおたずねは誘導尋問だ」

師（笑いながら）「母親たちはよく言うだろう、『私の子供に「樹の陰」、この世の砂漠の中で彼が休息をとることのできる避難所を見つけてやることができさえすれば、私の務めは終わったのです』と。『樹の陰』というのは妻のことだそうだ！」（笑い）

弟子「親にもいろいろ——母親にもいろいろございます。ムクタ（この世の束縛から解放された人）である親たちは、自分の息子を結婚させてしまおうなどとはいたしませんでしょう。そんなことをするとすれば、たいしたムクタでございます！」

師はただお笑いになっただけだった。ここで、他の人々は部屋を去った。

師「私のアヴェシャー（神意識）のとき、何が起こるとお前は思うか」

弟子「主よ、あなたの御霊はそのときにはヴェーダに書いてある第六のブミ（段階）にいらっしゃいます。それから、あなたが話をおはじめになるときには、第五の段階におりていらっしゃいます」

師「私は彼の御手の中の粗末な道具にすぎないのだよ。このようなことすべてをなさるのは彼だ。私は、何も知らないのだ」

弟子「この驚嘆すべき自己抹殺！　主よ、すべての人があなたにひきつけられるのはそれゆえなのでございます」

弟子「あなたは、マーヤーは自分の身内や友だちへの執着、ダヤーはすべての人間に、すべての神の被造物にまでおよぼされる愛だ、とおっしゃいました。私にはここのところがはっきりとわからないのでございます。ダヤーはプラヴリッティ（人を世間に執着させる感情）ではございませんか」

師「なあに、ダヤーは悪い感情ではないよ。人を高め、神に近づける感情だ」

弟子「それでも、それはプラヴリッティ・マルガ（人を神からはなす道）に属するのではございませんか」

＊　　＊

弟子（へりくだって）「師よ、私はいまはこのようなことに専念したいと深く願っており、そのために、世間での私の仕事が減ることを切望しております」

師「おおそうだ、それはもっともなことだ。主がおたすけくださるだろうよ。お前は形ある神を信じるか、それとも無形の神を信じるか」

弟子「私は、属性までは信じることができます。神は属性をお持ちだと言うところまではっきりとわかります。しかし、形のたすけなしには『無形』を考えることはできない、というのは事実でございますね。どちらにせよ、私どもは形、つまり神像を通過しなければなりません」

師（微笑して）「そうなのだよ、私が人格神（形ある神）を瞑想することを強くすすめるのは、それがいちじるしくバクティ（信仰）を育てるのに役立つからなのだ」

弟子「尊い師よ、パンディット・シャシャダルはこの方向（バクティの道）にいくらかでも進歩しつつあるようでございますか」

師「ああ、しかし、彼は哲学による知識の方に、もっと強くひかれている。あの人々は彼らなりの一つのグループに属していてね、あの道はこの上もなく困難な道なのだ、ということを認めないのだよ」

しばらくの間、みな黙っていた。師はその間中、彼の足下につつましくすわって、主の歓びの微笑に輝く慈愛にみちた顔を見つめ、力と導きとをこうている弟子の魂を、読んでいらっしゃったのだろうか。

師（励ますように）「自分の心から世間をはなつことができればそれで十分だよ」

弟子「そのようなお教えは、私が思いますのに、弱い者たちのためのものでございます。最高級の人々のためのお教えは、厳密な意味の放棄でございます。彼らは、心からだけでなく、形の上でも世間を放棄しなければならないのでございます！」

師「お前は、離欲について私が話したことを全部きいているだろうね？」

弟子「はい、私は、離欲というのは単にこの世の事物に対する無執着だけではない、と理解しております。それは、無執着プラス何ものか、でございます。その何ものか、は神への愛でございます」

師「まさにお前の言うとおりだ」

弟子「師よ、神のヴィジョンとは何でございますか」

師「神のヴィジョンを他者にはっきりとわかってもらうことは不可能だ。しかしそれがどのようにしてやってくるかということは、ある程度は説明することができよう。

お前も芝居を見に行ったことはあるに違いない。芝居がはじまる前には人々はたがいに、政治だとか家の中のでき事とか勤め先のことことか、さまざまの話題でおしゃべりに夢中だろう。しかし、幕があがってごらん、山だの小屋だの川だの人々だのが突然目の前にあらわれる！　たちまちすべての雑音、すべてのおしゃべりはやんで、観客のおのおのが自分の前で演じられるめずらしい情景に注意を集中する。

神のヴィジョンに恵まれた人の状態はこれにそっくりだ」

弟子「プレマは、今日のあなたのおおせによりますと、愛の神を縛る愛の糸でございます。プレマ（もっとも強烈な神への愛）によってなら、神に呼びかけるやいなや、彼を見ることができるのでございましょう」

しかし問題は、そのようなプレマが、世間に住む者の手のとどくところにあるかどうか、である。

師はしばらくだまっていらっしゃった。

＊　　＊

弟子「ハリパダは、職業的なヒンドゥ・パンディットのようにプゥラナの講釈をすることができます。たとえば、プララーダの生涯などをそのようなパンディットと同じように描いてきかせるすべを知っております」

師「おお、そうかね？　この間、私は彼の目が非常に疲れているのに気づいた。そこで、『お前、瞑想をやりすぎているのではないか』とたずねた。彼はうつむいただけだった。私は、『急ぐではないぞ、極端は避けなければならない』と言ったのだ」

午後九時頃だった。こんどはアダル・ラル・センが入ってきた。そしてやがて、チッタゴンのチャンドラナート山の近くの、シタークンドの燃える水の話がでた。井戸の水の表面から炎の舌のようなものが見えるのだと言うことだった。

師（アダルに）「それはどういうわけなのかね」

ここで、弟子たちの一人がアダルに、「水の中に燐があるのではありませんか」と言った。

アダル（師に）「水の中に燐があるからでございます」

弟子たちのへの愛

師（アダルに）「ここにラームという実に親切な人がいるのだよ。彼がいなかったら、ハリシュやその他の者たち（弟子たち）を食事に呼んでやる者がいなかっただろう。この連中は瞑想に夢中になっていて、食事に気がつかないのだから」　師はこのようにして、ラーマチャタージ（寺院の神職）を、親切な言葉でそれとなくアダルに紹介しておやりになったのである。アダルは政府の高官で、このような人々を気前よく援助したからだ。

（注）別本に師の言葉としてここに、「ラームという神職がこの寺にきたので、われわれはさまざまの心配から救われた。彼は食事どきに、ハリシュやラトゥやその他の者をさがしだしてつれてきてくれるのだよ」とある。

第一〇章　シュリー・ラーマクリシュナ、ナレンドラおよびその他の弟子たちとともにダックシネシュワルの寺院で（一八八五年）

第一節　師が信仰の道をお説きになる（バクティ・ヨーガ）

シュリー・ラーマクリシュナは寝椅子の上にすわって、深いサマーディに入っていらっしゃる！

弟子たちおよび他の信者たちは、ござのひろげられた床にすわっている。みなが、師を見つめている。彼らの中には、マヒマチャラン、ラーム（ダッタ）、マノモハン、ナバイ、Mおよびその他がいる。後に、ナレンドラが入ってくる。

一八八五年三月一日日曜日、ファルグーンの満月の日である。ドラヤートラーの祭礼がおこなわれている。

神意識の状態が去りはじめ、師は話をする力をとりもどされる。しかし、彼の心はなお、神の世界にある！

師はマヒマチャランにおっしゃる、「ねえ、どうぞ私に、神への愛の必要なことについて話しておくれ。どんなに、主への愛がたった一つの必要なものであるかを話しておくれ」

マヒマチャラン（「ナーラダ・パンチャラートラ」から引用して）「『天上からの声が、苦行をしようとするナーラダに告げた――
（一）もし、信仰をもって神を拝するなら、なんで苦行の必要があろう。
もし彼をそのように拝し得ないのなら、また苦行の必要があろうか。

もし主が内にも外にもいますことが悟られたなら、なんで苦行の必要があろう。

もし、彼をそのように悟ることができないなら、苦行をしても何も得るところはあるまい。
（二）思いとどまれ、おおわが子よ、これ以上の苦行をすることは思いとどまれ。
ただちに神の知識の海、シヴァのもとに行け。

彼からいかに主を愛すべきかを学べ。そのような愛が、維持者なる神（ヴィシュヌ）の崇拝者たちによって語られている――決して失われることのない愛、鉈鎌《なたがま》のように、この世のかせをこなごなに砕く愛である』

ナーラダは、森の中の庵で苦行生活をしているときにこのような声をきいたのです」

師「この神への愛には二種類がある。第一は聖典に命じてある愛だ。われわれはこれこれの方法で礼拝をすべきである、主の御名を何回もくり返すべきである、というようなのはすべてこの種のバクティである。これはおきてによるバクティである。それは、サマーディの中で、絶対者（ブラフマン）の知識に導くであろう。自己はこうして、普遍霊の中にとけ込み、ふたたび戻ってはこないのである。これは、普通の信仰者の場合である。

神の化身たち、つまり神の息子たちであり彼の身内である存在たちの場合は別である。彼らの神への愛は単なる形式によってできあがったものではない。それは内部から湧き上がってくるのだ！　チャイタニヤのような神の化身たちや神にもっとも近い人たちは、サマーディの中で絶対者の知識に到達することができ、それでいて同時に、エゴを保持しつつその高みから下りてきて、主を父や母やその他として愛するのだ。『これではない』『これではない』と言いつつ、彼らは階段の段を一つずつ背後に見すててついに屋上に達する。屋上に達して、彼らは、『これである』と言う。しかしまもなく、彼らは、階段も屋根それ自体と同じ材料、レンガとセメントとレンガ粉とでできていることを発見するのだ。そこで彼らは、ときには屋上に休み、ときには階段にとどまり、上がったり下りたりするのである。

屋根は、感覚世界に反応する自己が完全に消えたサマーディの中で悟られる絶対者、を象徴している。階段は現象世界――屋根に到達した後にはじめて、これも絶対者である、人間の感覚を通してとらえた絶対者である、ということがわかる、名と形の世界である。

シュカ・デヴァは、自己が完全に絶対者に融合するサマーディに入っていた。彼のところに、主はナーラダをおつかわしになった。パリクシット王の前で神の言葉（バーガヴァタ）を読むよう、命じるためである。ナーラダは、この聖なる賢者が完全に感覚の世界から死んで、木の株か岩のようにすわっているのを見た。ナーラダはヴィーナ（弦楽器）を弾きながら四節からなる主の讃歌をうたいはじめた。最初の一節で、シュカ・デヴァの毛が逆立った。第二節で、彼の目から涙が流れた。それから、彼は内部に主の霊姿を見ることができた。ついに、その霊的高みから下りてきてナーラダと話をしたのである。

このようにシュカ・デヴァは、先験的な知識と主への愛との両方を持っていた。

ハヌマーンは、無形の神と形ある神とを悟り、それから、主の特別の姿――ラーマチャンドラの姿、永遠の霊と至福でできた姿を瞑想しつつ日を送った。

プララーダとナーラダの場合もこれと非常によくにていた。彼らは絶対者をさとった――彼らはもう一つの境地から、主のさまざまの霊姿をもさとったのである。

プララーダはさとった、「私は『それ』(絶対者なる神)」である、と。彼はまたさとった、『私はあなたの召使です。あなたは私の主でいらっしゃいます』とも悟った。

ナーラダも主への忘我の愛に日を送った。

この愛は、人生の難問を解決する。『私が』と言う自己が存在する限り、私にとっての問題は『私が』『どう生きるか』ということだ。私は感覚世界に反応する感覚的な性質で満足しようか。いや、この自己を、この世界およびこの世界のいわゆる快楽の召使とはせず、主の召使にしようではないか！『あなたは主、そして、おお主よ、私はあなたの召使です』この世界およびそれの楽しみの享楽ではなく、永遠の至福の享楽である。主の、決して滅びることのない歓びの享楽である！

自己すなわちエゴは主から離れさせる。しかし神の愛のエゴは――神にむかう知識のエゴは――子供のエゴは神に導く。シャンカラーチャーリヤはサマーディのあとで、人類を教えるために、神にむかう知識のエゴを保持した。

子供のエゴはこの世の事物に執着しない。子供は、腹を立ててもじきにあとかたもなく忘れてしまう。彼は玩具の家を作るが、まもなくそんなことはすっかり忘れてしまう。遊び友達とどれほど仲よくするかわからないのに、相手の姿が見えなくなるとじきに新しい友達をつくり、古い友達のことは思いださない。このように子供のエゴは何ものにも執着しない。その中ではエゴが絶対者と一つになるところのサマーディ、そのサマーディのあとで保持される神への愛のエゴは、人生の難問を解決する。

バクティすなわち神への愛がひろく人々によって養われなければならないもう一つの理由は、エゴはふり落とすことができないものだからである。理詰めによって一時しりぞける事ができるかも知れないが、しかし見よ！　それはふたたび顔をだす。お前たちは、お前自身からお前自身を、つまり『私は、私は』と言うエゴを、取り除くことはできないのだ。

エゴは水差のようなもの、絶対者（ブラフマン）はその水差が沈んでいる果てのない大海のようなものだ。お前は、無限者は内と外の両方にある、と推論するだろうが、お前が推理をする間は、お前は水差から自由になることはできない。いわゆる絶対者なるものは、お前が推理をする間は、お前と対立する相対的な何ものかであるのだ。お前がふり落とすことのできないこの水差が、神への愛の自己すなわちエゴである。そこに水差すなわちエゴがある限り、そこには私とあなたの両方がある。こうして、『あなたは主、私は主の召使』なのである。たとえお前の推理を最高点までおし進めても、自己すなわちエゴはなお残るのだ」

第二節　シュリー・ラーマクリシュナ、ナレンドラに放棄をお教えになる

このときナレンドラが入ってきて師の足下にひれ伏す。彼は寝椅子から下りて、床にひろげられたござの一枚にすわってナレンドラにお話しかけになる。部屋はこの頃には、カルカッタやその他からやってきた弟子たちや訪問者たちでいっぱいである。

師（ナレンドラに）「さわりはないか、私の子供よ。お前、ギリシュ・ゴーシュの家を始終訪ねているというのは本当か」

ナレンドラ「はい、師よ、ときどき彼に会いにまいります」

ギリシュ・ゴーシュは一八八四年一二月に師のもとにきたので、新しい弟子である。師はしばしば、彼の信仰の偉大さについてお話しになる。彼がよくおっしゃる言葉にしたがうと、両腕をまわしてもかかえ切れないほど偉大な信仰である。しかも彼の主への渇仰心は、まさにその信仰と同じように強烈だ。家にいては常に神を瞑想し、主のみからあたえられる歓びに一種の酩酊状態となる。彼の家には大勢の弟子たち、特にナレンドラ、ハリパダ、ナーラーヤン、ビノデなどが訪ねてくる。彼らはただ一つの主題、すなわち師の事しか話さない。

ギリシュは世間の人――在家の人である。一方、師は、ナレンドラは主の御仕事をするために世を放棄するであろう、と見ていらっしゃる。ナレンドラは『女と金』を放棄するであろう。

師（ナレンドラに）「お前がギリシュ・ゴーシュの家をしばしば訪ねるというのは本当にそうなのか。

まあ、ニンニクを容れた器は何回洗ってもその臭いは消えないであろう。まだ世間に入らず、『女と金』に触れたことのない男の子たちは清い器のようなものだ――何の臭いもついていない。長い間世間で暮らした男たちは、ニンニクをこすりつけた器のようなものだ。

彼らはまた、カラスにつつかれて汚されたマンゴーのようなものだ。

また、世間に触れていない若者たちは新しい土焼きの瓶のようなものだ。その中にミルクを蓄えても安全だ。世俗の人々は、その中で一度ミルクを凝乳にしたことのある器のようなものだ。こんな器に純粋なミルクを蓄えるのは危険だ。すっぱくなるおそれがある。

純粋な若い魂に教えられた知識または神への愛は、新しい器の中で安全に保存される純粋なミルクのようなものだ。世間の人々に教えられたものは、非常にしばしば、一度凝乳を容れた器に蓄えられたミルクのように、すてられる恐れがある。

私の愛する子供よ、本当に、世間の人々の中にも主を求める人々はいる。彼らは彼らで一つの種類を形成しているのだ。彼らの心は神に、そして同時に肉体の楽しみにあたえられている。ラーマーヤナには、ラーヴァナはこの種類の一つのタイプであった、と書いてある。彼は、神と同時にこの世の良きものをも欲した。彼はデヴァやナーガやガンダルヴァやアシュラ族の美しい娘たちをめとり、同時に最後には神を悟ったのだ。プゥラナには、アシュラたちは世間の快楽にふけったと書いてある。同時に、彼らも最後には神を悟った」

ナレンドラ「ギリシュ・ゴーシュはこの頃悪い仲間を避けております」

師「あるところに何人かのサンニヤーシンがすわっていた。そこへふと、一人の若い女が通りかかった。横目でチラと彼女の方を見た一人を除いて、全員が変わらずに神を瞑想し続けた。その一人は、前には在家の人であったので、出家したときには三人の子の父親だったのだ。

もしニンニクをすってその溶液を長い間茶碗に入れておいたら、その茶碗からニンニクの臭いを取り去るのは難しいことではないか。バブイの木に甘い甘いマンゴーをならせることなどができるか。もちろん、この奇跡をおこなう通力を持っている人にはできるだろう。しかしそんな奇跡的な力を得ることは、誰にでもできるものではない。

そうだ、世間の人でも、世間に触れたことがなく神のみを求めている若者と同じように浄くなることもあり得る。バブイの木が甘い甘いマンゴーの実を結ぶこともある。しかしこのような奇跡をおこなう力は全能者から下りてこなければならない。また神には不可能ということはないのだ。しかしながら、そのような天からの賜ものの何とまれであること！

要するに、お前は全心を主に献げなければならないのだ。

ところが世俗の人、在家の人――おお、彼の何と、さまざまのことにまどわされていること！ 彼が本当に、主のためにさく時間などを持っているだろうか。

ある男が、毎日自分の前で神の言葉を朗読し、それを説明してくれるような、聖典に通じたパンディットを雇いたいと思った。友人の一人が彼に言った、『そう、私はそんなパンディットを一人知っている。彼はあつらえむきの人間だ。ただここに一つ面倒なことがある。彼は若干の耕地を持っており、毎日それの世話をしなければならないのだ。四個のすきと八頭の牡牛とが常に働いている。だから時間がないかも知れない』と。

それを聞いて、聖典に通じたパンディットを探している男は叫んだ、『おお君、私は君が考えているような、そんな学者のパンディットを探しているのではないよ——すきと牡牛と耕地を持ってそのせわに忙しくて時間がないなどという——。（笑い）いや、いや、私は神の言葉を聞かせてくれるパンディットを探し求めているのだ！』と。

ある王様が毎日、学識のあるパンディットが朗唱する神の言葉を聴いていた。その日の課業がすむと、パンディットはいつも王様に向かって、『おお王様、私がいま読んだところは全部おわかりになりましたか』と聞くのだった。この質問に対して王様はいつも、ただ、『これ、この聖典の言葉の意味を理解しなければならないのはまず第一にあなたですぞ！』と答えるのだった。

パンディットは毎日、家に帰ると王様のこの言葉の意味を考えていた。『なぜ王様は毎日私にこうおっしゃるのだろうか』信仰ぶかいブラフマナだったので、彼は数日のうちに、内部に霊性のめざめを感じた。彼は、主の礼拝だけが唯一の必要な事であることを悟ったのである。世間とその楽しみがいやになって、彼はそれを放棄した。隠遁するために家を出る日、彼は王様のもとに使いをやり、こう伝えた、『おお王様、私は本当についに、神の言葉の真の意味（主のためにいっさいをすてよということ）を理解いたしました』と。

私が世間の人々をこう見るからと言うので、お前は、私が彼らを軽蔑していると思うか。おお、いや。一者の知識が私に、いっさいのものは絶対者なる神の感覚世界への現れ以外の何ものでもない、と告げている。こういうわけで私は、すべての女は母なる神のさまざまの現れだ、ということを理解している、実際に見ているのだ。それだから私はすべての女を同じように敬う――それが低い種類の女であろうと、結婚生活の愛の献身において他者の手本になるような理想的な妻であろうと。

ああ、私はカライ豆よりもっと上等なものをほしがるお得意さんを探しているのに見つからない！　誰も彼もが『女と金』を追いかける！　もっと高いものを求める人はごくわずかしかいない！

彼らは女の美しさに、金に、名誉に、肩書にひかれる。主の神聖なヴィジョンは――神の美は――最高の地位、創造主の位さえも得る価値はないと思わせるほどのものなのだ、ということを知らないで。

ある人がラーヴァナに、『あなたはなぜ、ラーマ（シーターの愛する夫）の姿をしてシーターに近づくことができないのですか』と尋ねた。するとラーヴァナが、『わが友よ、もし私が一たびわが魂の奥底にラーマの姿を見るなら――ティロッタマなどのような美しい天女も火葬場の灰のようにしか見えなくなるだろう。その後は私は、魅力満点の美女は言うにおよばず、創造主の高い位をもはねつけるようになるだろう！』と答えたという。

本当に、ここのお得意さんは誰も彼もがカライ豆を欲しがる。神だけを愛することは――ただ一つの目的を持つことは――心を主に集中させることは、まだまだ世間に触れていない純粋な魂だけにできることなのだ。

（在家の弟子であるマノモハンに）お前はおこるかも知れないが。私はそれを言わなければならない。私はラカールに言ったのだよ、『わが子よ、私は、かりにお前が心いやしくも金のために誰かの召使になった、などときくよりは、お前がガンガーに身を投げて溺れ死んだ、ときく方がうれしいだろうよ！』と」

（ラカールは後のスワーミー・ブラマーナンダ、いま師のもとで暮らしている。マノモハンの妹をめとっている）

ふたたびナレンドラの方を向いて、師はおっしゃる、

「あるとき一人の若いネパールの婦人が、キャプテン（ヴィシュワナート）につれられてここにきた。彼女はエスラージ（バイオリンに似た楽器）を上手に弾き、同時に主の御名を朗唱した。彼女の美しい声は、かなり大勢の人を部屋にひきよせた。誰かが結婚しているかと尋ねたら、彼女は一寸きびしい調子でこう答えた、『私は主の召使です！　彼が私の主であり、そして夫なのです。私は彼のみに仕え、男性のような被造物には仕えません』と。

『女と金』が常についてまわっては、どうして神を悟ることなどができよう。彼らのまん中にいて無執着の生活をすることは実に至難のわざだ。世間に暮らす人の場合の難しいこと。第一に、彼は妻の奴隷だ。第二には、ルピーの奴隷だ。そして第三には、自分が生活のために仕えている主人の奴隷なのだ。

アクバルの治世のとき、デリーの近くのある森に庵を結んで、一人のファキルが住んでいた。大勢の人々がこの修行者のもとに集まっていた。しかし彼はその人々をもてなすに必要な物を持たなかった。そのため

に金が欲しいと思い、修行者への親切で知られたアクバル・シャーのもとに乞いに行った。アクバルはそのときお祈りをしていたので、彼は祈祷室にすわって待っていた。祈りの中で皇帝がこう言っているのがきこえた、『おお主よ、どうぞ私にもっとたくさんの富を、もっと強い力を、もっと広い領土をお授けください』ファキルはただちに、立ち上がって室外にでようとした。しかし皇帝は手まねでもう一度すわれと命じた。祈祷が終わると、アクバルはファキルに尋ねた、『あなたは私に会いにきたのだろう。私に何も言わずにでて行こうとしたのはどういうわけか』と。ファキルは、『私が陛下をお訪ねした目的は――まあ、もうそのことで陛下をわずらわす必要はありません』と言った。アクバルがそれを話せとくり返して求めるので、ファキルはついに言った、『陛下、大勢の人々が私のところに教えを乞いにやってまいります。しかし金がないので私は彼らをもてなすことができません。そこで、陛下に援助をお願いしたらよかろうと考えました』そこでアクバルは、ではなぜそれを自分に話しもせずに去ろうとしたのかと尋ねた。ファキルは答えた、『私はあなたご自身が主に富や力や領土をお願いする乞食でいらっしゃるのを拝見したとき、心に思ったのです、自らが乞食である人に物乞いする法があろうか。私は主ご自身に乞うた方がよい――もし本当に物乞いをしなければやって行けないのであれば！』と」

ナレンドラ「この頃は、ギリシュ・ゴーシュはこのような問題ばかりを考えております」

師「それはよろしい――そうあるべきなのだから。しかしそれではなぜ、彼はあんなに悪口を言うのだ。私の現在の性質は、あのような無作法には耐えられないのだよ。雷鳴がとどろくと、粗大なものはびくともしないがガラス戸はビリビリとふるえて音を立てるだろう！　サットワの要素が現在の私の性質を形成している。それだから、それは雑音や騒がしさにはたえられないのだ。私の母なる神が、近頃私に対してあまりに無作法になったリドイを、追放なさったのはそのためだったのだよ。

（少したってから、微笑みつつ、ナレンドラに）お前、ギリシュ・ゴーシュの言うこと（神が人に化身するということ）に同意するか」

ナレンドラ「彼は本当に、自分は神の化身を信じると申します。彼の信仰が実に深いので私は、これは反対するようなことは言わない方がよい、と思いました」

師「何と彼の信仰の深いこと！　そうは思わないか」

師は床に広げられたござの上にすわっていらっしゃる。彼のすぐそばにMがいる。彼の前にナレンドラがいる。他の弟子たちとカルカッタからの訪問者たちがそのまわりにすわっている。みなが師を見つめている。

彼はなおしばらくすわったまま、言い表わしようのない愛をこめてナレンドラを見つめていらっしゃる。彼におっしゃる、「私の子供よ、おお！『女と金』の放棄なしには人生の目的は達せられないのだよ！」

こう言いつつ神聖な白熱状態に入り、愛をこめて彼を見つめながら歌をおうたいになる――

歌

（一）私は、あなたにものを言うのがこわい、もしそれを言わなかったら――それも同じようにこわい。

私の心にわく恐れは、あなたを失うかも――そうです、あなたを、私の富を、私の宝を奪われるかも知れない、ということです！

(二) あなたの心をよく知っているから、私たちはあなたに聖き御名を教えましょう。それはあなたを、愛しい御方につれてゆきます。

いまはその御名を受けるかどうかはあなたしだいです。多くの場合に私たちをして、舟を安全に岸につけることを得させたその御名を。

師は、ナレンドラが自分のものではなくなるかも知れない、と、何者かが彼を自分の手からとりあげて行くかもしれない、ということを恐れていらっしゃるのだ！ ナレンドラは師のおうたいになるのをきいて涙を流す。

はじめて師に会いにきた訪問者が、彼のそばにすわっていていっさいを見る。彼は師に言う――

「師よ、もし『女と金』を捨てなければならないのであれば、育てなければならない家族を持つ在家の者はこの問題をどう解決したらよろしいのでしょうか」

師「ああ、あなた方は妻子とともに暮らして在家の人としての務めを果したらそれでよいのだよ。私たちの間で交わした話はあなた方には関係のないことだ」

そばでいっさいを聞いていた在家の人、マヒマチャランは言葉もなく、黙ってすわっている。

師（マヒマに笑みかけて）「前進しなさい。立ち止まるではない。森の中に深くわけ入るのだよ。白檀の木を得るだろう。もっと深くわけ入りなさい。銀鉱に行き当たるだろう！　そこに止まらないで進みなさい。そうだ、さらに深く入るのだ。すると金鉱に行き当たるだろう！　さらにもっと奥へと進んで行く、するとお前は、ダイヤモンドやルビーやサファイアのまっただ中にいるだろうよ！　そうだ、前へ、前へと進むのだ」

マヒマ「私どもは本当に進み続けるべきでございます。しかし、ああ！　何ものかが私どもを引き戻し、前進をはばみます。知られざる何かの力が手綱を引いて私どもを後に引き戻すのでございます」

師（微笑して）「まあ、何を言うのだ。神の聖き御名という剣でその手綱をずたずたに切ればよいではないか！　永遠（シヴァ）の配偶者である母なる神の御名は、死の束縛をまっ二つに切ることができるのだよ！」

その父親が世を去って後、ナレンドラは非常に大きな苦労に直面している。数々の試練と苦しみを受けた。師はときどき、彼の方に目をおやりになる。愛と同情の光に輝く目で彼に微笑みかけ、「お前、もうチキッツァカ（長年の経験を持つ医師）になりおうせたかね」とおっしゃる。

師はことわざをひいて、おっしゃる

「ヴァイディヤ（新米の医師）は、やっと百人の患者を盛り殺すことのできた医者！

チキッツァカは、少なくとも一千人を、永遠に向けてかたづけた医者」（笑い）

ナレンドラはすでに十分に苦い盃を飲んだ。善き師はこの事実を指していらっしゃるのだろうか。

ナレンドラは微笑して黙っている。

第三節　師は弟子たちとともに

午後である。弟子たちおよび他の信者たちは、境内のあちこちで待っている。師は、若い弟子たちについて、Mと話していらっしゃる。

師「パルトゥの他は全部、『私は瞑想がうまいぐあいにできます』と言う。パルトゥはそれができず、心を神々に集中することができないのはどういうわけだろうか」

M「彼は試験のために非常にたくさんのものを読まなければなりません。恐らくそれが集中の邪魔をするのでございましょう」

師「お前ナレンドラをどう思うか。彼にはまったく偽りがない、というのが事実ではないか」

M「はい、そうでございます」

師「そうだ、父親の死が家族をほとんどよるべのない境遇におとしいれた」

師「彼はいろいろと家族のことを考えなければならない。そのために彼の内なる光は少しばかり世間の影の下に隠されている。この状態はしかし長くは続くまい」

師はときどき、ナレンドラがあるヴェーダーンティストと話している廊下に出てごらんになる。彼はナレンドラが話すのを見まもっていらっしゃる。

弟子たちは部屋に戻ってきた。師はマヒマチャランに、聖典の中からサンスクリットの祈りの言葉を朗唱してくれとお頼みになる。

マヒマは、マハーニルヴァーナ・タントラから引用して朗唱する——

わがハートの蓮華の中に、私は絶対者なる神を礼拝する。ハリ（維持者なる神）、ハラ（破壊者なる神）、およびヴィディ（創造者なる神）のすべてが知りたいと欲している彼を、ヨギたちが悟りを得ようと欲して常に瞑想する彼を。

彼は誕生と死の、すべての恐怖を除く。彼は、絶対の実在であり知恵である。

彼は自らの内に数多の世界の種子を蔵している

師は、マヒマがこれをはじめとするいくつかの聖典の言葉を朗唱すると深く感動なさる。マヒマはさらに、シャンカラーチャーリヤが作ったシヴァへの祈りを朗唱する。それは、この世界の主に、この世という海に溺れるぬよう、信者をお救いくださいと祈るものである。この祈りの中ではまた、この世界は不幸の場所——人が道に迷って脱出することのできない、見通しのきかぬ荒れ地——として表現されている。

さて、マヒマチャランは世間に住む在家の人である。

シュリー・ラーマクリシュナ（マヒマに）「なぜお前は、この世は人を溺れさせる井戸であるとか、人が必ず道に迷う深い森であるとか言うのだ？　なぜ、それは不幸の場所以外の何ものでもないなどと言うのだ？　このようなたとえはすべて、初心者の立場からは非常によろしい。禍福いずれにつけても主にすがりつくような人の口から出るにはまったくふさわしくないものだよ。お前の歩みをお導きになるのは主であるというのに――そんな恐れは全部捨ててしまいなさい！　そしてやはり在家の人であったもう一人の信者のように、歓びの声を上げなさい――

まことにこの世は喜びの館、食べて飲んで、喜んで暮らさせてくれ。王なる賢者ジャナカ、彼の力はどれほど大きかったか。霊的なもの、この世のもの――彼に欠けているものがあったか？　ああ！　彼は神を想い、しかも同時にミルクのカップを飲み干した！

誰を恐れる必要があるか。主がお前の友だちなのだ。彼をしっかりとつかまえなさい。彼がお前の手をとって導いてくださるのだ。草やイバラの生い茂った深い森であったとて決して心配することはない！　靴をはけばイバラが足を刺して血をださせるようなことはないだろう。恐れをすてよ。このかくれんぼうの遊びの中で、おばあさん、つまり遊戯を公平に導いていらっしゃるわれらの母なる神の御神体に触れよ。一たび彼女の御神体に触れさえすれば、お前はこの興奮させる遊戯の中でそれ以上動きまわる必要はなくなるのだ。そうだ、もう、その遊戯の中の泥棒のように興奮して走りまわったり縛られたりする必要は、なくなるのだ。王である賢者ジャナカはお前も知っているように、二ふりの剣をふりまわした。一本は真の知識の剣、もう一本は働きの剣だった。これらの剣を操ることの巧みな人は何ひとつ恐れることはない」

＊　＊

師は寝椅子にすわったままでいらっしゃる。Mは床の上、彼のすぐそばにすわっている。

師（Mの方を向いて）「彼が言ったことが私の心を、いわば引き離したようだ――軽い事柄からは」

（師はここで、マヒマチャランが絶対者なる神に向かって朗唱した最初の祈りのことをお話しになる）

いまや彼らが主の御名をうたい、歓びに踊っている。師は弟子たちにお加わりになる。彼は深い信仰感情に満たされ、信者たちとともにうたい、かつお踊りになる。

歌が終わると、師は弟子たちにおっしゃる。「愛をもって主の御名を唱えるのが唯一の必要なこと、他のすべてのことにはほとんど値打ちがない！　バクティが実在、他のすべては非実在だ！」

＊　　＊

彼らは床にすわって話している。ナレンドラとラームダッタとが、ある事柄を熱心に論議している。ラームは最近病気が治ったので師にお目にかかりにきたのだ。

師は、彼らが話し合い、論議の間にしだいに声が高くなるのを見つめていらっしゃる。

師（Mをかえり見て）「私は、私としてはあのような論議は好まないのだよ。（大声でラームに）おやめ、お前はまだすっかり良くなってはいないのだよ！

まあよい、静かに続けなさい、そして興奮するではない。

（Mをかえり見て）こういうことはすべて、私はまったく好まない。私はよく、こう言って母なる神の加護を求めたものだった。おお、母よ、一人の男は、『それはこうだ、それはこうだ』と言います。もう一人の男は、『それはそうではない』と言います。真理は何であるのか、どうぞ教えてください！　と」

第一一章　弟子バララームの家でのシュリー・ラーマクリシュナ

（一八八五年）

ナレンドラ（スワーミー・ヴィヴェーカーナンダ）、ギリシュ、バララーム、チュニラル、ラトゥ、M、ナーラーヤン、およびその他の弟子たちとともに

第一節　師、弟子にお教えになる

一八八五年三月一一日水曜日、すなわちベンガル暦でファルグーン月二九日は、その月の黒月一〇日である。この日にシュリー・ラーマクリシュナは、弟子の一人である。バララームの家においでになった。彼はダックシネシュワルを発って朝の一〇時頃におつきになり、そこで昼食を召し上がった。

あなたに主の御恵みあれ、バララームよ！　師が今日、彼の主な「ブドウ園」（精神的仕事場）とすべくお選びになったのはあなたの家なのです！　彼が信者たちを一人また一人と、神の愛のひもでお縛りになったのはここなのです！　彼があんなにたびたび、弟子たちの先頭に立って踊りつつ主の御名をおうたいになったのはここなのです！　まるでもう一人のゴウラーンガが、弟子シュリヴァースの家に神の愛の「売買」のために市を立てているようです。

師の彼の弟子たちへの愛の何と深いことか！　あの、母の寺院でたった一人で、彼は子供のようにお泣きになる！　彼らに会いたい、と渇望なさるのだ！　夜も眠らず、彼は母なる神におっしゃる、「おお、母よ！　お慈悲をもってどうぞ、彼をあなたの御囲い内（信者の群）に引き入れてやってください！　彼はあなたを深く信仰しているのです、哀れな子供よ！　おお、私はどんなに彼に会いたいと思うことか！　母よ、彼をここにつれてきてくださるか、でなければ私を、彼のいるところにおつれください」と。これが、彼がこんなにたびたびバララームの家においでになる秘かな理由なのではないか。彼は本当に誰にでも、「バララームは真のバクタだ。毎日、家の守護神ジャガンナート（宇宙の主）をお祈りしている。だから彼の献げ物はいつでも受納することができる」とおっしゃる。しかし、ここにおいでになるたびに彼におっしゃるのだ、「行って私のナレンドラ、バヴァナート、ラカール、プルナ、年下のナレンドラ、ナーラーヤンおよびその他の弟子たちを招待しなさい。彼らに食物を提供することはそれを神御自身に献げるのと同じことだ。この連中は決して普通の人間ではない。肉体として現れた神の一部なのだ」と。

車祭（注＝ラタヤートラー。アシャダー月におこなわれるシュリー・クリシュナの祭礼）のときにたくさんの歌や踊りがおこなわれたのは、バララームの家においてであった。たびたび、信者たちは、ここ、神の愛の謁見所において、互いに会うことができたのである。

Mは近くにある英語学校の教師である。彼は、師がバララームの家においでになったことを聞いた。ちょっとひまができたので、ひる頃、師におめにかかろうとやってきた。彼はひれ伏して彼の御足を礼拝する。昼食が終わって休んでいらっしゃるところだ。若い弟子たちが彼を囲んですわっている。ときどき、彼は小袋からキャバブその他の香辛料をとりだしていらっしゃる。

シュリー・ラーマクリシュナ（愛情こめて、Mに）「おや、きたのだね！ 今日は学校はないのか」

M「師よ、私は学校からまっすぐに参りました。いまちょっと仕事のひまがあったものでございますから」

一信者「いいえ、師よ、彼はずる休みをして学校からぬけだしてきたのでございます」（みな笑う）

M（心中に）「おお！ 本当にまるで何かの見えない力がこの場へ私を引っぱってきたようだ！」

師はそこで少し考えていらっしゃるようだった。それからMにそばにきてすわれと命じ、さまざまのことをお話になった。

そして彼に、「ぬれタオルを絞って持ってきてくれないか。そして上衣を日にあてておくれ」とおっしゃった。またさらに、「すねから下が痛むのだよ。少しばかり、そっとさすってくれないか」とおっしゃる。Mは、弟子として師にどのように仕えたらよいのかを知らない。それゆえ慈悲ぶかい師は彼にお教えになる。Mは一生懸命、師のご命令通りにやりはじめる。両方の手のひらと指とで、彼の聖き御足を静かになでる。その間、師は彼をお教えになる。

シュリー・ラーマクリシュナ（Mに）「M、お前このことをどう思うか、話してくれ。この幾日間か、妙なことが起こりつつあるのだ。もう私はどんな金属をも触ることができないのだよ。あるとき金属のコップに手をつけたら、どういうことになったかわかるか。まるでトゲを持つ魚の針が肉に刺し込まれたかのように感じたのだ。痛みは実に鋭いものだった。だがおわかりだろう、金だらいなしではどうにもしようがないからね。私はそれをヤナギの木の下に持って行こうと思った。私はそれを自分のタオルで包み、それから持ち上げようとした。それに触れるやいなや、同じ鋭い痛みが戻ってきた。それは本当に恐ろしい痛みだった。とうとう私は母なる神に、『おお、母よ、今度だけはおゆるしください。以後は決して致しませんから』と言って祈らざるを得なかった。お前、これはあらゆる種類の楽しみを完全に避けよ、という母からの警告だ、とは思わないか」

M「たぶん、尊い師よ、仰せの通りでございましょう」

シュリー・ラーマクリシュナ（Mに）「年若い方のナレンはしばしば私に会いにくる。家の人々が彼を叱るとは思わないか。おお！　彼は良い子だ、実に純粋だ！　肉の快楽というものをまったく知らない」

M「はい、尊師よ、彼は本当に、尋常の器ではございません」

シュリー・ラーマクリシュナ「そうだ、その上に、彼はこう言うのだ、『神の言葉は、一度きいたら私の心にやきつきます』とか、また、『幼い頃に、私はよく主を求めて泣きました。彼を見ることができないのでたいそう悩みました』などと」

このように、師はこの若い信者についてお話し続けになった。そのとき弟子たちの一人が叫んだ、「まあ、Mさん、あなたはいつ学校にお戻りになるのですか」

シュリー・ラーマクリシュナ「何時か」

弟子「一時一〇分前でございます」
シュリー・ラーマクリシュナ（Mに）「帰った方がよい。もうすでに遅い。お前には務めがあるのだ。（ラトゥに）これ、ラカールはどこにいるのか」
ラトゥ「彼は家に帰りました」
シュリー・ラーマクリシュナ「そんなことがあるのかね。私にあいさつもしないで帰るとは」

第二節　午後、弟子たちとともに

学校が終わると、Mはふたたび訪れた。師は――彼はお喜びになる――バララームの客間で、弟子たちのまん中にすわっていらっしゃる。彼の顔には甘美な微笑が輝き、それが弟子たちの顔に反映している。Mは師の御足を礼拝する。師は、そばにすわれ、と合図をなさる。ギリシュ（ゴーシュ）、スレシュ（ミトラ）、バララーム、ラトゥ、チュニラル、その他大勢の弟子たちがいる。

シュリー・ラーマクリシュナ（ギリシュに）「お前、その点をナレンドラと議論したらよかろう。彼が何と言うか、見てごらん」

ギリシュ「ナレンドラは言うのでございます、『神は無限だ。われわれは、見たり聞いたりするものすべて――それが物体であろうと人であろうと――が神の一部であると言うことさえできない。まして神自身であるなどとは到底言えない。無限の一部などというものを考えることはできない』と」

師「神は本当に無限だ。しかし彼は全能だ。彼は、彼の愛という神性が肉体に現れて、神の化身としてわれわれの間に生きるよう、命ずることがおできになるのだ。神の化身は事実である。もちろん、人はこのことを言葉によって完全にはっきりとさせることはできない。それは霊の目によって見られ悟られるべき事実である。このことを確信するには、人は神を見なければならない。

比喩はせいぜい、事柄をかすかに理解させるだけである。人がもし牝牛の角か脚か尾か乳房をさわれば、それはつまり牝牛に触れた、ということになるのではないか。われわれ人間にとって、牝牛に関して一番重要なのは乳房からでるミルクだ。さて！　神の愛というミルクは、神の化身から、われわれのところに流れてくるのだ」

ギリシュ「ナレンドラは、『神を知ることができるか。われわれの小さな貧しい頭脳で神の観念を把握することなどができるか。神は無限なのだ！』と申します」

師（ギリシュに）「それは本当だ。誰が神を知ることなどができるか。それはわれわれにできることではないし、また神を完全に知る必要などはないのだ。われわれはもし彼を見ることができれば――彼が唯一の実在である、ということを感じることができれば――それで十分だ！　もし神の化身を見ることができれば、それで十分である。

ある人が聖河ガンガーの岸に行ってその水を触ったとする。彼は、『私は幸いにも聖なる神を見てそれに手をつけることができた』と言うだろう。決して、ハリドワルからガンガシャーゴルまで、源から河口まで

触らなければならないというものではないよ！（笑い）

もし誰かがお前の足にふれて、その人はお前に触った、ということになるだろう。人が海辺に行って海水にふれれば、間違いなく、彼は海に触ったのだ。

火はすべての物の中に潜在している。しかし木の組織の内部には、他のものの中よりもたくさん潜在している」ギリシュ（微笑しつつ）「私は、火を探し求めております。ですから、私が注意を向けるのは、その火を得ることのできる場所だけでございます」

師（微笑して）「よし！ 木は神がおつくりになったものだから、他のものよりたくさん、この要素を持っている。お前は神を探し求めるのか。よろしい、人の中に彼を探しなさい！ 彼の神性は、他の何ものよりも人の中に多く現れている。溢れる神の愛を持つ人を――神を渇仰する人を――彼の愛に酔っている人を、探し求めなさい。そのような人の中に、神は自らを化身させていらっしゃるのだ。

（Mに）神は本当にすべてのものの中にいらっしゃるのだが、その現れ方に大小の差があるのだ。神の化身は、肉体にもっとも大きく現れた神の力（神性）である」

ギリシュ「ナレンドラは、『言葉、思いまたは感覚の力によって彼を知ることはできない――それは思いの力を、心の力を、超えたことだ』と申します」

師「必ずしもそうではない。限定された心が彼を悟ることができないのは本当だ。しかし、純粋な理性と同じものであり、純粋な、無条件の魂と同一のものである純粋な心は、彼を悟ることができるのだ。彼は決して、感覚的な性質を持っていてしたがって『女と金』への執着（色欲と世俗性）をその特徴としている有限の理性、すなわち相対的な、条件つきの心によっては認識することはできない。心はその感覚的な性質をすて、訓練によって浄められ、すべての世俗的傾向、欲望および執着をもう一度脱却して、無限定の霊と一つになるのである。古代の賢者たちはこのようにして神を見たのではなかったかね。神、すなわち無限定の霊を、彼らは浄化された心（感覚的性質をのぞかれた心）によって見た。浄化された心はアートマン、すなわち内なる無限定の霊とひとつのものであることを、彼らは知ったのである」

ギリシュ（微笑して）「ナレンドラは私に負けました」

シュリー・ラーマクリシュナ「おお、いや！　あべこべに、彼はこう言っているのだよ、『ギリシュは神の化身を信じています！　彼の信仰は岩のように堅い。たしかに、あのような信仰に干渉することはよくありません！』と」

ギリシュ（微笑して）「師よ、私たちはみな、話をしております。私たちの言葉は水のように流れます。しかしここにいるあなた様のMは、唇をかたく閉じてすわったままでございます。彼はいったい何を考えているのでしょうか。どうぞ、この点をあきらかにしてくださいませ」（笑い）

師（微笑みつつ）「次のものには用心しなければいけないのだよ、（一）その言葉が水のように流れる人、（二）相手に向かって心の扉を閉じている人、（三）聖なるトゥルシの葉を耳にくっつけて信仰を見せびらかしている人、（四）長いヴェールを掛けている女、（五）浮きかすにおおわれている池、その水は危険だからね。

いるのだろうよ」（笑い）ここにいるわれわれのMは決してそんなものではない――むしろ、彼の魂の深さが、彼を沈黙させて

ギリシュ「師よ、恐れ入りますがその格言をもう一度お願いいたします」

チュニラル「少年たちの保護者たちは、校長としてのMの行為を云々しはじめております。私たちの友だちである年若いナレンは、彼の生徒でございます。バブラームも、ナーラーヤンも、パルトゥも、プルナも、テジチャンドラもそうでございます。保護者たちは、これらの少年たちを師のもとにつれて行くのはMだ、それだから彼らは学業を怠けるようになるのだ、と不平を言っております。彼らは、すべての責任はMにある、と主張しております」

師「おお、まあ！ 彼に関するそんなうわさを、誰が信じるだろうか」

まさにこの瞬間に、ナーラーヤンが入ってきて師の足下にひれ伏す。ナーラーヤンは色の白い、一七、八歳の少年だ。学生であり、シュリー・ラーマクリシュナの愛弟子である。師は彼を深く愛し、ときどき母なる神の前で、彼に会いたい、と言ってお泣きになる。

彼はこの少年を、ナーラーヤナ（神）ご自身と見ていらっしゃるのだ。

ギリシュ（ナーラーヤンの姿を見て）「やあ！ 誰が君に、師がここにおいでになることを知らせたのかね。Mはこれを、誰も彼もにやっているらしい！」（笑い）

シュリー・ラーマクリシュナ（笑いながら）「どうぞ、口をつつしんでおくれ！ 人々がすでに彼（M）の

ことを悪く言っているのだ」

会話は次にナレンドラのことに移る。

一弟子「この頃、彼は前のようにたびたびはここにまいりませんね」

師「こないのはふしぎではない。パンとバターの心配は大変なものだよ！　カーリーダース（シャクンタラーの作者）のような偉大な詩人をも、正気を失わせるのだもの！」（笑い）

バララーム「彼は、有名なシブー・グハの孫のアンナダー・グハとたいそう仲が良うございます。いつも、いっしょに歩いております」

師「そうだ、彼らはいつも、二人の友人でどこか政府の役所に雇われている者の家で、会うのだ。彼らはそこでブラフモ会員としての祈りの会をするのだろう」

バララーム（微笑しつつ）「ブラーミンたちはよく、アンナダー・グハはたいそう思い上がっていると申します」

シュリー・ラーマクリシュナ「ブラーミンの言うことに注意を払うではない。お前も彼らのやり方は知っているだろう。彼らは良い贈り物をする人は良い人、残りの人類は悪いのだよ！」（笑い）

第三節　弟子たちとともに主の御名をうたう

シュリー・ラーマクリシュナは讃歌をうたうのをききたいとおっしゃる。バララームの客間は訪問者でいっぱいだ。誰もが師を見つめている。彼の口を洩れる一語をもきき洩らすまいとして、次には何をなさるか、と注目して。ターラーパダがうたうために招かれている。彼は、「人々の羊飼」シュリー・クリシュナのリーラーを描いている歌をうたう。

歌

(一) みじめな私にお慈悲をおたれください、おお神よ、ブリンダーバンの林の中を歩きまわっていらっしゃった御方よ! 心を魔法におかけになるあなた、ブリンダーバンに現れておいでの頃、いつも甘美な笛を奏でていらっしゃったあなた。

(二) ブリンダーバンで、あなたは少年時代をおすごしになった。あなたは竜をお殺しになった、おお主よ! 苦しみの中で、あなたの救いを祈り求める疲れた者たち重荷を負える者たちに、あなたはおっしゃる、「恐れるな」と! 横目でご覧になる愛らしい目と、ひたいに踊るクジャクの羽、あなたの何と美しいこと! あなたは、神の愛人中の最大の人のハートに、歓びをお届けるになる。片手であの丘を持ち上げなさったのはあなた。カンサの傲り(おごり)を引きおろしなさったのはあなた。かつて、ブリンダーバンでの、あの最高の神の愛の現れの間中、あなたの偉大な信者ゴピーたちとの交わりを、お楽しみになったのはあなたです。

おお、黒い肌色のあなた、実に美しく、その御身は野の花で飾られている!

おおわが心よ、言え、「甘美な主よ！」と。

言え、「甘美な主よ」と。


シュリー・ラーマクリシュナ（ギリシュに）「何という魅力的な歌だろう！　お前がつくったのか」

一弟子「はい、師よ、彼が、チャイタニヤ・リーラーという劇の中の歌を全部つくったのでございます」

師（ギリシュに）「この歌は立派だよ！（歌手に）お前、ニタイ（チャイタニヤの兄弟）の歌もうたえるか」

彼は、ニタイがチャイタニヤに教えられた神の愛を説いているところをうたう――

歌

神への忘我の愛

（一）かつてブリンダーバンで、主のもっとも愛し給う人が教えた、神へ愛の欲しい人たちはおいで。
その愛の高波は速やかに流れ去り、そう長くは続くまいぞ！　心せよ！
（二）お前はこの愛が、無数の方向に流れて行くのを見ないか。それを欲するものは、欲しただけ得るだろう。
（三）ラーディカーはこの愛のかたまりだ、浄らかでシンプルな。この愛を施すことできるのは彼女だ。
だからこの愛に催されて言え、「おお、甘美なる主よ」と。

おお！　この愛は人の心を、主のこの歓びに酔わせる。それをこの歓びに踊らせる。

(四) 言え、この愛に催されて言え、「おお、甘美なる主よ」と。
おお、おいでよ! おお、おいで!

歌

神の化身ゴウラーンガ(チャイタニヤ)

(一) 金色の肌色の主よ! あなたがゴウラーンガという御姿で歩きまわられるとき、何という神聖な思いが、あなたのご生活に平安をもたらしていることでしょう。
おお! あなたは神の愛の海に浸っていらっしゃる。
その海は、吹く情熱の強風に、波立っている。大勢が、愛するあなたのために良き家庭に別れをつげ、あなたにしたがうだろう、と言っても言い過ぎではない。おお主よ、あなたは私の心を奪っておしまいになった!
(二) それはあなたでした、おお主よ、シュリー・クリシュナとしてお生まれのとき、ブリンダーバンで牛をお飼いになったのは! それはあなたでした、御手にあの魅惑的な笛を取り、たちまちゴピーたちの心をゆるがせになったのは!
それはあなたでした、あるときゴヴァルダンの山を片手で持ち上げ、ブリンダーバンを破滅からお救いになったのは! おお、それはあなたでした、ゴピーたちの誇りを傷つけた罪を詫びて彼女たちの足下にひれ伏し、その美しい御顔を愛の後悔の涙に泳がせなったのは! おお甘美なる主よ! あなたは私の心を奪っておしまいになった！

誰も彼もがMにうたえと強いる。Mははにかんで、許してくれ、と小声で頼む。

ギリシュ（微笑みつつ師に）「私どもが総がかりで頼んでも、Mに一つの歌もうたわせることはできません！」（笑い）

シュリー・ラーマクリシュナ（不機嫌に）「彼も学校では歯をむき出して怒るにちがいないのだよ！　主の御名をうたう、と言う段になるとすっかりはにかんでしまうのは奇妙だねえ！」

Mはしばらくの間、ぼんやりしている。

もう一人の弟子スレシュ（ミトラ）が少し離れたところにすわっている。シュリー・ラーマクリシュナは愛情こめて彼に微笑みかけ、ギリシュをお指しになる。

シュリー・ラーマクリシュナ（スレシュに）「お前はかつてたいそう無茶な生活をしたと言うがね、おお、ここに、お前などはとてもかなわない相手がいるよ！」（笑い）

スレシュ（笑いながら）「本当におっしゃるとおりでございます、師よ！　その点で彼は私のダーダー（尊敬すべき兄）でございます」（笑い）

ギリシュ（師に）「私は若いときに一度も勉強には身を入れたことがありませんでした。それですのに、尊い師よ、人々が私を学者と呼びたがるのはどういうわけでございましょうか」

シュリー・ラーマクリシュナ「マヒマ・チャクラヴァルティはかなりたくさんの聖典を読んでいるようだ（Mに）そうではないか、M……」

M「たしかにそうでございます、尊い師よ」

ギリシュ「それは何のお話ですか、師よ。それは『学識』でございますか。それでしたら、どうぞお許しください、私はそういうものを崇める人間ではございません」

師（微笑みつつ）「このことについての私の考えを知っているかね。書物——聖典——はすべて、神に至る道を示しているものだ。一たび道がわかったら、書物は何の役に立とう。そのときには、独居のうちに神と交わって魂を育てる時期が到来したのだ。

ある男が家から、ある品々を送ってくれ、という手紙を受けとった。それらを買いに行こうと思ったとき、あの手紙を紛失したことに気づいた！　彼は長いことかかってそれを探した。周囲の人々も手伝った。ついにそれが見つかったので、彼の歓びはたとえようがなかった。たいそうな意気込みでそれをひろげ、中身を読み通した。それには『五シヤのお菓子と一片の布とを送ってください』と書いてあった。彼はその手紙をわきに投げすて、必要な品物を買いに出かけた。

では人はいつまで、そういう手紙を大事にしなければならないのか。その中身がわかるまでだ。次の仕事は、望まれている品物を得るための努力をはじめることだ。

同様に、聖典はただ、われわれに神に至る道を、つまり神を悟る方法を教えるものだ。ひとたび道がわかったら、次の仕事はその道を目標に向かって歩きだすことだ。悟りがその目標である。

単なる書物の学問が何の役に立とう。パンディットたちは聖典の中のたくさんの文章や詩句をよく知っているだろう。しかし、それらをくり返したところで何の益があろう。聖典に述べてあることすべてを自分の魂の中で悟らなければだめだ。人が世間に執着している限り、人が、『女と金』（色欲と物欲）を愛している限り、いくら聖典を読んでも知識も救いも得られはしない。

こよみには、降雨量は二〇アダスに達するであろう、と書いてある。しかし、こよみを絞っても、水は一滴も出てきはしないよ！　ただの一滴も——どんなに水が欲しいと思ってもね！」（笑い）

ギリシュ（微笑みつつ）「師よ、こよみのことをなんとおっしゃるのですか。それからは一滴の水も出てきはしないのでございますね」（笑い）

師（微笑みつつ）「おお、学者はたいそう大きなことを言う。しかし彼はその高いところから常に目を『女と金』つまり感覚的快楽と『全能のドル』とに注いでいる。

ハゲタカは空高く舞い上がるが、その視線は常に、動物の死体のほうり込まれた穴に注がれている。（笑い）おお、彼らは高いところから、はるか下方のこの死体の穴に鋭い目を光らせているのだ！」

師（ギリシュに）「ナレンドラは非常に優れた青年だ。あらゆることに秀でている——一方では歌唱に楽器の演奏に、その他いろいろなことに、そして他方では、知識のさまざまの部門の研究に。彼は節制と誠実の徳を身につけているし、その上すでに、神が実在であって世間の事物はかりそめのものである、人はそれらに執着すべきではない、ということを知りはじめている。数々の、そしてさまざまのよい性質を、彼は持っている。

(Mに)ねえ！ お前も彼は非常に良いと思うか」

M「まったく仰せの通りでございます。尊い師よ。彼はほんとうに、あなたがお話しになったとおりでございます」

シュリー・ラーマクリシュナ(Mの方に向いて)「ちょっと彼(ギリシュ)の主への帰依と信仰を見てごらん、岩のように固いのだよ！」

Mは驚嘆の目でギリシュを眺める。ギリシュは師のもとにきてまだ本当に日が浅いのである。しかしMは、彼を親友とも兄弟とも見ている――彼の身内と見ている。「一本の糸でつづられて一連のネックレスとなった、輝かしい宝石の中の一つだ」と言った。

ナーラーヤンが、「尊い師よ、あなたのお歌をうかがうことはできないのでございますか」と言った。

歌

愛しい宇宙の母

(一)おおわが魂よ！ お前のハートに、わが愛しき母を抱きしめよ。お前と私とだけで、彼女を見たてまつろうではないか……

彼女を誰にも見せないで、他の誰にも見せないで！
（二）欲望――おお、彼らを避けよ、わが魂よ。そして、彼女の御前だけを楽しもうではないか。唯一の仲間として、話す器官（舌）だけを持とう、「母よ、おお、母よ！」と言って彼女を呼びたてまつることができるように。
（三）そこには欲望がある。俗世間に至る道をわれわれに指し示す欲望がある。おお、それらを寄せつけてはならないぞ！
神に導く知恵の目に見張りをさせ、我らを悪から護らせよう。

師はそれから、もう一つの歌をおうたいになる、まるで自分が、試練と苦痛におさえつけられている、疲れた、しかも重荷を負うた世間の人の位置におかれていらっしゃるかのように――

歌

母と疲れた子供たち

（一）おお母よ！　あなたは永遠の至福でできていらっしゃる！　なぜそれが私どもには拒まれているのですか。
（二）私の魂は、おお、よき母よ！　あなたの聖き御足の蓮華以外のものは何も知りません。

それなのになぜ、死の支配者、正義の王は、私に落ち度を見るのですか。あの恐ろしい王になんと返事をするのか、教えてください。

（三）おお母よ！　あなたの聖き御名をくり返しつつ世間の海を乗り切るのが、私の心からの願いでした。このはてのない海の中で、あなたによって溺らされようなどとは、夢にも考えたことがありませんでした。昼も夜も、おお母よ！　永遠の神（シヴァ）の配偶者でいらっしゃるあなた！　私はあなたの疲れた子供たちに救いをもたらす、あなたの聖き御名をとなえてきました。しかし、ああ！　私の終わりのない苦労は決して私を去らないでしょう。私はただ、もし私がこの哀れな窮境の中で死んだら、他の誰も、あなたたの御名をとなえはしないだろうと惜しむのです。

師は次に、絶対者のエネルギーの現れである母なる神の歓びについておうたいになる。彼は、彼自身の霊的洞察力によって、人格神（創造し、維持し、破壊する）なる母が超人格すなわち絶対者との交流によって感じる歓びをごらんになるのだ。

歌

偉大な神秘、人格・超人格の恍惚

（一）絶対者とともにあって、おお母よ！　あなたはいつも遊戯三昧の歓びにお浸りになる。

(二) あなたはその歓びの酒に深く酔っていらっしゃる。よろめいても、しかしころびはなさらない！ 絶対者なるあなたの夫は横たわって動かない。

(注) ＝これは、われわれは絶対者からはいかなるメッセージも受けない、神の人格的面がわれわれの眼の前の唯一の活動者である、ということを意味するか。

(三) あなたは彼の胸の上に立ち、自らを制する力を失われたように見える。

宇宙は、あなたの御足の重みで震える。あなたのご様子は狂ったよう、配偶者のご様子も狂ったよう。

弟子たちは、深い沈黙のうちに歌に耳を傾ける。彼らを打つのは師に現れた変化である。彼は主の歓びにわれを忘れていらっしゃる――際限のない至福に酔って。

歌は終わる。師はしばらくするとおっしゃる、「今日は良くうたうことができなくてすまない。かぜを引いているのだよ！」

第四節　一日の終わりに

日暮れである。「永遠」の陰が、海の面にも深い森にも、天空高くそびえる山の頂にも降りてきて、見わたす限りを――数多の流れの不断の響きを放つガンガーの、うねうねと波打つ人気のない堤防をも、薄闇に包む。この神聖で厳かな薄闇に包まれて、小さく無力な人間は、別の心境にならざるを得ない。太陽、これは数瞬間前まで、有情非情すべての自然に光をあたえていた！　彼はどこに行ったのか。この疑問は、生まれてまだあまり時のたたない子供をとまどわせる。それは聖者をも同じようにとまどわせるらしい。聖者は子供の魂を持っているから。彼は、自分は常に母なる神の前にいて彼女のせわを受けている、と感じている。日暮れである！　何たる奇跡！　またそれは何という驚くべき存在によってなされたものか！　小鳥たちは樹々の小枝に集まってきてともにうたう。人間もやはり、同じことをする——彼らの中でも、内に霊性の目覚めた者たち、彼らはともに、主の御名をうたうのである。

日暮れである。弟子たちは席を立とうとはしない。頭をあげ、耳をそばだてて、師がおうたいになる主の甘美な御名にきき入っている——師がおうたいになると、かつて聞いたいかなる御名よりも美しいのだ！

そうだ、彼らはまだ、子供がこんなに可愛い声で「マー、マー！」と言って母親を呼ぶのを聞いたことがない。まるで、甘露のしずくが師の唇から滴りおちるようだ。果てしない青空、高くそびえる山、深い青い海、草木の生い茂る荒野密林——いまは、宇宙の父母なる神を求めてそれらの中に分け入る何の必要があろう。師は今日牝牛の乳房のことを——そこから神の愛というミルクの出る乳房のことをお話しになったではないか！

「牝牛」の角や脚やその他の部分に注意を向ける何の必要があろう。

いまこの部屋で神の化身の姿をまのあたりにするなどということが、本当に私に許されているのだろうか。他の何が、これらの疲れた、重荷を負うている弟子たちに、すべての理解を超えた平安と、主のものである歓びとをもたらすことができただろう。他の何が、この涙の谷を歓びで溢れさせることができただろう。私の前にいる人が神の化身だなどということが、あり得るのだろうか。彼がそうであろうとなかろうと、私の心とハートと魂とは彼のものである——彼の思うままにして頂くべきものである！　彼はすでに、この不可解な人生の、北極星なのである！　彼の偉大な魂の中にどのように至高の実在、原因の大原因が反映しているか、を見まもるのが私のすることなのである！

弟子の中のある者たちは、心中にこのように考えた。彼らは、師が主なる大神の御名、すべての苦しみと罪と不幸を取り除く父なる神の甘美な御名と、母なる神の御名とをおとなえになるのをきいて、非常なしあわせを感じた。

御名の朗唱が終わると、師は母にお祈りをなさった。まるで愛の神がどのように祈るべきかを教えるために、人の姿をおとりになったかのように思われる。彼はおっしゃる「母よ、私は私自身をあなたのお慈悲に委ねます。あなたの蓮華の御足が常に私をお護りくださり、それによって、あなたの子供たちが決してあなたからそれることがありませんように！　私は感覚の楽しみは求めません！　名声も求めません！　奇跡を行なう力も欲しくはありません！　お願いするのは、おお母よ、あなたへの純粋な愛です——欲望に汚されていない、あなたへの愛、まぜもののない愛、世俗の事物を求めない、不死なる魂の奥底からおのずから湧き上がる、あなたへの愛です！　また母よ、あなたの子供がマーヤーの魅惑に魅せられてあなたを忘れることがないように——あなたが『女と金』によって彼の下にお張りになったこの魅惑的な網にひっかかってあなたを忘れることがないようにしてください！　おお、彼が決して、魅せられてこれらを愛するようにならないようにしてください！　おお、よき母よ、あなたの子供がこの世界にあなたより他には何一つ持っていないことはご存じでしょう！　おお、私はあなたの御名をどのようにとなえるかも知りません！　深い信仰もないし、あなたに達するための知識も持っていません。あなたへの純粋な愛も持っていません！　おお、あなたの無限のお慈悲により、私にその愛をお恵みください」

この夕べの祈り——これがこの神人にとって必要なものなのだろうか——主の御名を昼も夜もとなえている彼のために——その聖き口から、いと高き者への祈りの不断の流れが流れ出ている彼のために？　では師は、いかに生きそして祈るかを人類に教えようとして、こういうことをしておいでになるのだろうか。

＊　＊

ギリシュがシュリー・ラーマクリシュナを自宅にお招きしている。必ず今晩おいで頂きたい、と言うのだ。

師「おそくなるだろうとは思わないか」

ギリシュ「いいえ、尊い師よ。おすきなように早くお発ちくださって結構でございます。私自身も劇場に行かなければなりません——連中が彼らの間で争っておりまして、私がとりなさなければならないのでございます」

二階から下に降りる途中で、彼は別人のようにおなりになった。神の思いにわれを忘れておしまいになったように見える。ひどく酔っ払った人のようにお見えになるのだ！　弟子たちのナーラーヤンとMとがおともしており、少し後の方をラームとチュニと他の人々がきた。

そうだ、忘我の状態だ！　感覚意識は、彼から去りはじめているかのように見える。お転びにならないよう、ナーラーヤンが進み出て彼の手をとろうとする。師はそれをいやがられる。

少したつと、彼はナーラーヤンに、非常に優しくおっしゃる、「もしお前が私の手をとったら、人々が、『彼は酔っ払いだ！』と言うよ。一人で歩かせておくれ」

彼は、ギリシュの家にほど近い、次のボースパラ通りをお越えになった。突然こんなに速くお歩きになるのはどういうわけか。弟子たちは後に残される。どのような神的な観念が彼のハートに入ったか、誰が知り得よう。

彼を狂った人のように歩かせたのはいったい何なのだろう。ヴェーダーンタの中で言葉も思いもおよばぬものと言われているあの存在のことを考えていらっしゃるからなのだろうか。ほんの少し前に彼はバララームの家で、その存在は浄化された、超感覚的な心にとって到達できないものではない、純粋な心は、本当に彼を悟ることができる、純粋な心は純粋な理性と同じもの――純粋な魂と同じものである、と断言なさったのだ！　あるいは、彼はいまこの瞬間にその存在を現実に見ていらっしゃるのかも知れない！

これが、「あるものはことごとく神だ」とさとることなのか。

ああ！　むこうからナレンドラがくる！　幾日も師は気の狂った者のように、「ナレンドラ、ナレンドラ、ナレンドラ」と言って泣いていらっしゃった！　しかしいまナレンドラが彼の前にいるのに、言葉をお交わしにならない！　これが、人々がバーヴァ（神意識）と呼ぶもの――ゴウラーンガ（チャイニタニヤ）が始終入ったと言われる状態なのだろうか。神意識の神秘を見とおし得る人がどこにいよう。

彼は、ギリシュの家に達する小道のはしのところまでいらっしゃった。弟子たちはみな、後からくる。いま、彼はナレンドラの方に向き、「さわりはないか、私の子供よ。いままで、お前に話をする力がなかったのだよ」とおっしゃる。彼の口を洩れる一語一語に、並々ならぬ優しさと愛情がこもっている。

彼はまだ家の戸口まではいらっしゃらない。突然お立ち止まりになる。ナレンドラをじっと見て、おっしゃる、「ひと言だけ——これが二者の中の一つ（人間の魂か？）で、これがもう一つ（宇宙）だ」

彼は本当に魂と世界とを眺めていらっしゃったのだろうか。もしそうだったとすれば、どのような光の中で？　彼は無言で、眺めていらっしゃった。

一語か二語が、彼の聖き唇から洩れた——霊感の書ヴェーダの文句のような——神の聖き言葉のような！あるいは、それは人が果てのない大海の岸にゆき、無辺際のひろがりを見て無言のまま立ちつくしたようなものだったのか！　そして永遠の深みから湧き上がる、決して止むことのない声から一つか二つのエコーを聴いたようなものだったのだろうか

第五節　神の化身についてのすべて

戸口にギリシュが立っている。師をお迎えにきたのだ。師はお上がりになり、弟子たちも後に続く。聖き御姿を見て、ギリシュは彼の足下に棒のように倒れ伏す！　実に美しい光景であって、弟子たちは畏敬と賛

嘆の眼差しで見まもる。

ギリシュは師の命令で起き上がる。彼の聖き御足のちりを頭と体にいただく。師と弟子たち一同を客間に導く。弟子たちは、なるべく師の近くにすわろうと一生懸命だ。永生をもたらす御言葉の甘露を飲みたい、と切望しているのだ。

彼がまさにすわろうとなさると、すぐそばに新聞がおいてある。新聞は俗心を持つ人々に関係のあるもので、ゴシップだとかスキャンダルだとか、世俗的な事柄を扱っている。それゆえ彼の目には不浄のものである。彼は合図をなさり、それは取り除かれる。それで、師はおすわりになる。

ニティヤゴパールが伏して彼の御足を礼拝する。

師（ニティヤに）「おや！　その後はどうだね？」

ニティヤ「はい、尊い師よ、ダックシネシュワルにはうかがうことができませんでした。ぐあいが悪くて。体中が痛んだのでございます」

師「いまはもうよいのか」

ニティヤ「まだはっきり致しません、残念ながら」

師「お前、最高から一、二音階低いところに調子を保つようにした方がよいよ！」

ニティヤ「他の人々といっしょにいることが、私には合いません。彼らが私についていろいろなことを申します。それが私をおびえさせます。そうでないときにはまったく恐怖は起こらず、私は内部に霊の力を感じます」

師「それは当然だよ。始終いっしょにいるのは誰か」

ニティヤ「ターラクでございます。ときには、彼までもが、私の気持ちとぴったり致しません」

師「ナングター（注＝トータープリ、約一年間寺に滞在し、シュリー・ラーマクリシュナにヴェーダーンタ哲学を教えたサンニヤーシン）がよく言っていたことだが、彼の僧院に、ある通力を得た苦行者がいた。彼は常に天空を見つめて歩きまわっていた。それでも仲間のガネーシュ・ゴルギが彼のもとを去ると、悲しんだそうだよ！」

このころに、師の御様子に変化が見えてきた。彼はしばらくの間、無言のままでいらっしゃる！意識をとり戻すと、彼はおっしゃる、「あなたもおいでになったのですか。まあ、私もきております！」

誰が、この神秘を探り得たなどと言えよう。これは神々の言葉なのであろうか。

このときに師の足下にすわっていた弟子たちの中には、ナレンドラ、ギリシュ、ラーム、ハリパダ、チュニ、バララーム、M、その他大勢がいた。

ナレンドラは神の化身を信じない。一方ギリシュは、神はさまざまの時代にこのわれわれの世界に下生なさる、という燃えるような信仰を持っている。師は、この点について彼らに論議をさせたいとお思いになる。

シュリー・ラーマクリシュナ（ギリシュに）「私にお前たち二人がこの問題を英語で話し合うのを見たいよ」

（笑い）

彼らは話す――しかし英語ではなく、二、三の英語をまぜたベンガル語で。ナレンドラは言う、「神は無限です。われわれの小さな知性で彼を考えるのは不可能です。神はあらゆる人に内在していらっしゃいます。特定の一個人のうちにだけ現れていらっしゃる、というものではありません」

師（愛情をこめて）「私は完全に同意するよ。彼はあらゆるものの中に、あらゆる人間の中にいらっしゃる。ただ、これらのものの中での神の力の現れ方に差異があるのだ。ときには、あるものの中に現れる神の力は、人を神から遠ざける。そのときには、それは無知と呼ばれる。それが神の方に導く場合には、それは知識と呼ばれる。また、現れた力は、『器』によって量がさまざまである。こういうわけで、すべての人間が同等ではないのだ」

ラーム「こんなつまらないおしゃべりが何の役に立ちましょう」

師（厳しい調子で）「いやいや、こういうことすべてには十分に意味があるのだ」

ギリシュ（ナレンドラに）「神が人間の形をとって化身となられることはない、などということが、どうしてわかるのですか」

ナレンドラ「決して、言葉や心で神を悟ることはできませんよ！」

師「たしかにそうだ。有限の心ではだめだ。しかし、教育と修行によって感覚的な性質から解放された、清らかな心は、彼を悟ることができる。そのときにはまさにこの心が、純粋な理性、つまり無条件の限定のない心の働きと同じになるのだ。それは純粋、無条件の魂と同じ物である。このようにして、古代の賢者たちは純粋な、限定のない魂をさとったのである」

ギリシュ（ナレンドラに）「もし神が下生なさらなかったら、誰も他にはこれらすべての事をはっきりと教え、これらすべての難問を解決する人はいないであろう、とは思わないのですか。神は、真の知識とは何であるか、また真の信仰、神への愛とは何であるか、ということを教えるために、化身して人の姿をおとりになるのです。他の誰が、そういうことを教えますか」

ナレンドラ「知れたこと！　彼は間違いなく、ハートの中から私をお教えになるでしょう！」

師（愛情をこめて）「それは本当にそうだ。彼は、内なるハートの支配者（アンタリヤーミン）としてお教えになるだろう」

論議は次第に熱してくる。それは、人間が理解するには余りに高遠な問題におよんで行く。無限なるもの――それをわけることができるか。人間知識の限界についてハミルトンは何と言っているか？　ハーバート・スペンサーは？　またティンダルは？　ハクスレイは？

師（Mをかえり見て）「私としてはこういうものは好まないよ。神は推理の力のおよばないものだ。それ以上のものだ。私は、あるものはことごとく神であることを見ている。それなのに彼について推理をして何の益があるのか。私は、あるものことごとくが神であることを、見ているのだよ」

師「これらすべてのものになっていらっしゃるのは、彼なのだ！　それはこれであり、そしてまた、これとは矛盾するように思えるそれでもあるのだ！　心も決定する能力も絶対の中に融合してしまう境地がある

――部分から成り立っているとは考えることのできない絶対者の中に、である。ナレンドラを見ると、私の心は絶対者の中に没入してしまう――お前、これを何と思うかね」

ギリシュ（微笑して）「尊師よ、私どもがあれの他はいっさいのことを理解しているかのようには、お思いにならないで頂きとうございます！」（笑い）

師「それから、サマーディが終わると、ふたたび口がきけるようになるまでには、最高の調子から少なくとも二音階は降りてこなければならないのだよ。

ヴェーダーンタはシャンカラによって説かれた。もう一つの見地はラーマーヌジャのそれだ。彼は限定非二元論という教義を立てた」

ナレンドラ「師よ、ヴィシシュタアドヴァイタムというのはどういう意味か、教えてくださいませんか」

師（ナレンドラに）「ラーマーヌジャの考えであるこの教えは、絶対者は世界および魂と切り離して考えられてはならない、というものだ。この三つが一つを形成しているのだ――一つの中の三つ、そして三つの中の一つである！

ベルの実を例にとろう。誰かが果実の目方を知りたいと思った。彼は、殻と種子と果肉とを別々にわけた。しかし、果肉だけを量っても、果実の本当の目方はわからないだろう。それを知るには果肉と種子と殻とをいっしょにして量らなければならない。最初は、重要なものは果肉であって、殻でも種子でもない、と思われる。しかし推理を続けることによって、殻と種子と果肉のすべてがこの果実に属しているのだ、ということが——殻も種子もともに、果肉が属する果実と同一の果実に属しているのだ、ということがわかる。同様に、霊的識別の中で、人はまず最初には『これではない、これではない』の方法をもちいて推理をしなければならない。絶対者は魂（限定された個別の魂）ではない。それは世界でもない。絶対者が唯一の実在、他はすべて非実在である、と。次の段階では彼は少し進み、ベルの実の場合と同様に、われわれが絶対者の概念（これではない、という否定的な）を引き出し得た存在は、われわれが生きとし生けるものおよびこの現象世界という観念を引き出し得た存在と、まったく同一のものである、ということを知るのだ。お前たちの言う『相対界』は、もとをたどれば、お前たちの絶対者が依って立つところの存在以外の何ものでもない。それだから、ラーマーヌジャの言うところにしたがえば、絶対者は有限の魂および現象の世界によって限定されるのだ。これが、限定非二元論、すなわちヴィシシュタアドワイタムという教義である」

第六節　神のヴィジョン

師（Mの方をふりかえって）「私はその存在を実在として自分の目の前に見ているのだよ。それだから何で推理の必要があろう。私は現実に、われわれの周囲にあるすべてのものになっているのは絶対者だ、個別の魂および現象の世界として現れているのは彼である、ということを見ているのだ！　この真実を見るためには、人は内なる霊のめざめを待たなければならない。

人はいつまで、『これではない、これではない』と言って推理または識別をしなければならないか。知れたこと、彼を実在として見ることができない間、である。もちろん、『すべてのものになっておられるのは彼である、ということに疑いの余地はありません』などと、口で言うだけではだめだ。口で言うだけでは十分ではない。主の恩寵によって、霊に生気があたえられなければならない。霊性のめざめによってサマーディがくる。この状態の中では、人は自分が肉体を持っていることを忘れる。世間の事物――『女と金』へのいっさいの執着を失う。神に関する言葉以外の言葉を好まない。もし世俗の事柄に耳に傾けなければならないと、ひどく悩むのだ。

内なる霊がめざめると、次の段階は、普遍霊の自覚だ。霊を悟ることのできるのは霊なのである。

（Mに）おお、推理または識別による単に知的な神の理解と、独居の瞑想による現実の悟りとの間に、そしてまたこれら二つと、彼の恩寵による悟りとの間には実に大きな差異があることを、私は見たのだよ。もし、深い恩寵によって彼がわれわれに神の化身とは何かということを悟らせてくださるなら、そのときにはすべての推理は完全に投げすてられてしまうだろう――化身とは何かなどということを説明する必要はまったくないだろう。

このことをはっきりと説明させておくれ。ある人が暗い部屋にいるとする。彼がマッチをするとたちまち光が出る！　もし主がお慈悲をもってわれわれのために光を出し無知の闇を消散させてくださるなら、そのときにはすべての疑問は永久にとけてしまうだろう！　このような議論にふけるようなことは決してないだろう」

このとき師は、そばにきてすわれと言ってナレンドラをお招きなる。そして彼にさまざまのことを尋ね、彼を愛撫なさる。

ナレンドラ（師に）「尊師よ、私は三、四日間続けて独居の中で母なる神を瞑想しましたが、何の得るところもありませんでした」

師「すべてはよい時期にやってくる。あせってはいけないよ。母は、絶対者なる神と別個の存在ではないのだ。母は、絶対者なる神の人格面である。彼の『働き』を切り離して考えられたとき、至高の存在は絶対者なる神と呼ばれる。また、われわれが神を彼の働きに結びつけて創造する者、維持する者、および破壊する者として考えるとき、われわれはその同じ存在を人格神、母なる神と呼ぶのである。

お前たちがヴェーダーンタでブラフマンという名をつけているのと同じ存在を、私は母と呼ぶのだ。絶対者なる神すなわち超人格神と人格的な神とは同じものなのである。ちょうど火と燃える力とが同じものであるように——他を考えることなしに一方を考えることはできないだろう。もし人格神を主張するなら、超人格神も同時に主張しなければならない。超人格神について語るなら人格神はすでに認めたことになる」

しだいにおそくなる。ギリシュは自分が支配人をしている劇場に出かけて行かなければならない。彼はハリパダに言う、「まことにすまないが馬車を呼んでくれないか。劇場に行かなければならないのだ」

師（笑いながらハリパダに）「気をおつけ、馬車を呼んでくるのだよ！　忘れるではないぞ」（みな笑う）

ハリパダ（笑って）「尊師よ、私はそのために行こうとしているのではございませんか」（笑い）

ギリシュ（師に）「まことに残念ながら、尊師よ、私は失礼して私の仕事の場所、劇場にまいらなければなりません。本当にあいにくなことで！」

師「いや、お前は両方の仲間に仕えなければならない。ジャナカは、この世に執着しないで神に仕えた。彼はこの世と来世の両方のためを考えた。『ミルクのコップ』を飲み干したが、魂のことも忘れなかった」

ギリシュ「尊師よ、私は、劇場をやめてこれをもっと若い連中の手に引き渡そうかと考えております」

師「いや、いや、いまのままでよい。そんなことを思う必要はないよ。お前は大勢の人々に善いことをしている」

ナレンドラ（小声で）「たったいま、彼を神の化身と呼んでいた！　いまはもう、彼の言う神の化身のもとを去って劇場に行き、自分の仕事のことを考えなければならないらしい！」

第七節　サマーディの中の師

師はナレンドラを自分のそばにおすわらせになる。師は彼をじっと見つめていらっしゃる。身を動かして彼のもっと近くにおすわりになる。ナレンドラは、神がみずからを化身なさるということを信じない。しかしそれが何だ？　師の彼への愛は相変わらず実に深い！

彼の体に手をかけて、師は彼におっしゃる、

「あなたは、誇りを傷つけられたと感じますか。それならそれでよい、私たちも同じように思い感じてい

るのです」（以上はラーダーに仲間のゴピーたちが言った言葉）

師は彼の洞察によって、結局は神の化身し得ることを認めなかったナレンドラが正しいことをご覧になったのだろうか。彼は、われわれの父でありまた母ではないか。ではなぜ、彼がわれわれの魂の奥の部屋に光をさして神の聖き姿を見る力をおあたえにならぬ、と言うことがあろうか。彼の子が、生得の権利と主張してよいはずの真の知識の相続を否定されて、誇りを傷つけられたと感じるのは当然ではないか。

師（ナレンドラに）「人が神について質問したり推理したりしている間は、彼は現実に彼を見たのではない。お前たち二人は議論をしていた。しかし、あれは、私の好むところではなかった。

ある家に大勢の人が招かれて饗宴が催されると、にぎやかな物音はいつまで続くだろうか。知れたこと、客たちがご馳走を食べはじめるまでだ。皿が配られて彼らが食べはじめると音の四分の三は消える。それから甘味のコースになると、それらが配られれば配られるほど、音が静まっていく。カード（ヨーグルト、最後のコース）の番がくると、スーッ、スッという音しかきこえない。ご馳走がすむと、客たちにとって次にすることは眠ることだ！

神の近くにくればくるほど、問うたり推理したりしようとする気持ちは減る。彼の前にきたら、彼を現実に見たら、そのときにはすべての騒音――すべての議論は終わりである。そのときは眠りのための、つまりサマーディの中にくる楽しみのための時だ。その中で人は、神霊との交流の状態に入るのだ」

こう言いながら、師は優しくナレンドラの体をさする、彼の美しい顔に手を触れ、

「ハリ・オーム、ハリ・オーム、ハリ・オーム」と言いながら愛撫なさる。

「絶対者なる神」

なぜ彼はこのようなことをなさるのか？　師はナレンドラの中に神のヴィジョンの現れるのをごらんになるのか？　師はナレンドラの中に神のヴィジョンを現れるのをごらんになるのか？　彼は彼の前にすわる人物の内に真人を見ていらっしゃるのか？　これがつまり、人の中に神を見ることなのであろうか？

何たる奇跡が、弟子たちの眼前を通りすぎるのだろうか！　師を見よ、そして彼の感覚意識がどのように彼を去りはじめるかを見よ！　ふたたび見よ、するとそれは完全に去っている！　これが、ナディアの愛の神の化身ゴウラーンガ（チャイタニヤ）に見られたと言われる、なかば外界意識を保つトランスであるのか！　いまでも、師の手はナレンドラの体におかれている！　彼は実際に、彼の前の人物の中に現れている神（ナーラーヤナ）に仕えて彼の御足に手を触れていらっしゃるのだろうか。それとも、彼にインスピレイション、上からくる力、を吹き込んでいらっしゃるのだろうか。

見よ！　さらに別の変化が師の上に現れる！　彼は手を合わせてナレンドラにおっしゃるのだ！「歌を一つうたってくれ、そうすればもとに戻るだろう——そうでないと、とても自分では立てないよ、私のニティエよ！　おお！」（注＝ニティエはニティヤーナンダ、チャイタニヤの伴侶。彼を神の化身と崇めて深く愛した）

少したつと彼はふたたび無言になられる——大理石の彫像のように無言だ！　主の歓びに酔いしれて、師はこうおっしゃる――

「気をつけて、ラーダー、ジャムナ河に落ちないように。おお！　あなたは主シュリー・クリシュナ、ブリンダーバンに下生なさった彼への忘我の愛に狂っている！」

ふたたび深いサマーディに！　感覚意識を取り戻すと、彼は有名なラーダーの歌の一部をおくり返しになる――

「おおわが友よ、あの聖き森、私の愛しいお方のいらっしゃるところまではどの位あるのでしょうか。ごらん、もうここに、愛しい御方の神聖な御身から発する芳香がきこえる！

私は一歩も前に進めない、おおわが友よ！」

いまや彼は、この世の感覚を完全に失っていらっしゃる――現在の状態では何ものも、また何人も心にとめてはいらっしゃらない――ナレンドラは彼の前にすわっているのだが、見たところ、彼を見てもいらっしゃらない。時と場所の意識を完全に失っていらっしゃる！　心も、ハートも、魂もすべて神に没入してしまっている！

見よ、彼は立ち上がりつつおっしゃる、「神の愛の酒に、美しい主への愛に、深く酔ってしまった！」と。ひとときの後、またすぐにおすわりになる。

彼はおっしゃる、「彼方から、光がやってくる――しかし私はいまでも、その光がどこからくるのか知らない」と。今度はナレンドラがうたいはじめる――

歌

神のヴィジョン

(一) おお主よ！ あなたはあなたのヴィジョンをお恵みくださり、私の悲しみをすっかり除いてくださいました。
あなたは魔法を、私の魂におかけになりました！
(二) あなたを見たてまつれば、七つの世界が彼らの悲しみを忘れます！
こんなつまらぬ貧しい私は言わずと知れたこと！

この歌を聴いて、師はまたもや外界意識を完全にお失いになる！ 彼の目は閉じられている。胴も四肢も不動だ！ 彼は深いサマーディに入っていらっしゃる。

サマーディから出ると、彼はお叫びになる、「誰が寺までつれて帰ってくれるのかね」
仲間を探している五歳の子供だ！ 一人残されて、周囲には暗闇しか見えない。

だいぶおそくなっている。ファルグーンの黒月の一〇日だ。師はダックシネシュワルの寺院に帰る支度をおはじめになる。彼は馬車にお乗り込みになる。弟子たちは全部、お見送りをすべく馬車の両側に立つ。いまもなお、彼は主の歓びに深く酔っていらっしゃる!

馬車は立ち去る。弟子たちはしばらくその後を見送り、やがて各自の家へと帰って行く。

第一二章　シャンプクルにおけるシュリー・ラーマクリシュナ
弟子たち、イシャン、ドクター・サルカルおよびその他とともに
（一八八五年）

第一節　神には形があるか、ないか

ドゥルガー・プージャの後の白月一四日、一八八五年一〇月二二日木曜日である。師はシャンプクル（カルカッタの一地区）に滞在し、ドクター・サルカルおよび他の医師たちの手当を受けていらっしゃる。この日にはドクター・サルカルのほかに、ギリシュ（ゴーシュ）、イシャン（ムコーパッダイ）、M、および弟子たちやバクタたちがきている。

シュリー・ラーマクリシュナは楽しげに、笑顔で誰とでも話をしていらっしゃる。イシャン、ギリシュ、およびドクター（医師）が、会話に加わっている。

＊　　＊

医師「知識（神の御わざの）は人をして言葉を忘れさせます。彼の目は閉じられ、涙が流れます！　ここに、神への愛が生まれるのです」

シュリー・ラーマクリシュナ「神への愛は婦人のようなもので、ゼナーナ（婦人部屋）にまでも入ること

ができる。知識（推理によって得られる）は表向きの部屋（男の人々の使う座敷）まで入れるだけであって、奥向きには決して入ることができない」

医師「それは本当におっしゃる通りです。しかしいかがわしい性質の女——たとえば街の女のような——は、ゼナーナに入ることを許してはなりません。したがって知識も必要です。『私は神を愛します』と言ったからとて誰でも彼でもが入ることを許されるべきではありません」

シュリー・ラーマクリシュナ「もし人が真摯であり、そして神を慕い求めているのなら、彼がお前の言う哲学を知っていようといまいと、ついには必ず彼を悟るに決まっている。主を探していてもし間違った道に入っても、彼が主を渇仰し続けてさえいれば、主が彼を目標に導いてくださるだろう。ある信者がプリに参詣するつもりで家を出たが、道を知らないものだから南に行かないで西に向かった。早く聖像を拝みたい一心で、彼は人々に道を尋ねた。彼らは、『あなたは道を間違えたのです。あの寺院に行くのなら、南に向かっておいでなさい』と教えてくれたという」

医師「つまりその男は、無知のゆえに道を間違えたのでしょう」

師「人々は他者の誤りだの迷信だのを語って自分の学識を誇る。しかし真摯な信者には、愛ぶかい主がいつでも助力の手を貸してくださるものだ。彼が少しの間無駄な道を歩いたことなどは問題ではない。主が、われわれの欲するものをご存じで、ついには心の願いを満たしてくださるのである」

神には形があるかないか、ということが問われた。

シュリー・ラーマクリシュナ「神は形をお持ちであると同時に形をお持ちでない。ある僧がプリのジャガンナート寺院に参詣した。彼は、神が形をお持ちかいなかについて疑いを持っていた。神像を拝したとき、彼はこれを確かめたいと思った。それで持っていた杖を左から右にさっと動かしてみた。一瞬間、彼は何も見ることができなかったし、杖に触れるものもなかった！　そこで彼は、神は形がない、と断定した。ところが、彼がその杖を右から左に動かそうとしたとき、それが神像にあたった！　それでこのサンニヤーシンは、神は形があって同時に形がない、と断定したという。

しかし、これを理解することは非常に難しい。形のない彼がどうして形を持つことができるのか。この疑問は当然、心の中に起こるだろう」

医師「彼は形をおつくりになりました。それだから、彼は形をお持ちなのです。また、彼は形のないところの心を創造なさいました。ですから、創造主であるところの彼は、形をお持ちでないのです。こういうわけで、彼にとっては、形を持っていて同時に持っていない、ということが可能なのです」

師「神を悟らなければ、人はこれらすべてのことを理解することはできない。主を愛する者たちのために、彼はご自分をさまざまの方法で、さまざまの形でお現しになるのである。

ある染物屋が、彼独特の染め方をした。お客に、『何色に染めたいのですか』と尋ね、もし赤と言われれば、渡された布をそこにある桶の中の染料に浸して取りだし、『この通り赤く染まりました』と言って返しました。別のお客が黄色に染めてくれと言えば、同じおけに布を浸し、注文通り黄色に染まったものを取りだして渡した。これと同じように、他の色——青やオレンジや緑など——の注文を受けても、同じ桶に浸してはそれぞれの色に染めた。

これらすべてを見まもっていた一人のお客が彼のところにやってきて言ったそうだ、『わが友よ、私はどの色であれ、一つの色には染めてほしくありません。桶の中の染料の色に染めてください』と。(笑い)

主はご自身を、信者の必要に応じて有形にも無形にもお現しになる。現れたヴィジョンは受ける人おのおの——いずれもが有限の存在であり、しかも異なった環境におかれている——にとって、相対的にはいずれもが真理なのである。神なる染物屋だけが、彼自身が何色であるかを知っていらっしゃる。まことに、彼は形とか現れとかそれの否定とかについて、いかなる限定にも縛られてはいらっしゃらないのだ。

ある男が友人に言った、『わが友よ、私はあの樹の下まで行って、赤い色の実に美しい動物を見た』と。するとその友人は、『おお、私もそれを見た。君は赤だと言うが違うよ、緑色だ』と言った。すると第三の男が、『いや、いや、私も見たが黄色だった』と言った。さらに他の男たちが出てきて、色はたしかにオレンジだ、青だ、緑だ、と言いだした。口争いは打ち合いにまで発展しそうだった。そのとき、もう一人の男が出てきた。彼は一部始終を聞き終わると、みなに静まるよう命じてこう言った、『ごらんなさい、私はあの樹の下に住んでいて、あの動物をよく知っています。みなさん全部が正しいのです。あれは始終皮膚の色を変えるカメレオンでして、いま赤いかと思うと緑色になり黄色になり青色になるのです。そればかりではありません。私はときどき、あれが無色になるのを見ます』と。

主のためにすべてを捨てた人――生命の樹の下に住んでじっと見つめている人――そのような人には、主はどのようなお方であるか、ということが示されるのだ。彼は、主は彼の信者たちにご自分をさまざまの形でお現しになる、ということを知っている。カメレオン――彼はいま赤く、いま黄色で、いまオレンジ色で、いまは緑色だ！　そしていまは完全に無色なのだ！　彼は創造し維持し、破壊する全能の存在である――それを思っただけでわれわれは言葉を失うほどの、属性を持つ。しかしそれは彼が自らを人に現しているときだけであって、彼はまた、何ものによっても形容することのできない絶対者である。色のまったくないカメレオンのようなものだ。

そうだ、彼はお前が言うように、形があって同時に無形である。ちょっと果てしのない海を考えてごらん。非常に寒い時には、表面に近い水は凍結するだろう。そして氷はさまざまの形をとる。しかし太陽が昇って輝くと、氷は溶けて再び形のない水に帰る。

はてしのない大海は神だ。厳しい寒気は、信仰すなわち神への愛の力である。さまざまの形の氷は、深い信仰の力の影響によって自らをさまざまの形に現した、神のさまざまの姿である。さまざまの形の氷が溶け去るということは、サマーディの中で自覚される絶対者の悟りという、太陽の燃えるような光線のもとでは、霊的な姿（その中に、主が自らを現していらっしゃる）は消え去る、ということである」

医師「太陽が昇ると本当に氷は溶けます。しかもその上に、水は目に見えない蒸気に変わります。このことを私たちは科学によって知ります。これもなにかの類推になるのではございませんか」

師「実在と非実在について推理していると、絶対者なる神が実在であって現象の宇宙は非実在だ、という結論に達する。現象宇宙とは、名と形を持つすべてのもの――物質的なものも霊的なものも――のことだ。これが、ヴェーダーンタ哲学の結論である。この方向に推理を進めてやがてサマーディの中で悟ると、悟った人は言う、『神は人格ではない』と。なぜならそれは神を限定することになるから。何ものも、絶対者なる神を叙述することはできない。限定された自己は、サマーディの中では消えてしまっている。そういうわけで、絶対者の属性を示す個体はそこに残っていないのである。絶対者はそのときは、絶対意識として悟れるだけである。

それだから、バクティ（信仰感情）は、月の冷やかな光に似ている。絶対の知識は、燃えるような光線の太陽のようなものだ。北の果てと南の果てには、海水が氷の塊に変わっていて船の進めないところがあるそうだね」

医師「おわかりでしょう、師よ、推理のたすけを借りないと、人は信仰の道でその進歩が止まってしまうのでございます」

師「本当に、彼の進行は止められる――もしその比喩をおし進めたとすればね。だが決して、それによって害は起こらない。だってその氷は、絶対者、つまり神サチダーナンダという海の、形のない水の、固まったもの以外の何ものでもないもの。だから彼もやはり神を悟る、ただし別の形で。もしお前が知識すなわち哲学の道の方が好きなら、『絶対者が唯一の実在、名と形のこの世界は非実在である』と言って推理をしてもよいのだよ。そうすれば、氷は真の知識という太陽の強力な光のもとに溶けてしまい、お前はそこに残された果てしのない、無限の大海を悟ることになるだろう！」

第二節　どのようにして、欲望と欲情を制御するか

シュリー・ラーマクリシュナ（医師に）「次のような人は神の知識を得ることのできない人々の中に入るのだ——

第一は、自分の学識を誇る人、第二は、自分の富を誇る人だ。そのような人物にむかって、『これこれのところに聖者がいる。君、会いに行ってみないか』と言ってごらん。必ず何かの口実を作って、ぼくは行かれない、と言うよ。彼は、自分はそんな人間を訪ねて行くには偉すぎる、と思っているのだ。

『プライドは無知から生まれる』」

＊　　＊

「問題は、どのようにしたら、プライドや貪欲や、色情や怒りなどの激情を制御することができるか、ということだ。パトゥリアガッタ（カルカッタの一地区）のギリンドラ・ゴーシュがこう言った、『人が欲情を捨てきることは不可能だ。だからわれわれは、それらを別の方向にむけるようにしよう。この感覚の楽しみの世界の中にいて、われわれの欲望の対象は、神そのものとしよう。われわれは神の至福の法悦を楽しもう。われわれは、自分たちが神の息子であることを、至高者の召使であることを、誇りとしよう。自分たちが主

の御名を信じていることを誇り、私は彼の聖き御名をとなえた、だからもう罪に縛られてはいないし、束縛も受けていない、だから救いを欲しいなどとも思っていない。この世の事物——金、名誉、わが家族等々——は実は私のものではない。主が私のものである。主を愛する人々が私のものである。と言うことにしよう』と。

私が富や称号を欲しいと思っているか？　ノー、私が何よりも欲し、求めているのは神のヴィジョンだ。このように、六つの欲情は神の方に向けることができるのだ」

医師「欲情を制することは難しうございます。それらはまるで暴れ馬のようなもの、目隠しで目をおおってやらなければなりません。ときには、彼らがつまづかぬよう、道に迷わぬよう、目を完全に外界から遮断してやらなければなりません」

師「人がもし神のヴィジョンを恵まれさえするなら、彼の欲情は、悪いことはできなくなるものだ。ナーラダやプララーダのような完成されている人々は、目にどんなおおいをする必要もない。父親の手を持って田のあぜ道を歩いている子供は、何かのはずみに手を離して水に落ちる危険がある。しかし父親が子供の腕を握っている場合はまったく違う。子供は決して、溝には落ちない」

医師「父親の方が子供の手を持ってやるのはよくありません。子供の自立精神を妨げるでしょう」

師「神を見た人たちは、低い方の自己は捨ててしまっているのだ。彼らは、主と一体であるところの、彼らのもっと高い自己といっしょに行動している。彼らは、自分を動かしているのは自分ではない、母なる神である、と感じている。彼らの力のすべては彼女からくるのだ。母なる神を離れたら彼らは存在しないも同然だ。子供は、自分の母といっしょにいるときだけ、力を感じるのだ」

医師「馬には目隠しをしてやらないと、彼らは一歩も前には進めないでしょう。人が欲情を制御しないで神を悟ることができるものでしょうか」

師「お前は知識の道、つまり識別による修行の道のことを言っているのだ。そうだ、その道も人を神に導く。この道の知者は、『人は神を見ようと思ったらまず純粋でなければならない。自分の欲情を制御しなければならない。まず自力の修行、それから神の知識だ』という。

ところが神に至るもう一つの道があるのだ——信仰の道である。人間の魂の中にひとたび神への愛が生まれたら、ひとたび、彼の聖き御名をとなえることが信者の胸を歓喜で満たすようになったら、欲情の制御に努力をする必要はなくなるのだ。そのような制御はおのずからやってくる。

人が悲しみ嘆いているときに、誰かとけんかをしようとか、宴会の席につこうとか、または何かの感覚的な楽しみにふけろうとか言うような気分になれるかね。ひとたび灯火を見つけた蛾が、闇を探し求めるかね」

医師（笑いながら）「いいえ、求めません——むしろ喜んで炎の中にとび込み、そこで死ぬでしょう」

師「いや、そうではないのだよ。神の真の礼拝者は決して、蛾のような死には会わない。信者が惹きつけられる生きた光は、彼を焼き殺すようなことはしないのだ。それは宝石から発する光のように、輝いてはいるがソフトでクールで鎮静的だ。焼きはしないで、平安と歓びをあたえる。

知識の道もたしかに人を神に導く。しかしたいそう困難な道だ。知者といっしょにいろいろな言葉を使って次のように推理をするのはごく容易いことだ、『私は肉体ではない、心ではない、決定する能力でもない。私は病気や悲しみや不安などの影響を受けはしない。私は幸不幸を超越している。私は感覚の束縛は受けない――私の真の自己は神であり、彼についてたった一つ言えることは、絶対の存在、絶対の知識、そして絶対の至福であるということだ』とね。このようなことすべてを、言うのはごくやさしい。しかし悟るのは難しいことだ。

手がトゲにひっかかれて皮膚が破れ、血が流れているとする。『なあに、私の手は何ともなっていない。血などは流れていない。私は無事である！』とは、とても言えないだろう。ところが人は実際に、自分を神からはなして肉体につきもののすべての苦難を生み出すところの、無知というトゲを知識の炎で焼かなければならないのである。

多くの人たちが、知識（神の）は書物を研究しなければ得られないと思っている。だが読むよりも高尚なのは聞くこと、聞くよりも高尚なのは見ること（悟る）である。教師の道から聞くことは、単に書物で読むよりもずっと深い印象をあたえる。見ることはもっとも深い印象をあたえる。ベナレスについて読むよりは、そこを訪れた人の口からじかに聞く方がよい。自分の目でベナレスを見ることは聞くよりもさらによいだろう。

チェスの試合で、傍観者は戦っている当人たちよりもよく、正しい動きを言い当てるだろう。世間に暮らす人々は自分はたいそう賢いと思っている。しかし、彼らはこの世のもの――金、名誉、快楽等々――に執着している。実際に試合に携わっているものだから、正しい動きを悟ることが難しい。この世を放棄した修行者たちはそれに執着することがない。彼らはチェスの勝負の見物人のようなものだ。世間の人よりもよく、物事を見る」

医師（一弟子に向かって）「もし彼（シュリー・ラーマクリシュナ）が書物をお読みになっただけだったら、これほどの叡知は獲得なさらなかったでしょう。ファラディは造物主と感応交流してさまざまの科学的真理を発見することができました。単なる書物の学問では、あのような知識は得られなかったはずです。造化の巧みの綿密な観察が、彼を大きくたすけたのでした。数学の公式は頭脳を混乱におとしいれ、独創的な研究を大きく妨げるだけです。ここにおいでの紳士（師を指す）は、自然の女神の御子であるからこんなに賢いのです」

シュリー・ラーマクリシュナ（医師に）「私は母なる神を慕い求めてパンチャバティの根もとの地面に横たわったときがあったのだよ。そこに倒れ伏して、泣きながら母なる神に、もっと光を、とお願いしたものだった。『おお母よ、私は文字をまったく知りません。どうぞお慈悲をもって、行為の果実を求めず無執着の心で働く人々の得るところのものを、知らせ悟らせてください。またヨギたちが精神集中の行によって到達にするところを、知らせ悟らせてください。そして最後に、識別によって知者の知るものを知らせ悟らせてください』と言ってね。

書物を、私はまったく読んだことがない。これらのことともっとたくさんの他のことを私にお示しくださったのは、母なる神です！

ああ！　それは何という法悦の境地であったことか！　そのような状態に入ると人は眠れないものだ」

そして師はおうたいになった——

歌

（一）私の眠りは破られた。私はもう、眠りはしない。
とにかく、いまは私はめざめています。
あなたを得奉って、おお（神との）交流の眠り（注＝サマーディのこと。外からは眠ったようにも見える
から）よ、おお母よ、
その眠りの中に、私は眠りを永久に寝かせつけてしまいました。
（二）思いをひそめるすばらしいテーマを私は得た。
夜のない国から一人の住人が、そのテーマを
私のところに持ってきた。
日夜の定時の礼拝は、私にとって永久に、意味のないものとなりました。
私は本を読んだことがない。しかし人々がどんなに私を重んじるか、見てごらん！　それは私が母なる神

の御名をとなえるからだよ。

シャンブー・マリックがよく言ったものだった、『ここに、剣も盾も持たないのに誰も彼もをなぎ倒すシャンティラーム・シンがいる』と」（笑い）

話は次に、ギリシュ（ゴーシュ）作の「ブッダの生涯」という劇の上演のことにおよんだ。医師は作者に招かれてそれを見、非常に気に入ったのだった。

医師（ギリシュに）「毎日私を劇場に惹きつけるなんて、あなたは本当に悪い人だ」

シュリー・ラーマクリシュナ（Mに）「彼の言っていることの意味が私にはわからないよ」

M（笑いながら）「ドクターは、自分はあの芝居に非常に惹かれる、と言うのでございます」

第三節　神の化身

シュリー・ラーマクリシュナ（イシャンに）「彼（医師）は神の化身を信じないのだよ。お前は彼に、このことについて何と言うかね」

イシャン「師よ、何と言ったらよろしうございましょうか。このような問題について問うたり推理したりするのを私は好みません」

シュリー・ラーマクリシュナ（厳しく）「なぜだ？　必要であっても正しいことを言うつもりがないのか」

イシャン（医師に）「信仰の不足の原因となるのは私たちのプライドです。ラーマチャンドラは見かけだけが人間だったのです。実は彼は至高の実在であって、彼の身体から、無限の大空、太陽と月と星、青い海、および雪を頂く山々を含む、この無限の宇宙は生まれたのです！」

シュリー・ラーマクリシュナ（医師に）「そこまで理解するのは難しいことだ。どうして、見た目にはさまざまの不完全さを持つように見える人間（神の化身）が、永遠、無限の至高実在と同一のものであり得るのか。神を悟った者は、絶対者なる神がわれわれの前に現象の宇宙として、つまり人や自然として現れているのだ、ということを理解する。彼は、限定を持つ人として現れてはいるが、本当は、彼は無限なのだ。たとえば、彼が人の形をしているからと言って、彼はその形の外にはいない、ということは、彼の場合には言えないのだ。彼はここにいるだろうが、同じ瞬間に他のところにもいるだろう。神を見た人はこういうことすべてを見ており、信じている。一オンスばかりの推理をした普通の人間は、これを見ることはできない。一シヤしか入らない瓶に、四シヤのミルクをいれることができるかね！

だからこういう事については、人は神を見た人々の言葉を信じなければならないのだ。そのような人々は神のみを瞑想している。もしお前が法律上の助言を得ようと思ったら、それを職業とする弁護士に相談しはしないか。まさか、素人の助言をとり上げはしないだろう！」

＊　　＊

イシャン（医師に）「あなたはなぜ、神は人間として化身なさらない、とお考えになるのでしょうか。いましがた、神は有形でも無形でもあり得る、とお認めになり、神に不可能はない、とおっしゃったばかりではありませんか」

シュリー・ラーマクリシュナ（笑いながら）「あのね、それはそういうことが彼の科学の書物に書いてないからなのだよ。（みな笑う）そこには、神は人類を救うために人間の姿をしてこの世に降りてくることがある、などと、多くの言葉を費やして説明などはしてない。それなのに、どうして彼が信じることができるか。（笑い）

おもしろい話を聞かせて上げよう。ある男が友達を訪ね、『君このニュースを聞かないか。昨日僕たちが歩いていてムケルジー家の持ち家のところにきたとき、家屋が恐ろしい音を立ててつぶれたのだよ』と言った。すると友達が叫んだ、『そうかね、だが、それが本当かどうか、ちょっと新聞を見てみよう』と。彼は新聞を読んだが、それには家のつぶれたことは何も書いてなかった。そこで彼は冷然と、『僕は君の言うことを信じることができない。新聞に書いてないのだもの』と言った。相手は、『だって僕はこの目でそれを見たのだよ！』と言ったが、この友達はなおそれを信じようとはせず、『まあ、何ひとつ、新聞には記してないのだもの、どうして信じることができよう』と言ったそうだ。（みな笑う）

人々は、科学は条件つきの知識だけを扱うものだということを知らない。それはけっして、絶対者の国からのお告げをもたらさないのだ。そのようなお告げは、古代のリシたちのように、神を見て悟った聖者たちによってもたらされた。『神はかくかくである』と言う資格を持つのは、彼らだけなのである」

ドクターは黙して何も言わない。

ギリシュ（医師に）「あなたもシュリー・クリシュナが神の化身であったと言うことは認めなければなりません。私は、あなたが彼を人と見ることは許しませんよ。あなたは、彼は神であったと言うか、またはデモンであったと言うか、しなければなりません」

シュリー・ラーマクリシュナ「本当に、人は神へのこのような信仰を持つためには子供のように真っ正直でなければならない。主は、世間の『かげひなた』からは遠く離れた存在でいらっしゃる。世俗性（金や名誉や感覚の楽しみへの執着）は懐疑主義を生みだす――学識へのプライドや、富その他へのプライドも。

（弟子たちに）しかし、彼（ドクター）は正直だ」

ギリシュ（医師に）「かげひなたのある者は知識を得ることはできない、とは思いませんか」

医師「そうですとも。それはできません」

シュリー・ラーマクリシュナ「ケシャブ・センの何と無邪気だったことか！　まあ、あるとき寺にきてね。午後の四時ごろに接待所のあたりにきたのだよ。彼は、客たち、つまり修行者や貧しい人々は間もなく食事を提供されるのか、ときいた。まるで子供のように、もうこの時刻にはその日の客たちはとうに食事を終わっているのだ、ということをまったく知らないのだ。

神に関する知識は、信仰と歩調を揃えるものだ。信仰が浅いのに知識だけをたくさん求めても無駄だ。食物をより好みする牝牛はミルクを十分にださない。枯れ草であれ、葉であれ、穀物の殻であれ、わらであれ、何でも喜んでうまそうに食べてしまう牝牛はたくさんだす。彼女のミルクは乳房から桶の中に滝のように落

ちる。（笑い）

子供の信仰のような信仰が、唯一の必要なものだ。このような信仰は、人を神に導く。お母さんがよその少年を指して、『あの人はお前のダーダー（兄）だよ』と言った。ただちに、子供はそれを完全に信じて、その少年を自分の兄だと思う。また、そのお母さんが、『あの部屋にはおばけが出るよ』と言った。すると子供は、あの部屋にはそんな恐ろしいものがいる、と確信するのだ。

子供のように信じる者は神の恩寵を受ける。世俗的な人々の勘定高い知性は、世間的損得の目で物事を量る。人の限られた理性は、十分に遠くまでは見えない。それは、神々の国に入る権利を持たない。人々をその国につれて行くのは信仰——子供の信仰——だ」

医師（弟子たちに）「それでも、牝牛が何でもかんでも食べるというのはよくありませんよ。あるとき私は、何でも食べようとする牝牛を飼っていました。私は非常に体のぐあいが悪くなり、どうしてもその原因がわかりませんでした。ついにわかったのは、いく日間か穀物のくずだとかその類いのものを食べていたこの牝牛が原因だ、ということでした。（笑い）その結果、私はラクノウに転地をせねばならず、よくはなりましたが、一万二〇〇〇ルピーもかかりました。（大笑い）

まあ、原因と結果の関係をつきとめるのは容易いことではありません。ピケパラ・バブーの家で、七カ月になる子供が病気で苦しそうな咳をし、私がよばれました。私は最善をつくして原因を突き止めようとしましたが、無駄でした。ついに、子供にミルクを供給したロバが、雨にずぶぬれになっていたことがわかりました！」

シュリー・ラーマクリシュナ（弟子たちに笑いながら）「ねえ、ごらん、まるで誰かが、私の馬車がひときタマリンドの樹の下にとまったので私は口中が酸くなった、とでも言ったようだ」（医師はじめ一同大笑い）

医師「ある船の船長がひどい頭痛を病みました。船医たちは相談の結果、船腹に発泡膏をはりました！」（笑い）

シュリー・ラーマクリシュナ（医師に）「神を求める人は常に高徳の人々と交わることが必要だ。世間の人は常に慢性の病気にかかっている。治療法については高徳の人に相談しなければならない。彼らの教えをただきいているだけでは不十分だ。薬を飲まなければいけないし、食物については厳重な規則を守らなければならない」

医師「そうです。何よりも効き目があるのは食餌療法です。」

シュリー・ラーマクリシュナ「医師には第一、第二、第三の三つの種類がある。霊性の教師も同様に、三つの種類にわけることができる。

第三級の医師は、脈を見ててから『薬をお飲みなさい』と言う。そして行ってしまい、患者が自分の助言を守っているかどうかを気にもしない。

第二級の医師は患者にわけを説明し、優しい言葉で薬を飲むようすすめる。

第一級の医師は、患者が自分の言うことをきかない場合には、ひざで患者の胸をおさえつけてむりやりに薬をのみ込ませることもいとわない！」（笑い）

医師（笑いながら）「ある治療法では、医師がそんな力をもちいる必要はありません。たとえばホメオパティでは」（笑い）

シュリー・ラーマクリシュナ（微笑みながら）「それはそうだ。しかし、たとえそのような医師が力をもちいて患者の胸にひざをのせても、患者は恐れる必要はないのだ。

『女と金』の放棄は、出家の生活を送る者たちのためにだけ定められているものだ。僧は、女の絵を見ることさえもしてはならない。香料のきいた酢漬けを、思っただけで口中につばきがわくだろう――そんな美味しいものを見たり触ったりしたときのことは言うまでもない！

しかし、この厳しいおきてはお前たちのような世間の人のためのものではない。僧だけのためのものである。お前たちは、神に心を集中しつつ、女たちのいるところで暮らしてさしつかえない。心を常に神に集中していられるように、ときどき人気を離れたところ――男からも女からも離れたところ――にしりぞくがよい。渇仰の心で、真の知識をおあたえくださいと主に祈りつつ、完全にお前一人でいられる場所だ――それ以上が難しければ少なくとも三日間、滞在できる場所、三日間が難しければ少なくともまる一日間滞在できる場所である。

また、結婚した者としてのお前たちの道は、一人か二人の子供が生まれた後は妻とともに兄妹のように暮らし、ともに自制のもとに完全な霊的生活が送れるよう、力をおあたえください、と絶えず主にお願いすることだ」

ギリシュ（笑いながら医師に）「これあなた、あなたはもう、三時間か四時間も続けてここにすわっていらっしゃるのですぞ！　いったい、いつ、患者の診察に出かけるおつもりなのでしょう。（笑い）こんなことをつづけていらっしゃるとご商売は駄目になるでしょうよ」

医師「仕事や患者のことは言わないでください！　あなた方のパラマハンサは、私に何もかも失わせてしまいになるだろう！」（笑い）

シュリー・ラーマクリシュナ（医師に微笑みかけて）「ねえ、カルマナーサーという河があるのだ――すべての働きを終わらせる、という意味だ。お前、その河にとび込むのは非常に危険だよ。上がってきたときには、どんな仕事をする力も、失っているだろう」（医師も他の者たちもみな笑う）

医師（M、ギリシュおよび他の弟子たちに）「皆さん、どうぞ私を、皆さんの身内と思ってください。治療のためによんだ職業人だとは思わず、皆さんの親類だと思ってください」

シュリー・ラーマクリシュナ（医師に）「お前に一つのことを言わせておくれ。人は、神を純粋な、無私の愛で愛することができるのだ。このような愛を主に対して抱く者の幸いなるかな！　ブララーダはこのような愛を持っていた。この種の信者は、『おお主よ、私は富も名声も肉体の快楽も、その他この世で得られるどんな幸福もお願いは致しません。どうぞ私が、この世のものを求めずあなただけを求める愛であなたを愛することができるよう、お恵みください』と言うのだ」

医師「はい、師よ、私はよく、カーリーの御像の前にぬかづいている人々を見ます。これらの参詣人たちは全部何かのこの世の対象を求めております——ある人々は生活の手段を祈り、ある人々は病気平癒をというように」

医師（シュリー・ラーマクリシュナに）「あなたはご病気なのですから、誰とでもかまわずに話をなさるのはよくありません。もちろん、私は例外ということにしてくださらなければなりませんが」（笑い）

シュリー・ラーマクリシュナ（微笑して）「何とかして私が治るようにしてくれないかね。ごらんの通り私は、主の御名をとなえて讃えることができないのだよ！」

医師（微笑して）「何で彼の御名をとなえる必要がありましょう。私どもは瞑想ができれば十分ではございませんか」

シュリー・ラーマクリシュナ「お前は私に、心の狭い一面的な人間になってもらいたいのか。私は魚をさまざまの料理にして食べる——魚のカリー、魚のフライ、タマリンド漬の魚、カツレツ、ピラウおよびその他さまざま、というように。私は主をできるだけ多くの方法で礼拝したいと一心にねがい、それでもなお、私の心にあふれる願望は満たされないのだよ！　私は花や果物やその他の品々を献げて彼を礼拝したいと思う、自分で、彼の聖き御名をとなえたいと思う。彼を瞑想したいと思う。彼の讃歌をうたいたいと思う、主の歓びに踊りたいと思うのだ！」

医師「わかりました、師よ、私も、狭く一面的なのは好みません」

師「お前の息子のアムリタは神の化身を信じない。よろしい、それは問題ではないよ。神は形を持たない、と信じる人々も神を見る――神は形を持つ、と信じる人々と同じように。かすことのできない二つのものは、信仰と、そしておまかせ（self-surrender）だ。人は一歩毎に誤りを犯しやすいものだ。いずれにせよ、まったく誤りなしに進むなどというのは望み得ないことだ。一シヤしか入らない水差に四シヤのミルクを入れようとするのかね。しかし、神は形をお持ちだと信じるにせよ、お待ちでないと信じるにせよ、お前は慕い求める渇仰の心で主に叫びかけなければならない。主は内なる魂の支配者でいらしゃるから、お前が主は形をお持ちだと信じるにせよ信じないにせよ、もしお前の叫びがハートの奥底から発して彼に達するなら、その祈りは必ず彼によってかなえられるのだ。

キャンディーのついたケーキは、まっすぐに口に入れてもななめに入れても同じように甘いだろう。（笑い）お前の息子アムリタはよい子だ」

医師「おお、彼はあなたの御弟子の一人でございます！」

シュリー・ラーマクリシュナ（微笑して）「この太陽の下に、私の弟子というのはただの一人もいないのだよ。あべこべに、私がみなの弟子だ。すべての人は神の息子たち――主の召使たちである、私もまた神の息子であり、彼の召使である。月叔父さんは、誰も彼もの叔父さんだよ！」（笑い）

（師はここで、月を人みなの母方の叔父とする、ひろく知られたベンガル地方の民話の一つを引用なさる）

第一三章　シャンプクルにおける師、弟子たちとともに、ナレンドラ（ヴィヴェーカーナンダ）、シャラト（サラダーナンダ）、カーリー（アベダーナンダ）、ラカール（ブラマーナンダ）、Mおよびその他（一八八五年）

第一節　法悦状態に

一八八五年一〇月二七日火曜日、午後五時半頃だった。民族の大祭ドゥルガー・プージャは数日前に終わったばかりだった。弟子たちにとっては、祭礼を心から楽しむことなどはほとんど不可能だった。師が重い病に苦しんでいらっしゃるのに、どうして祝い浮かれることなどができよう。

彼が普段住んでいらっしゃったダックシネシュワルのカーリー寺院は、カルカッタの医師たちが容易く行ける場所ではなかった。それゆえ師はこの三ヶ月間、シャンプクルに滞在し、いまはドクター・サルカルの手当を受けていらっしゃるのだった。病は手の施しようのないものであるという、医師がほのめかした暗示は、哀れな弟子たちへの重い打撃だった。この神聖な御方がまもなく彼らのもとを去られ、彼らは孤児のように投げ出されて広い世界にただよい、小屋を失った羊のように散らばるだろう、などとは信じることができなかったのである。彼とごいっしょに過ごしたあの歓びの日々はもうこないのだ、と思うことは実に辛かった。彼らは一人になっては涙を流した。万に一を頼みに、それでも彼らは彼の回復を祈った。彼らは身も心をも傾けて昼も夜も彼にかしづき、看護し、ささいなこともおろそかにせずに仕えた。ナレンドラにひきいられる若い弟子たちにとって、師へのこの偉大かつユニークな奉仕はそのまま、この世の偉大な放棄へとつづいたのであった。これに関して彼らは、現代におけるもっとも光輝ある模範なのである。なぜなら、神のためにこの世とそれのいわゆる快楽とを放棄したシュリー・ラーマクリシュナが、彼らの生きた理想であり、彼らの目の前に厳存する比類のない模範であったのだもの。

この重い病にもかかわらず、人々が、音に聞くこの神人に会おう、一目でも彼を見ようと、ぞくぞくと訪ねてきたのはふしぎなことだった。彼らは、シュリー・ラーマクリシュナに会うことは本当に平安であり歓びである、ということを感じた。「おお、何というご親切な、何という愛ぶかい!」というのが、すべての人のもらす印象だった。彼らの中のもっとも価値のない人の福利を切に願って、激しい肉体の苦痛の最中に、彼らにむかって神のことを——彼の天上の母のことを——話してお聞かせになるのだった! ついに、医師たちが弟子たちに厳しい指示をあたえた。彼に会い話を聞くことを人々に許すな、というのである。師のそばに何時間も続けてすわっている(時には六、七時間も続けて)ドクター・サルカルは、「相手かまわず話をなさらないよう、ご注意ください。長いことお話しになってもよいのは私だけでございます。これだけは特に例外としてお許し致します」と言うのであった。実は、ドクターは、彼のそばにすわり、その口からもれる「蜜のように甘い」言葉に魅せられてしまっていたのである。

ヴィヴェーカーナンダとドクターの他に、このときには偉大なベンガルの劇作家であり詩人であるギリシュ・ゴーシュ、ドクター・ドコウリ、若い方のナレンドラ、ラカール、M、シャラトおよび他の大勢がいた。

ドクターは脈をとり、必要な薬を処方した。それからしばらく病状についての話があり、そのあとで師は、指示されるままに薬の最初の一服を召し上がった。

ドクター・サルカルはいとまをつげるべく立ち上がり、シヤム・バブーと話をしていらっしゃったシュリー・ラーマクリシュナに向かって、「シヤム・バブーがお相手をしておられますから。私はおいとましてよろしうございますか」と言った。

シュリー・ラーマクリシュナ「歌を聞きたいか」

医師「ぜひ聞きとうございます。しかし、またあなたは恐ろしく興奮なさり、急に奇妙な状態にお入りになるでしょう。感情は制御されていなければなりません」

ドクターはふたたび座についた。ナレンドラ（ヴィヴェーカーナンダ）がタンプーラとムリダンガの伴奏とともに彼の美しい声でうたいはじめた。

彼はうたった――

歌

神と彼の御わざ

（一）あなたがお造りになった宇宙は、奇しくも果てがない！　見よ、それはすべての美しいものの貯蔵庫。
（二）幾千の星が輝く――宝石をちりばめた黄金の首飾り！　月も太陽も数限りがない！
（三）大地は富と穀物に飾られている。あなたの御蔵は、本当にいっぱいだ！　おお偉大なる主よ、無数の星々が、「お見事です、主よ！　お見事です！」とうたっています。絶え間なく、彼らはうたっています。

彼はまた、うたった――

歌

宇宙の母

（一）濃い闇の真中に、母よ、光の洪水がドッとあふれる。無形の美であるあなたの富です。山の洞穴の中でのヨギの瞑想は、このことのためなのです。
（二）無限の闇のひざの上で、偉大なニルヴァーナの海の上をはこばれて、永遠の平安の香りが、絶え間なく流れる。
（三）おお母よ、あなたは誰ですか？　永遠の主の偉大な配偶者の姿をとり、闇という衣装をまとって、サマーディという神殿の中に、一人すわっていらっしゃる！　あなたの御足の蓮華は、私たちを恐怖から護る！　その中に、ご自分の子供たちへの、あなたの愛の電光がひらめくから。あなたの霊の御顔からは、声高い恐ろしい笑いが響く。

医師（Mに）「これは彼には危険ですよ――この歌は！　感情を刺激して重大な結果をもたらす」

M「師よ、ドクターは、あなたが歌で興奮なさってサマーディにお入りになるのではないかと恐れているのでございます」

シュリー・ラーマクリシュナ（医師に向かい、手を合わせて）「いや、おお、いや、何で興奮などするものか。私は至極落ちついているよ！」

しかし、こう言うよりも早く、すでに感覚意識を失いかけていらっしゃった師は、まっすぐに深いサマーディに入っておしまいになった。彼の肉体は不動になった！　目は動かなかった！　彼は無言で、木か石の像のようにそこにすわっていらっしゃった！　すべての感覚意識は彼を去っていた！　心、知性およびハートは、すべて慣れたコースの外にふみ出してあの唯一の対象、宇宙の母の方に向かったのである！

ふたたびナレンドラは、彼の美しい喉から次々と歌をうたった。

彼はうたった――

歌

主、わが夫

(一) 何という魅惑的な美しさがここにあることか！　何という魅力のある顔！　わが魂の主が、わが貧しいすみ家においでになった！

(二) 見よ！　わが愛の泉は歓びに溢れる！

(三) おお、わが魂の主よ、愛のみからできておいでのあなた、あなたに献げることのできる富がありましょうか？　おお、私のハートを、私の生命を、私のすべてをお受けください。そうです、主よ！　どうぞ、私のすべてをお受けください！

そしてさらに――

歌

主が在さなければ、善いものも美しいものもない

(一) 慈悲深い主よ、人生に何の楽しみがありましょう、もし私の魂のハチが、あなたの御足の蓮華の中に、永久に没入するのでなかったら。

(二) 数え切れぬ富の山も、何の役に立ちましょう、もし、そこに同時に、もっとも貴い宝石であるあな

たが大切に、護られて在すのでなかったら？

（三）子供の愛らしい顔も、私は見たいと思いません、もしその顔の中に、たとえそれが月のように美しくても、あなたの愛ぶかい御顔の像を見ることができないなら。

（四）月の光がなんでしょう！　それは本当に、真の闇でできたもののように見えるでしょう、もし、外界の月が天空に現れるときに、同時に魂の大空にも、あなたへの愛の月がさし昇るのでなかったら。

（五）貞節な妻の浄らかな愛情でさえ、汚れにみちたものとなるでしょう。もし彼女の人間愛の黄金に、あなたへの神的愛の高貴な宝石がはめこまれていなかったら。

（六）主よ、あなたへの懐疑、迷妄の落とし子、は、毒ヘビのやむことのない咬みつきのようなものです。

（七）主よ、これ以上何を申しましょう。あなたは私のハートの高貴な宝石、永遠の歓びのすみ家です！

歌に——特に貞節な妻と子供のことを言う部分に聴き入って、ドクターは、「ああ！　ああ！」と叫んだ。

ナレンドラはうたった——

歌

神への忘我の愛

（一）おお！　いつまで私は待たなければならないのだろう、神への愛の狂気のやってくる日を、この世に他に欲しいものなく、ハリの御名をとなえるやいなや、愛の涙が私の目から滝のように流れ落ちる日を。
(二) いつ、私の生活、私の心は浄められるのだろう！ おお、いつ、私は愛のブリンダーバンへの巡礼に出て行くのだろう！ いつ、私の目の闇は、神の知識なる目薬で払いのけられるのだろうか！
(三) いつ、私の体の鉄は、神の試金石にふれて黄金に変わるのだろう！ おお、いつ私は、神のみからなる世界のヴィジョンを見るのだろうか！
(四) いつ、私の、善い仕事をしたいという願望は過去のものとなるのだろう！ いつ、私のカーストや家柄の意識はなくなるのだろう！ おお、いつ私は恐怖、心配、および羞恥の感じを超えられるのだろう！いつ私はプライドと、習慣への奴隷的服従を脱却するだろう！
(五) バクタ(真の神の愛人)の足のちりを体中にこすりつけ、放棄のずだ袋を背に負うて、おお、いつ私は、神の愛なる河から忘我の愛の水を両手にすくって飲むのだろう！

第二節　絶対者

歌のなかばに、シュリー・ラーマクリシュナは感覚意識を取り戻された。音楽は終わった。それからふたたびお話がはじまった。それは、学識あるものも無学な者も、老いたるも若きも、男も女も、偉大な人々も凡人も、等しく非常に強く心を惹かれるお話であった。全員が黙してすわり、彼の神々しい容貌を仰ぎ見ていた。いまどこかに、彼が目下苦しんでいらっしゃる重大な病の影響がみられるか？ 天上の栄光に輝くその願貌は歓喜にみちている！

ドクターの方を向いて、シュリー・ラーマクリシュナは話をおはじめになった。

シュリー・ラーマクリシュナ「羞恥心をすてるのだよ。人は他人の前で主の御名をとなえたり、または彼の甘美な御名をとなえているうちに歓びに踊ったりすることを、恥ずかしがるようではいけない。人々の言うことを気にするではないぞ。次のことわざはたいそうためになるものだ――

『羞恥、軽蔑、および恐怖――

この三つがある間は、人は完全にはなれない』

羞恥心を持つ人はこう思うのだ、『私はこんなに偉い男だ！　もしこれが偉い人の耳に入ったら、彼らが何と言うだろう！　おお、もし彼らが哀れな奴、ドクターは踊っていたよ。頭がおかしくなったに違いない！などと言ったら本当にみっともないことだ』とね」

医師「私は決してそんなことは思いません。他人が何と言おうと、私は気にはかけません」

シュリー・ラーマクリシュナ（微笑んで）「あべこべだ、お前はたいそうそれを気にかけているよ」（笑い）

シュリー・ラーマクリシュナ「知識と無知という二つのものの、反対側に着きなさい。無知とは、単一性を知らないで、つまり唯一の神を知らないで、他者を意識すること、つまり多様性を知ること、である。博識からくるうぬぼれは、無知から生まれるものだ。神はすべてのものの内に在します、という――多様性の中に単一性がある、という――確信は一者の知識と呼ばれる。彼を身近に知ることを、悟りというのだ。

もしおまえの足にトゲが刺さったら、そのトゲをぬくためにもう一本のトゲがいるだろう。こうして第一のトゲがぬき去られると、おまえは両方のトゲをすてる。そのように、無知のトゲをすてるためには知識というトゲを持ってくる。それから絶対者の自覚を完成するためには無知と知識の両方をすて去るのだ。なぜなら絶対者は無知と同様に知識をも超越しているのだから。

ラクシュマナがあるとき、神である彼の兄に言った、『おおラーマ、ヴィシシュタ・デヴァのような神を知る人が、息子たちの死にあって泣き、慰めようもなかった、と言うのはふしぎではありませんか』と。

するとラーマが、『その通りだ弟よ、このことを覚えておいで。単一性（神）の相対的な知識を持っている者は必ず同時に、相対的な無知も持っているものなのだ』と答えたという。

このような人は必然的に、神に関してはまだ無知を脱却し得ていないのだ。なぜなら、この場合には知識と無知とは相互につながっているものなのだから。宇宙間に一つのものという知識は、さまざまのものという知識を前提としている。光の存在を感じる人は、闇が存在するという感じも持っているのだ。

絶対者は、人間の限られた能力が理解しているような知識と無知を、超越している。罪と徳を——善行と悪行を——浄と不浄を超越している」

これとともに、シュリー・ラーマクリシュナはラームプラサードの次の歌をおくり返しになった——

歌

神のヴィジョンの科学

(一) さあ、わが心よ、いっしょに散歩しよう。おお、お前はわが母、永遠の主の配偶者である願望成就の樹の下で四つの果実を拾うがよい。
(二) お前は二人の妻を持つ。執着（お前をこの世のものに導く）と無執着（お前を神に導く）だ。さて、散歩に出るときには道づれとして、無執着をつれて行け。
無執着は識別という息子を持つ。非実在から実在を識別するのだ。彼に、実在に関する消息を問え。
(三) お前の第一の妻である執着の子供たちを、お前は理に導くよう努めねばならぬ。、安全のために、常に彼らとは距離を保つよう、気をつけながら。
もし彼らが理に服することを拒むなら、おおわが心よ、お前は彼らを、知識の海に溺れさせるようにせよ。
(四) お前はいつ、霊なる部屋に、両側に浄と不浄をおいて眠ることができるか。
この二人妻が仲よくなったとき、おまえは暗青色のわが母（宇宙の母）を見たてまつるだろう。
(五) 長所と欠点なる二匹のヤギを、矛盾の柱に結びつけよ。そして彼らを、知識の剣で犠牲に供し、こうして彼らを解放せよ。
(六) お前の父は、おお心よ、うぬぼれであって、お前の母は無知である。両方ともを、追い払わねばならぬ。
もし心酔という落とし穴に惹かれそうになったら、忍耐という支柱にしっかりとつかまれ。

（七）プラサードは言う、おおわが心よ、こうすれば、お前もよい報告書を出せるだろう、と。こうすればお前も、『私の愛しい者』『私のペット』（the god of my father）と呼ばれ『私の心のままの心』と呼ばれる資格がある。

シャム・バブー「師よ、あなたが両方のトゲとお呼びになる知識と無知とがすて去られたあとには何が残るのでございましょうか」

シュリー・ラーマクリシュナ「そう、そこに残るのは、ヴェーダに書いてあるように、永遠の、絶対の、純粋意識だ。しかし、どうしてそれを、お前たちにはっきりと説明することなどができよう。誰かがお前に、精製されたバターの味はどんなものか、と聞いたとする。彼に十分にはっきりと説明してやることができるか。そんな質問に対してあたえ得る最上の答えは、バターの味はまさにバターの味にそっくりです、というものだろう！（笑い）

まだ結婚していないある少女が、あるとき友達に尋ねた、『あなたのご主人がいらっしゃるでしょう。彼に会うといつでも、どんな歓びをお感じになるの?』と。すると結婚している少女は、『あのね、あなた自身が結婚なさったら何もかもわかりますよ。いまどうしてそれをあなたにわからさせて上げることができましょう』と言ったという。

プゥラナに、宇宙の母がヒマラヤ王の娘としてお生まれになった、と書いてある。彼女の誕生の直後、この山の王は、全能の母のさまざまの現れのヴィジョンを恵まれた。そこで彼は、『おお母よ、私に、ヴェーダにたくさん書いてある絶対者なる神（ブラフマン）を見せてください』と言った。化身の子供はするとこう言った、『お父さま、あなたは絶対者なる神をごらんになりたいのですか。それでしたら、聖者たちとともにお暮らしにならなければなりません――世をすてた人々でございます。それではじめて、私はあなたのお心の願いをかなえてあげることができます。それが何であるか、ということを、口で申し上げることはできません』と。

誰かがうまいことを言った、『絶対者なる神というたった一つの例外をのぞいてすべてものは、食べ残しの食物のように汚されてしまっている』と。その意味は、世界中の聖典は、人の舌のたすけによって朗読され朗唱され、口中から吐き出された食物のように汚されている。しかし世界中にまだ一人として、絶対者の性質を口から出る言葉で表現し得たものはいない。したがって、絶対者はまだ口によって汚されていない、と言うのである。

主との交わりには、口では言い表せない歓喜がある。口から出る言葉はとてもそれを描写することはできない。それを感じた者のみの知るところである」

第三節　書物の学問と、うぬぼれ

ドクターにむかって、師は話をお続けになった、「人はうぬぼれをすてなければ、生命の知恵を求めることはできない。『私』が存在することをやめたとき、私は自由になるのだ。『私が』と『私の』が無知である。『あなたが』と『あなたの』が知識である。真の信者は、『主よ、あなたが唯一の行為者、私はあなたの御手の中の道具にすぎません！　私は、あなたがお動かしになるままに動いているのです。これらすべての富、家、家族、いっさいのものはあなたのものです！　何一つ、私のものはありません。私は召使にすぎません。私のすることはただ、あなたのご命令どおりに仕えることだけです。』と言う。

うぬぼれは必ず、書物に関係を持つ連中の中に多く見られるのは奇妙なことだ。あるとき、カーリークリシュナ・タゴールが私と神の話をした。彼が私に、『師よ、私はあなたのおっしゃることは十分によくわかっています。書物で読みました』と言うのだ。さて、そこで私は彼に言ったのだ。『よくおききなさい。デリーに行ったことのある人は、それをひどく吹聴して「私はデリーに行った、行った」と言ったり自慢したりはしないものだよ。バブー（男性への尊称）は、自分から「私はバブーである」とは言わないとね』（笑い）

シャム・バブー「師よ、タゴール氏はあなたを深く尊敬しております」

シュリー・ラーマクリシュナ「あのね、ダックシネシュワルの寺にあるとき使われていた掃除人の女のうぬぼれを、どう説明して上げたらよかろうか？　彼女は一つか二つの宝石を身に飾っていたのだよ。たぶんそれが、彼女をあんなに得意にしたのだろうと思う。あるとき、自分の通り道に人々がいるのを見て、『おい！そこをおのき、お前たち！』と言ったものだ。（笑い）

掃除人がこれだ。もっとお偉い人々のうぬぼれは言うにもおよばないことだよ！」

シャム・バブー「師よ、一方では私たちは、犯した罪は罰せられる、ときかされております。そして他方では、神が行為者であって人は彼の御手の中の粗末な道具だ、ときかされます。この二つの見方をどのように和解させたらよろしいのでしょうか」

シュリー・ラーマクリシュナ「何とお前の、金細工師のようなものの言い方をすること！　精密な秤でものを量る連中だ」

ナレンドラ「師は、あなたが非常に勘定高い性質の人のようなものの言い方をなさる、とおしゃるのです」

シュリー・ラーマクリシュナ「これポードー（注＝軽い意味の呼びかけ言葉）よ、マンゴーを食べるのだよ！　この庭にマンゴーの樹が何百本あるか、何千本の枝があるか、何千万枚の葉があるか、などなどということを数えて何の役に立つか。お前はここに、マンゴーを食べにきたのだ。それを食べて、そして行くところに行きなさい。

（シャム・バブーに）お前はこの世に、帰依と信仰によって神を知る、という目的をもって生まれてきているのだ。お前の務めは、主の蓮華の御足への愛を養うために最善をつくす、ということだ。なぜ、あれやこれやと他の数多のことに心をわずらわせるのだ？　哲学的論議がお前をまえよりも賢くするかね。四オンス（約〇・1リットル）の酒でわれわれは十分に酔えるのだ、ということがわからないか。そうであれば、酒場に幾樽の酒があるかということなどを、何でかぞえる必要かあろうか、お前のたった一つの目的は酒に酔ってよい気持ちになることなのだもの！」

医師「仰せの通りです。それに、神の酒場の酒は到底量ることができません。つきることもありません」

シュリー・ラーマクリシュナ（シャム・バブーに）「そのうえに、お前はなぜ、主に委任状をお渡ししてしまわないのだ。お前のすべての心配と責任を、彼にお渡ししたらよいではないか。立派な生活の人物に、お前が何か自分の仕事を任せたとする、その人がお前に悪いようなことをする恐れは決してないだろう。罪びとが将来罰せられるかいなかなどという問題は、彼にお任せしておけばよいのだ」

医師「彼が何をなさるかということをご存じなのは彼だけです。人間の計算は、遠方までは届きません。主は、人間の計算のまったく届かないところにおいでです」

シュリー・ラーマクリシュナ（シャム・バブーに）「この種の話がお前たちカルカッタ人の間にいまどんなに流行していることか！　神の人間の扱い方が公平を欠く、という談義だ。神はなぜ、ある人々を幸福にし、他を不幸になさるのか、と不足を言う！　これらの馬鹿者どもには神の性質が自分たちの性質と同じものにしか見えないのだ。

ヘムがよく、彼の友達であるジャンバザールのバブーたちといっしょにダックシネシュワルの寺にやってきた。私と会う機会があるといつも、彼はこう言うのだった、『さて、バッタチャーリヤ（ブラーミンの呼び名の一つ。私と会う機会があるといつも、彼はこう言うのだった、『さて、バッタチャーリヤ（ブラーミンの呼び名の一つ。バッタは学識あるブラーミン、アーチャリヤはグル、教師の意）さん、この世に持つかいのあるものはたった一つ、名誉だ。そうではないか』と。人生の目的は神を見ることだ、と知る人は実にごくわずかだ」

シャム・バブー「師よ、私たちはよく、われわれが持っている、粗大な体（肉体、ストゥラ・シァリラ）とは異なる、幽体——精妙な体（スクシュマ・シァリラ）——のことを聞きます。誰か、私の複体（幽体）が実際に肉体を離れてどこか他所に行くところを見せることのできる人がおりましょうか」

シュリー・ラーマクリシュナ「本当の信仰者は、お前たちにそんなものを見せようなどという気は起こさないものだ。彼は、どこかの馬鹿者が彼を尊敬の目で見るとか見ないとかいうことなどは少しも気にとめない。お偉い人たちに自分のまわりをうろうろさせようなどという願いはまったく持っていないのだ」

シャム・バブー「師よ、どのように肉体から幽体をお見分けになるのか、話してくださいませんか」

シュリー・ラーマクリシュナ「五つの要素が体をつくっている。幽体はマナス（感情と、心の意志的な面）とブッディ（決断力）アハンカーラ（私意識）とチッタ（記憶）とからできている。それの内側の体は神のヴィジョンの至福を感じるもので、法悦の体、またはカーラナ・シァリラ（原因体）と呼ばれる。タントラは、それをバーガヴァティタヌと呼んでいる。これらすべてを超えた所にマハーカーラナ、すなわち偉大なる第一原因——無制約者——がある。それは言葉で説明することはできない！」

第四節　修行の重要性

シュリー・ラーマクリシュナ「ただ説法を聞くだけで何になろう。本当のものは実践だ。

お前、シッディ（大麻）、シッディと言葉でくり返しても、それで酔うことができるか。薬をたたきつぶして糊状にしてそれを全身にぬりつけてごらん。それで酔うか。いや、少しばかりをのみ込まなければだめなのだ。

四〇番手とか四一番手とか、糸にはいろいろな細さがある。さて、それを商売にしているのでなければ、お前たちはとてもそれらを見わけることはできない。それを商売にしている人々にとっては、他の番号の糸の中から特定の番号を選びだすのは少しも難しいことではない。それだからね、ぜひ、少しばかり、修行を実践しなさい。それができれば、肉体についても、幽体についても、カーラナとマハーカーラナについても、らくに正しい観念を持つことができるだろう。

神に祈るときには、彼の蓮華の御足へのバクティ（信仰）をお願いしなさい。アハリヤ（賢者ゴウタマの妻。夫の姿をして現れた男に許して、夫から呪われ、石に化せられた。そのとき夫が、ラーマの一触れはこの呪いを解くであろうと言った）が夫にかけられた呪いから解かれたとき、ラーマチャンドラが言った、『恵みを授けるから望みのことを言うがよい』と。するとアハリヤは、『おおラーマもしがあなたが私にお恵みをくださいますなら、どうぞ、私の心が常に、蓮華のように美しいあなたの御足の上に在るようにしてくださいませ。おお、そうすれば、私はたとえブタに生まれましても少しもかまいません！』と言ったという。

私は、私の母なる神に信仰だけをお願いする。

彼女の蓮華の御足に花をおき、手を合わせてこのように祈ったのだった、『母よ、ここに無知があり、ここに知識があります。おお！　二つともお取り上げください。私はいりません。どうぞ、純粋な愛だけを持てるようにしてください。ここに心身の浄らかさがあり、ここにその汚れがあります。私がそんなものをどうしましょう。私には純粋の愛をお授けください。おお！　ここに罪があり、ここに手柄があります。私はそのどちらも欲しくありません。私には純粋の愛だけをください。ここに善があり、ここに悪があります。おお！　お取り上げください！　そんなものは一つも欲しくありません！　私には純粋の愛だけをください。ここに善行があり、ここに悪行があります。おお！　両者を超えたところに私をおいてください。私はどちらも欲しくありません。どうぞ、純粋の愛だけを持たせてください』と。

もし善行の果実を取るなら、同時に悪行の果実も取らなければならない。もし、立てた手柄の功徳を受けようとするなら、同時に犯した罪の結果も受けなければならないのだ。一者の知識（ギャーナ）は、同時に他者の知識（アギャーナ）を意味している。浄らかさを取り上げると、その反対の不浄を追い払うわけには行かない。こういうわけで、光の知識はその反対の闇の知識を含んでいる。単一性の知識は多様性の知識を内に含んでいるのだ。

神を愛する人の幸いなるかな！　たとえ彼がブタの肉を食べても何のことがあろう。一方、たとえ神聖な食物（注＝ハヴィシャンナ、ギーで処理した米など、そして一旦神に献げられもの）で生きている人であっても、もし彼が世間に執着して神を愛さないなら……」

医師「災いなるかな！　何のしあわせも得られないでしょう。しかし、ブッダはあるときブタの肉を食べました。そこでただちに何が起こったとお思いですか。激しい腹痛です！ ここで哀れな男は、薬としてアヘンをもちいました。ニルヴァーナというような、あのすべてのナンセンスの秘密はみなさんおわかりでしょう――男はアヘンで麻酔させられてしまい、そういう状態ですから感覚意識がありませんでした。これが、みなさんのおっしゃるニルヴァーナなのですよ！」

ブッダのニルヴァーナに関する医師のこの言葉は、みなを大笑いさせた。会話は続いた。

シュリー・ラーマクリシュナ（シャム・バブーに）「在家の生活をすることは決して悪いことではない。しかし、心を常に主の御足に向け、執着しないで働くよう心がけなさい。ある人が背中に腫物ができているとする。それでもこの男はいつものように人と話をしているだろう。たぶん、日々の務めにも従事しているだろう。しかし、痛みが常に、彼に腫物のことを思い出させている。これと同じように、お前も世間に暮らしてはいても、心はつねに、主のことを思っていなければならないのだ。

女がひそかに恋人と通じているとする。世間で、そういう女のように生きるのだ。魂はひそかに主を恋い慕いながら、さまざまの務めはきちんとおこなって――。彼女は家の仕事をしている間中、恋人のことを思い続けているだろう。

（医師に）お前このことがわかるか」

医師「女のそんな感情を経験したことがないのに、どうして理解できましょう」

シヤム・バブー「親愛なるドクターよ、失礼だが、少しはおわかりになるはずだ。そうではありませんか」（笑い）

シュリー・ラーマクリシュナ「ことに、長い間この仕事に携わっているからね、そうではないか」（笑い）

シヤム・バブー「師よ、神智学をどうお考えになりますか」

シュリー・ラーマクリシュナ「要するに、弟子をたくさんつくっている人々は、程度の低い人々だ。また、神通力を求めている連中も、低いクラスに属する人々だ。たとえばガンガーの流れの上を歩いて行く、とか、ここにいて別の人が遠いところで話していることを言い当てたりする力である。こういう人々にとって、主への純粋な愛（バクティ）を得るのはなかなか容易なことではない」

シヤム・バブー「しかし師よ、神智学者たちは、ヒンドゥイズムをもう一度確固とした規則の上にのせようとしております」

シュリー・ラーマクリシュナ「そうかもしれない。まあ、私は彼らの見解や行為についてはあまりよく知らないのだ」

シヤム・バブー「神智学では次のような問題が取り上げられております。魂は死後どこに行くか――月の世界か、星宿か、等々という問題です」

シュリー・ラーマクリシュナ「しかし、私の考え方はどのようなものであるか、言わせておくれ。誰かが、神の偉大な愛人ハヌマーンに、『今日は月の何日ですか』と訪ねた。ハヌマーンは、『ねえ君、許しておくれ、私は何曜日だとか月の何日だとか、人の運命を告げる星に関したことなどは何一つ知らないのだよ。それは私の得意とするところではない。私は神を瞑想し、神しか瞑想しない』と言ったという」

シャム・バブー「師よ、神智学者たちはマハトマを信じております。マハトマは本当にいるものとお思いかどうか、うかがいたいのですか」

シュリー・ラーマクリシュナ「もしお前が私の言うことを信じる気があるなら、私は、『いる』と答えるよ。だがどうか、そういう事柄はもうよいことにしてくれないか。私がもっと気分のよいときにおいで。ただ、私の言葉を信じなければだめだ。そうすれば、お前が平安を見いだすようにして上げよう。私が金も布も、その他のどんな物も取らないのを見てはいないかね。ある芝居の上演では、お偉い観客は演技の最中に役者に金を送って彼らを励ますことになっているだろう。ここでは、そんな心付けをせがまれることはない。それだから、こんなに大勢の人々がやってくるのだよ。（笑い）

（医師に）お前に言いたいのはこのことだ——だが怒るではないぞ——お前は金とか瞑想とか講演とか言うような、世間のものは十分に得たのだ。いまは、少し心を神の方に向け、ときどきここにおいで。神に関する言葉を聞くのはよいことだ。そういう言葉は魂を啓発し、それを神の方に向ける」

第五節　神の化身たち

まもなく、ドクターは暇を告げるべく立ち上がった。しかしギリシュが入ってきたので、ドクターは彼に会ったことを非常に喜び、ふたたび座についた。ギリシュは前に進み、主を拝して彼の聖き御足のちりに口づけをした。ドクターは黙ってこのすべてを見まもっていた。

医師「私がここにいる間は、ギリシュ・バブーはきてはくださらないのです。私がおいとましょうとすると、くることになっているのだ」（笑い）

そこでしばらく、科学協会とそこでおこなわれた講演の話が交わされた。ギリシュがそれらの講演に興味を持った。

シュリー・ラーマクリシュナ（医師に）「いつか私を、その協会につれて行っておくれ」

医師「まあ師よ、あなたがひとたびあそこにおいでになったら、栄光にみちた素晴らしい神の御業のあの光景に、たちまちすべての感覚意識を失っておしまいになるでしょう――それらの御業に示されている知恵に！」

シュリー・ラーマクリシュナ「おお！　そうかね？」

医師（ギリシュに）「他のことは何をなさってもよい、だがどうぞ、彼を神として拝むことだけはやめてください。そんなことをして、あなたはこれほどの聖者を破滅におとしいれているにすぎないのですよ！」

ギリシュ「あなた、それはどうにも仕方のないことなのです。私に世界というこの恐ろしい海を、そしてそれに劣らず恐ろしい懐疑主義という海を渡り切らせてくださった御方――おお、そのような御方に、これ以外にどんな仕え方がありますか。彼の内には何一つ、私が拝むことのできないものはありません」

医師「私は、すべての人間は同等である、と思います。食料品屋の子供があるとき、治療のために私のところにつれてこられました。便通がありました。誰も彼もが衣服の端を鼻にあてましたが私はそれをしませんでした。約三〇分間もその子のそばにすわっていました。掃除人が桶を頭にのせてそばを通りすぎても、私は布を鼻にあてることはしませんでした。いや、そういうことは私にはできないのです。掃除人とて決して、私より劣った人間ではありません。どうして彼を見くだすことができましょう。ここにおいでの聖者については、あなたは、私が彼の御足のちりを拝して口づけをすることができないとお思いですか。ごらんください」（医師は師の足のちりを拝して口づけする）

ギリシュ「おお、天使たちが、『このめでたい瞬間の善いかな、善いかな！』と言っています」

医師「あなたは、人の足に敬礼することを驚くべきことだと思っておいでのようだ！　私は同じことを誰にでもすることができる、ということをご存じないのでしょう。（近くにすわっている紳士に）恐縮ながら、あなたの御足に敬礼することをお許しください。（もう一人に）あなたの御足にも。（三番目の人に）そしてあなたの御足にも」（医師は大勢の足に敬礼をする）

ナレンドラ（医師に）「私たちは師を、神のような人と仰いでいるのです。それについての私の考えを申し上げさせてください。植物と動物との間のどこか一点に、ある生きものが植物であるか動物であるか判定し難い、というところがあるでしょう。それとまったく同じように、人の世界と神の世界との中間のどこかに、ある人が人間であるのか神であるのかはっきりと言えないところがあるのです」

医師「まあ、君、神に関することを類推で説明することはできませんよ」
ナレンドラ「私は神とは言っていません。神のような人と言っているのです」
医師「尊敬の感情を、そのように欲しいままに発露させるものではありません。私自身のことを申しあげますと、残念ながら誰一人、私の内なる感情を理解してはくれないのです。私の一番の親友までがしばしば、私を厳しい残酷な人間だと見ています。私のよき友である皆さんでさえ、いつかは、私を履きもので打ってここから追い出しなさるでしょう」
シュリー・ラーマクリシュナ（医師に）「そんなことを言うものではないよ、ドクター！　ここの人々はお前を実に深く愛している。彼らはお前のくるのを、花嫁の部屋で花婿のくるのを待っている花嫁付きの乙女たちのように、待ちかねているのだよ！」（笑い）
ギリシュ「ここにいる人は誰も彼も、あなたに最大の尊敬を献げているのです」
医師「私の息子は――私の妻までもが――私を冷酷な人間と見ています。その理由は要するに、私が生来感情を表面に現すことを嫌うからなのです」
ギリシュ「それなら、少なくとも友人たちへの哀れみの心から、自分の心の扉を自由にあけ放った方がよい、とはお思いにならないのですか。あなたは、友人たちがあなたを理解していないことをよくご存じなのでしょう」
医師「信じてくださるでしょうか。まあ、私はあなた方よりも感動しやすいのですよ。

（ナレンドラに）私は一人で涙を流すのです」

医師（シュリー・ラーマクリシュナに）「さて、師よ、あなたがサマーディの間に人々の体に御足をお置きになるのはよくない、と申し上げてもよろしうございますか」

シュリー・ラーマクリシュナ「お前は、私がそれを意識してしている、と言うのではなかろうね」

医師「あなたも、それはよくないことだとは感じていらっしゃるのでしょう、そうではありませんか」

シュリー・ラーマクリシュナ「サマーディに入っているときの私の心の状態については、私は何と言ったらよいのだろう？ サマーディが終わった後には、ときどきは、『これがいまかかっている病の原因なのではなかろうか』と自問することさえあるのだよ。要するに、神の思いが私を狂気させるのだ。これらすべては狂気の結果だ。どうにも致し方がない」

医師（弟子たちに）「彼はご自分がなさることに対して遺憾の意を表していらっしゃる。この行為は罪ぶかい行為だと感じていらっしゃるのです」

シュリー・ラーマクリシュナ（ナレンドラに）「まあ、お前は鋭い洞察力を持っている。彼によく説明してやっておくれよ」

ギリシュ（医師に）「あなたは完全に取り違えていらっしゃるのですよ。彼は決して、信者たちの体に足を触れたことを遺憾に思っておいでになるのではありません。いいえ、そんなことではないのです。彼の体は浄らかで罪汚れはなく、浄らかさそのものでいらっしゃいます。彼は信者たちの霊的幸福を切にねがって、彼の体にその聖き御足をお置きくださるのです。彼はときどき、彼の罪を自分に引き取る結果として、自分の体が病に苦しむのであろう、とお考えになるのです。あなたご自身の場合を考えてごらんなさい。いつか私どもにおっしゃったところによると、あなたはあるとき勉強をしすぎた結果、激しい腹痛の発作に悩まされなさったでしょう。そうです、あのときあなたは、夜おそくまで起きて読書にふけっていたからだ、と後悔していらっしゃいました。師はおそらく、一患者としては悔いておいでかもしれないが、人類の幸福をねがう神の教師としては、決して悔いてはいらっしゃいません」

ドクターはいささか面目を失った様子で頭をたれた。

医師（ギリシュに）「私はまいったことを白状します。どうぞあなたのよき御足のちりをください。

（ナレンドラに）この事は別にしても、私は彼（ギリシュ）の知力の明敏さは認めなければなりません」

ナレンドラ（医師に）「この問題を別の面から見ることもできます。あなたはときどき、科学上の発見をめざす仕事にご自分の生活をお献げになるでしょう。そのようなときには、からだや健康やその類いのことには注意はお払いになりません。さて、神の知識は、すべての科学の中でもっとも立派なものです。師がこの目的のためには彼の健康をかけ、そして恐らくそれを破滅させておしまいなったのももっともだ、とはお思いになりませんか」

医師「宗教の改革者たちは一人の例外もなく――ブッダ、イエス、チャイタニヤ、モハメッド――みな最後にはうぬぼれにみたされました。彼らすべてが、『私の言うことだけが完全に正しい。他は全部だめだ』

と言っています。何というけしからぬことか！」

これと同時に、ドクターは去ろうと立ち上がった。

ギリシュ（医師に）「あなたは、ご自分が同じ誤りを犯していらっしゃるとはお思いになりませんか。あなたは彼ら全部が自分本位であったと指摘なさる――彼らの全部が、例外なしに自己中心主義者であった、と！　あなたが彼らの落ち度を見いだせば、同じ責任をあなたも負わなければならないのだ、とはお思いになりませんか」

ドクターは黙していた。

ナレンドラ「私たちは、神を崇拝するのとほとんど同じような崇拝の念を、彼に献げております」

第一四章　コシポル・ガーデンにおけるシュリー・ラーマクリシュナ、ナレンドラ（ヴィヴェーカーナンダ）、ラカール、M、ギリシュおよびその他の弟子たちとともに（一八八六年）

第一節　主を愛する者たちのための神の化身

シュリー・ラーマクリシュナは弟子たちとともにコシポルのガーデン・ハウスに滞在していらっしゃる。彼は、二階の広間で重い病の床についていらっしゃるのだ。

夕方である。ナレンドラとラカールとが、手で静かに彼の脚をなでている。マニもやはりそばにすわっており、師は彼に、二人の兄弟のうちのどちらかと代わってやれ、と手まねでお命じになる。

一八八六年三月一四日日曜日、チャイトラ月二日、ファルグーンの白月九日である。先週の日曜日にここで師の誕生日を迎えたばかりである。去年の誕生日は、ダックシネシュワルの寺院で大きな喜びをもって祝われた。今年は、師の病が重いので弟子たちは深く心を痛めている。当日は神は本当にいつものように祀られ、いつもの通りの供物が捧げられたが、誰でもが参加できる饗宴は催されなかった。

弟子たちは全部この別荘に集まって、彼らの愛する師を見まもり、介抱している。われらのホーリー・マザーも、ここにきて昼夜、彼女の主への奉仕に献身していらしゃる。若い弟子たちの大部分はここにいる。彼らは実際に家を出て、この高貴な仕事に心魂をなげうったのだ。彼――この不可解な世界に生きることの真の意味を彼らに教えてくださった彼――に奉仕する仕事である。

多くはすでに世間の生活をしている年長の弟子たちは、ほとんど毎日、師を見舞いにくる。その中のある者たちは、二、三日ずつ泊まって行く。

今日は非常に病状が悪い。真夜中である。庭も家も、いっぱいに月の光を浴びている。しかし弟子たちの心は安まらない。彼らのために人生の難問を解決してくださった彼が、この世を去ろうとしておられるのではないかと思われるからである！

あたりはひっそりと静まりかえっている。南からくる春の微風にかすかにそよぐ葉ずれの音以外、天地は静寂である。この静けさの中に、師は眠らず、二階の自室に横たわっていらっしゃるのだ！　一、二の弟子がそばにすわって見まもっている。ときおり、彼はまどろまれるように見える。それとも、心が最大の悲しみと苦しみのただ中にも不動の状態を保つ、あの神との交流の恵まれた境地に入っていらっしゃるのだろうか。

Mは彼のそばに、言葉もなく、彼の言いようのない苦痛の姿に動転してすわっている――もっとも冷酷な人の心をもずたずたに引き裂くような光景なのである。師の命によって、彼はさらにいっそう近くに寄る。師は切れぎれの言葉でMにおっしゃる、「お前と、ここにいるお前の兄弟たちを泣いてうろうろさせたくないから、私はこんなに苦しむのだよ！　もしお前たちみなが、『あなたの肉体の苦痛は恐ろしいものだ、どうぞ肉体をおすてなさい』と言ったら——もしお前たちがそう言ってくれるなら——この肉体をすててしまってよいのだが！」

Mは言葉もなく、ただうろたえている。

弟子たちにとって苦悶のひとときである。彼らのハートはずたずたに引き裂かれている。彼らの父であり、母であり、指導者であり、保護者であり、主人であり、彼らのすべてである彼が、このような言葉をお吐きになるのだ！　何と答えたらよいのか「これはもう一つの十字架へのはりつけか？　人類のための、特にこれらの、羊飼い亡き後は数多の散り散りの羊のようになるであろう者たちのためのもう一つの犠牲か」と、その中の一人はひそかに思うのだ。

＊　　＊

真夜中である。容体が悪化する。絶望か？

カルカッタの友人たちに伝言が送られる。ドクター・ウペンドラとカヴィラージ・ナヴァゴパールとが、ギリシュとともにカルカッタから、夜中のうちにやってくる。

弟子たちは師のそばにいる。師は少し快くなられたようだ。彼はおっしゃる、「苦痛は肉体のものだ。なるはずのようになるのだ——肉体は五元素からできているのだからね——そうだ、それは物質からくるのだ」

ギリシュの方をむいて、彼はおっしゃる、「この状態の中で私は始終何を見ていると思うか。まあ、主のさまざまの霊姿だよ。その姿はたくさんあってさまざまだ！　それらの中に、ここにいる姿（師みずからの）

も見るのだ。この中にも、主がご自身を現していらっしゃる」

第二節　シュリー・ラーマクリシュナの神のヴィジョン

翌三月一五日月曜日の午前七時と八時の間である。師は少し元気を回復なさったようだ。弟子たちと、静かに話していらっしゃる。枕にもたれてすわっていらっしゃる。ときどき、手まねで思いをお伝えになる。ナレンドラ、ラカール、M、ラトゥ、シャシ、年長のゴパール――が彼の前にすわっている。

弟子たちは黙ってすわっている。彼らのハートは安らかではない。彼らは前夜の師のご様子を思い返し、沈うつな様子をしている。

師（Mに）「お前に私の見ているものがわかるかね！　私は彼を、すべてのものとして見ているのだよ。人々とその他の生きもの――彼らはまぎれもなく、皮膚に包まれて内にまします主のさまざまの御姿、と見えるのだ――首をふったり手足を動かしたりしている！

私はかつて一度、これに似た知覚を得たことがあった。一つの実体が、すべての生きものの住む宇宙という形をとっている、と感じたのだ。ちょうど、ろうでできた家のように、まわりの庭も道も、人も牝牛も他のすべてのものも全部ろうばかりでできている家のように！

私は見る。私にはわかるのだ、三つのものすべてが一つの実体からきていることが――供えられるいけにえも、供養の執行される台も、いけにえを斬る執行人も」

師は、彼が自らを人類のための犠牲として献げていらっしゃることを、そして供養のためのいけにえとして彼自身を現しておられるのは主である、ということを、言っていらっしゃるのだろうか？

こう言いながら、師は弱い声で、「ああ！　ああ！　何というヴィジョンだろう！」とお叫びになる。

またしても神意識の状態！　師は感覚の世界を超えて高く飛翔しておしまいになった！　サマーディは体によくない、と弟子たちは思う。しかし彼らにはどうしようもない。

彼はふたたび普通の意識状態に戻っていらっしゃる。彼はおっしゃる、「いまはもう、私は何の苦しみも感じないよ。普段の通りだ」

弟子たちは、彼が悲喜、快苦を超えた状態にお入りになったことを知る。

ラトゥは悲しみにみちて師を見まもり、頭を低くたれてそれを手のひらで支えている。

師は目を挙げて弟子たちをお眺めになる。彼のハートは、彼が愛しい者たちに対して抱いておいでの言葉につくし得ぬ愛に、みち溢れる。この世界はあたえることのできない、愛である。すべての人間の理解をこえた愛である。

ラカールとナレンドラ！　彼がどんなに彼らを可愛がりなさることか！　まるで五歳の子供にでもするように、彼らの顔をなで、そして愛撫なさる！

少したつと、彼は悲しそうに、Mにおっしゃる、「もしこの体があと数日間この世にとどまることを許されたなら、大勢の人の魂がめざめさせられるであろうに！」

こう言ってから、彼はしばらく黙っていらっしゃる。

そしてこうおつづけになる——

「しかし運命はそのようには定められていないのだ！」

弟子たちは彼のつぎの言葉を待つ。師はまたおっしゃる、「そうだ、そういうのは主のおぼしめしではないのだ。ここに、悪知恵をまったく知らない男がいる。文字を知らない男だ。これは人々が利用するかも知れない。感覚の楽しみと金銭崇拝のこの時代に、彼は神の最上のたまものを、それに値しない、また信仰上の行の値打を知らない連中にどんどんあたえてしまうかも知れないのだ」

師は、神の息子、神の化身は神の人類への愛の権化であるということを、そして、もし種族の永続のために働くべき人すべてが神の息子を通じて彼を悟り、こうしてそれを断絶させるなら、この世界が信仰をつづけることができない、ということを言っていらっしゃるのか？

ラカール（愛をこめて）「師よ、あなたのおからだがもう少しの間この世にとどまってくださるよう、どうぞ、主にお願いをしてくださいませ」

シュリー・ラーマクリシュナ「主のおぼしめしがなされるのだよ！」

ナレンドラ「あなたのおぼしめしは主と一つになりました！」

師は考えるかのようにしばらく黙っていらっしゃる。

シュリー・ラーマクリシュナ（ナレンドラ、ラカール、その他に）「まあ、それについて私が主に申し上げても効果はないだろう。彼のおぼしめしの通りになるだろう。

私はいまは、私と私の母なる神とが断然一つになったのを見ている。ラーダーはクリシュナに、『おお愛しいお方、私のハートに住み、もう人の姿をとって現れることはなさないでください』と言った。しかし間もなく彼女は、人の姿のクリシュナを見たいと憧れた。彼女のハートは愛しい御方を求めてもがき、あえいだ。しかし、主のおぼしめしは成就しなければならない。クリシュナは長い間、人の姿では現れなかったのだ」

ラカール（かたわらにいる兄弟弟子たちにむかって）「師はチャイタニヤのことを言っていらっしゃるのだ」

M（心の中で）「彼の母なる神と一体だと！　不可分なる者と一体！　いまはもう、別個の人格としてありつづけることはこのお方には非常に困難なことなのだ！　息子は母の中に融合してしまった！　これが師の御言葉の意味なのだろうか」

第三節　彼岸からのお告げ

弟子たちはじっとすわっている。師は、愛情をこめて彼らを眺めていらっしゃる。ハートのところに両手をおいて、話をしようとなさる。

シュリー・ラーマクリシュナ（ナレンドラをはじめ、弟子たちに）「ここに（つまり、彼自身の内に）二つの人格がいる。一つは母なる神だ――」

弟子たちはあとの言葉を待つ。

彼はおつづけになる――

「一つは母なる神、もう一つは彼女の信者だ。いま病気になっているのは第二の人格である。これがわかるか」

弟子たちはじっとすわったまま、一語も発しない。

シュリー・ラーマクリシュナ「ああ！　こういうことを誰に話したらよいのだろう。また誰が私の言うことをわかってくれるのだろう」

しばらくすると、師はお続けになる――

「主が、彼のお弟子たちをつれて、神の化身としておいでになるのだ。彼は人間の肉体をおとりになる。彼のお弟子たちは、彼といっしょに母なる神のもとに帰るのだ」

ラカール「ですから、師よ、あなたは私たちを後に残して先にお帰りになってはいけません」

師は、その目から輝き出る言いようのない愛とともに、微笑なさる。彼はお続けになる――

「バウルたち（注＝語意は「神に酔った」。ヴィシュヌ派に属する托鉢修行者、神の歌をうたって遍歴する）の一団が突然ある家にやってくる。彼らは神の御名をうたって喜びとともに踊る！　それがすむと、彼らはすぐにその家を去る！　くるのも突然なら、去るのも突然だ！　だから人々は彼らが誰であるのか、知らない！」

師も弟子たちも微笑する。

師はお続けになる──

「人間の肉体をとれば、苦しみは避けられない。ときどき私は思うのだ、『どうぞ主が、もう二度とは私をこの世に送り込んでくださらないように！』とね。しかしここに一つ考えなければならないことがある。人は一度主の饗宴に招かれたら、米とダルのわが家の食事には心を惹かれなくなるものだ」

M（心中に）「師は、神の愛の権化である神の子はつねに、彼の身内、つまり主を愛し主のみを愛する者たちとともに暮らすことを好むのだ、ということを言っていらっしゃるのだろうか。彼が彼の饗宴でお振舞いになった珍味は、主の愛以外の何ものでもなかったもの」

師「彼は、主のみを愛する浄らかな魂たちのために人間の肉体をおとりになるのだ」

師は、言いようもなく優しい目で、ナレンドラをごらんになる！

師（ナレンドラに）「あるとき、生肉の入った籠をかついだ一人の賤民が、ガンガーでの沐浴をすませて通りかかった聖者シャンカラーチャリヤとゆきあい、彼の体に触れた。シャンカラは怒って、『お前は私に触れたな、これっ』と叫んだ。すると賤民が答えた、『旦那さま、私があなたに触れたのでもありませんし、あなたが私にお触れになったのでもありません。私とともによく推理をなさって、あなたの真の自己が肉体であるか心であるかまたは決定能力であるのか、あきらかになさいませ。その上で、あなたは本当は何であられるのか、私に話してくださいませ。真の自己はこの世界を構成する三つのグナすなわちサットワ、ラジャスおよびタマスのいずれにも属していない、ということをあなたはご存じのはずです』と。絶対者（ブラフマン）――それはどういうものか知っているか。それは、良い臭いでも悪い臭いでもはこぶが自分はそれに影響されない、空気のようなものだ」

ナレンドラ「本当にそうでございます、師よ」

師「絶対者は、すべての属性を超えている――世界のはたらきに関係したすべてのものを超えている。世界の力（マーヤー）は神の方に導くか、神から引き離すか、どちらかである。女と金は、われわれを神から引き離す。知識、放棄、信仰などは神に導く。シャンカラは決して後者を放さなかった。彼は、教師のエゴを保持したのだ！　ここにいるお前たちは私のことを心配している。この心配は後者から出てくるものであって、それは神に導くものだ。

もしその、神に導く方の世界の力をかりるなら、人は絶対者（ブラフマン）を悟るだろう。屋根に登ったあとで、ある人々はふたたび階段を下りてきたい、と思うだろう。絶対者を悟ったあとでも人格神への愛を保持するのは、そういう人々だ。彼らは人類に手本を示すために、また、神への愛を楽しみ、主を愛する人々との交わりを楽しむためにそうするのだ」

ナレンドラをはじめとする弟子たちは黙っている。しばらくして、ナレンドラは口を開く。

ナレンドラ「私が放棄の必要を指摘すると非常にいやがる人々がおります」

師（静かに）「人は世を放棄しなければならない――主のために、世間をすてなければならない」

師は厳粛な様子をなさる――静かに自分の身体をさしてナレンドラその他の注意をうながし、こうおっしゃる、「もしここ、自分の前に二つのものがたてに一列に並んでおり、手前のものをのけなければ向こうのものは取れないとしたら、向こうのものを取るためには、手前のものはのけなければならないのではないか」

ナレンドラ「まさにその通りでございます」

師（静かに、ナレンドラに）「お前がいっさいのものを主の現れと見るときに、お前は主以外の何ものかを見ることができるか。そのときにどこに、お前の世界だの家族だのが独立して存在するか？」

ナレンドラ「決して存在しません。世界は、放棄しなければなりません」

師「もしお前が主のみを見ているのなら、自分の家族とか身内とかいう、他のものはいっさい見えないはずだよ！

しかし人は、心から棄て去ることが必要なのだ。ここにくる者たちには、一人として世間の人間はいない。（微笑みつつ）その中のある者たちは、女に気まぐれを起こした。（ラカール、M、その他微笑する）それだけのこと。彼らは世間にいるが世間の人ではない。女との交わりを楽しみたいという彼らの願望はすでにみたされたので、いまは全心を神に献げることができるだろう」

ナレンドラと彼の英雄的精神

優しく、師はナレンドラをごらんになる。彼を眺めながら喜びでいっぱいになっていらっしゃる。弟子たちの方に顔をむけ、「すばらしい！」とおっしゃる。

ナレンドラ（微笑しつつ、師に）「何がすばらしいのでございますか、師よ」

師（微笑して）「放棄に向かってなされつつある進歩だ」

師はナレンドラの放棄のことを言っていらっしゃるのだ。ナレンドラはじめ一同は黙って師を見つめている。

ここでラカールが言う、

ラカール（微笑しつつ師に）「ナレンドラはいま、あなたをよく理解しはじめております」

師は微笑んで、そしておっしゃる、

「そうだ、そればかりでなく、ここにいる他のもっと大勢の者たちも理解しはじめていることが私にはわかる。（Mに）そうではないかね？」

M「はい、師よ、本当にその通りでございます」

師はしばらく、ナレンドラとMとを見ていらっしゃる。

それから、彼らを指しながらラカールおよびその他にむかって手まねきをなさる。最初にナレンドラを指し、それからMをお指しになる。

ラカールがその意味をさとり、口を開く。

ラカール（微笑しながら師に）「師よ、ナレンドラは勇士の精神を持ち、Mはサキ（女性の友）の精神を持つ、

とおっしゃるのでございましょう」（笑い）

（サキによって、ラカールは、ブリンダーバンのゴピーたちのように宇宙の主を花婿として崇拝する者を意味しているのだ）

師は微笑まれる。

ナレンドラ（微笑しつつ）「Mはここではほとんど口をきかない人で、そして内気です、それだからこれを、サキとおよびになるのでございますか」

師（微笑みつつナレンドラに）「さて、お前は私の感情の性質をどう思うかね」

ナレンドラ「師よ、知れたこと、あなたはあらゆるものでいらっしゃいます！　実在への道を識別の剣で、この世があたえることのできない力をもって、切り開いた英雄でいらっしゃる！　あなたはサキの感情もお持ちでいらっしゃる——言いようのない愛、神の愛人のみが持つ愛の恍惚。主を渇仰する点で、あなたは英雄でありサキであり、他のいっさいのものでいらっしゃいます！」

啓示

師は深く感動なさる。手をハートの上におき、こうおっしゃる——

師（ナレンドラをはじめとする弟子たちに）「私は見る、私にはわかる——すべてのもの、考えられる限りのあらゆるもの——はこれから出ている、ということが！」

彼はナレンドラに合図で、「どのように理解するか」とお尋ねになる。

ナレンドラ「考えられる限りのものことごとく、つまりすべての被造物は、あなたから出ているのでございます！」

師（喜んで、ラカールに）「彼がどのように理解しているか、見たか？」

彼はナレンドラに、うたってくれとお頼みになる。ナレンドラは世を放棄するであろう。彼は放棄の精神にみたされている。彼はうたう――

歌

人生は、蓮の葉の上にまろぶ水玉のようにはかない。

だから世をすてた聖者と交わることが必要だ。

彼らとともにすごした一瞬間は渡し船のように、世間という荒海をつれて渡ってくれる。


ここで師はナレンドラをさえぎり、「お前のうたっているのはいったい何だ？　初心者だけにむいた、ごく平凡なものだよ」とおっしゃる。

ナレンドラは今度は、信者が会いたいとあこがれる、神なる愛人としての主のことをうたう――

歌

(一)おお、わが友よ！ ブラジャーの神なる恋人はどこに行っておしまいになったのですか。彼との別れは私を殺す、ということが、あなたにはわかりませんか。
(二)私は乳屋の不細工な娘ゆえ、彼は私を忘れて、もっと美しい他の人たちと仲よくしているのです！誰が思ったでしょう、わが友よ、あんなに優しい、あんなに神々しい恋人が、外見の美を求めて行ってしまうなどと！
(三)彼の天上の美に自分を忘れ、彼の御足を動悸する胸にしかと抱えた、私は本当に愚かな者でした！おお、いまは私は、この身をジャムナーの流れに葬らなければならない！ さもなければどうぞあなた、毒薬を持ってきて、私にこの悲惨な生涯を終わらせてください！
(四)あるいは森からつる草を取ってきて、私のくびに巻かせてください。彼のような暗褐色の、若いタマルの木にかかって、私は死なせていただきましょう。
これら全部に失敗したら、愛しいお方の甘美な御名を、夜昼となえさせてください。シヤム、シヤム、シヤム、シヤム、シヤムとくり返し、このみじめな肉体が、息をとめるまでやめますまい。

師も弟子たちも一様に、歌の美しさに深く感動する。聖らかな愛の涙が師とラカールの目に浮かぶ。ナレンドラは忘我の状態で、自らをブリンダーバンのゴピーの位置におき、ふたたびうたう――

歌

私の愛しいお方！　おお愛しいお方よ！

あなたに何を言いましょうか。おお何を言いましょう、（私は愚かな女でして、決して運には恵まれません」

あなたは私が手に持つ鏡、あなたは私が頭に飾る花！

おお、私はあなたを花にして私の髪につけましょう！

私はあなたを隠しましょう、隠しましょう、おお私の愛しいお方、私の編んだ髪のかげに、髪のかげにいらっしゃれば、誰もあなたを見つけますまい！

おお、あなたは目につける涼しい目薬、
おお、あなたはナッツとともにかまれるキンマの葉、そして口に甘く芳しい香料。

私はあなたを、おおわが愛しいお方、私のシヤム、目のための薬にして、こうしてあなたを身につけましょう！

人々は私が暗褐色の絵の具で目を彩ったと思い、あなたを見出しはしないでしょう！

あなたは、身につける冷たい芳しい白檀香、そしてくびにかけるネックレスです！

おお私の愛しいお方、私は体を、心を、魂を、あなたである私の暗褐色の白檀香で冷やしましょう。

そしてあなたを私のネックレスにして、くびのまわりに、胸に、そして次にはハートにつけましょう。

体にとって、あなたは生命！　家にとっては、必ずなくてはならぬもの。

私にとっては、おお私の愛しい御方、あなたは鳥にとっての翼であり、魚にとっての水でいらっしゃいます。


（終）

抜粋 ラーマクリシュナの福音

１９８１年2月２８日　初版発行
２０１３年2月２８日　改訂第２版発行
発行所　日本ヴェーダーンタ協会
249-0001 神奈川県逗子市久木 4-18-1
Tel: 046-873-0428
Fax: 046-873-0592
E-mail: info@vedanta.jp
Web: vedanta.jp
印刷所　モリモト印刷株式会社
振替　00120-6-8036
ISBN9784-931148-49-9

日本ヴェーダーンタ協会刊行物

書　籍

永遠の物語　心の糧になる様々な物語（バイリンガル本）価格1000円(B6判、126頁)
スワーミー・ヴィヴェーカーナンダの生涯
価格1900円(A5判、368頁)
品切　ラーマクリシュナの福音（全訳、編集中）価格未定(A5判、約1200頁、上製)
ラーマクリシュナの福音要約版 上巻・下巻
価格1000円（文庫判、上巻304頁、下巻400頁）
ウパニシャッド　価格1500円（B6判、276頁）
スワーミー・ヴィヴェーカーナンダと日本（バイリンガル本）価格1000円（B6判、152頁）
インスパイアリング・メッセージ Vol.1-2　価格900円（文庫版変形、Vol.1 152頁、Vol.2 136頁）
はじめてのヴェーダーンタ　価格1000円（B6判、144頁）
真実の愛と勇気（ラーマクリシュナの弟子たちの足跡）価格1900円（B6判、424頁）
シュリーマッド・バーガヴァタム（シュリー・クリシュナの神遊びと賢者たち）価格1600円(B6判、304頁)
ラーマクリシュナの生涯（上・下巻）価格4900円(A5判、上巻772頁、下巻608頁)
謙虚な心　価格1100円（176頁、B6)
シュリーマッド・バガヴァッド・ギーター　価格1400円（B6変形、220頁、ハードカバー）
ホーリー・マザーの生涯　価格1900円(A5判320頁)
ホーリー・マザーの福音　価格1900円(A5判320頁)
抜粋ラーマクリシュナの福音　価格1500円(B6判、436頁)。
霊性の師たちの生涯　価格1300円(B6判、301頁)最高をめざして　価格1000円(B6判、244頁)
永遠の伴侶　価格1500円(B6判、342頁)
わが師　価格1300円(B6判、246頁)
秘められたインド　価格1500円（B6、326頁）
カルマ・ヨーガ　価格1000円（新書判、214頁）
バクティ・ヨーガ　価格1000円(新書判、192頁)
ギャーナ・ヨーガ　価格1400円(新書判、336頁)
ラージャ・ヨーガ　価格1000円(新書判、242頁)
シカゴ講話集　価格500円（文庫判、64頁）
スワミ・アドブターナンダ　価格1000円(B6判、190頁)
ラーマクリシュナ僧団の三位一体と理想と活動　価格900円（B6判、128頁）
霊性の修行　価格900円（B6判、168頁）
瞑想と霊性の生活１　価格1000円（B6判、232頁）
神を求めて　価格900円(B6判、263頁)
ヒンドゥイズム　価格1300円(B6判、266頁)
インド賢者物語　価格900円(B5判、72頁、２色刷り)

ＤＶＤ

スワーミー・ヴィヴェーカーナンダ生涯の記録（日本語字幕付）価格2000円（54分）

Ｃ　Ｄ

シュリー・ラーマクリシュナ・アラティ（夕拝用賛歌とラーマクリシュナ、ホーリー・マザーらの賛歌集　価格2000円（約60分）
シヴァ - バジャン（シヴァのマントラと賛歌
価格2000円（約75分）
こころに咲く花(日本語賛歌)価格1500円（約46分）
シタール、ラビ・シャンカール　価格1900円
フルート、ハリ・プラサード　価格1900円
ディッヴャ・ギーティ（神聖な歌）１～３　各価格2000円（約60分）
ディヤーナム（瞑想）　価格2000円（77:50分）
普遍の祈りと讃歌　価格2000円（44:58分）
シュリマッド・バガヴァッド・ギーター（3枚組）価格5000円（75:27、67:17、68:00分）全18章完全収録。
シュリマッド・バガヴァッド・ギーター選集
価格2200円（79:06分）

※その他　輸入CD。線香。写真。写真立て。数珠。瞑想用マット（現在再入荷待ち）などあります。カタログをご請求ください。

会　員

協会会員には、雑誌講読を主とする準会員（年間４０００円）と協会の維持を助けてくれる正会員（年間１２０００円またはそれ以上）があります。正・準会員には年６回、奇数月発行の会誌「不滅の言葉」と、催し物のご案内をお送り致します。また協会の物品購入に関して１５％引きとなります。(協会直販のみ)